欧洲新闻传播学名著译丛　　　　　刘昶　主编

SOCIOLOGIE DE LA COMMUNICATION ET DES MÉDIAS
4ᵉ édition

传播理论史 【第四版】
一种社会学的视角

[法] 埃里克·麦格雷（Éric Maigret）著

刘　芳　译

中国传媒大学出版社
·北京·

目 录

前言 社会学与传播学理论
- 传播的三个维度　　002
- 民主传播是问题的核心　　005

绪论 客体的构成

第一章 传播研究的困难所在　　014
- 人所共知？　　014
- 大型媒介的文化、政治、经济"非法性"　　015
- 揭批的极端形式　　016
- 赞美的极端形式　　017
- 理性/技术的冲突是传播研究的核心问题　　020
- "传播"与"媒介"　　022
- 社会学话语　　024

第二章 传播社会学错失转机　　027
- 社会科学基本概念与传播　　028
- 欧洲社会学奠基人与媒介　　030
- 奠基理论后继无人与面对现代性的悲观主义　　034
- 美国实证主义　　036
- 芝加哥学派　　040

第一部分　让传播走出自然

第三章　直接效果论的陷阱　　044
媒介效果恐惧症及其根源　　045
"宣传"：从伟大战争到虚假新闻　　046
刺激效果与"皮下注射"　　053
广告是说服性传播存在的证据吗？　　054
小　结　　055

第四章　法兰克福学派与大众文化理论　　057
从大众文化到文化工业　　057
战争因素与文化精英主义　　060
方法问题　　062
法兰克福学派的传承　　063

第五章　拉扎斯菲尔德的有限效果论：一次突破，但效果有限　　066
"人群的发现"　　068
二级传播论　　070
扩散理论和使用与满足理论　　072
实证主义过度与意识形态遗忘　　073

第六章　从数学模型到传播人类学　　080
香农的数学信息　　080
维纳与控制论　　082
传播、道德以及用物理学解释一切　　083
错将人类做类比　　085
与功能主义相遇　　087
帕洛·阿尔托学派和乐队模型　　088
小　结　　090

第七章　麦克卢汉和技术决定论　　093
"媒介即讯息"　　093
论证和正反案例　　095

技术在哪里止步？　　　　　　　　　　　　　098
　　历史的诡计：作为阐释学的麦克卢汉主义　　100

第二部分　将传播纳入文化范畴

第八章　从符号学到语用学　　　　　　　　104
　　语言学的转折　　　　　　　　　　　　　　104
　　结构语言学与关于传播的普遍科学的梦想　　106
　　符号学与大众传播的符号研究：巴特与艾柯　109
　　话语的社会铭写　　　　　　　　　　　　　112
　　转向语用学　　　　　　　　　　　　　　　114
　　界限之外：社会　　　　　　　　　　　　　116

第九章　文化实践社会学　　　　　　　　　　119
　　消费：布尔迪厄的文化实践等级论　　　　　120
　　文化族群中心主义的问题　　　　　　　　　123
　　当代文化变迁　　　　　　　　　　　　　　125
　　"从排他到兼收"　　　　　　　　　　　　　129
　　从消费到接收　　　　　　　　　　　　　　131
　　接收研究的脉络　　　　　　　　　　　　　133
　　米歇尔·德·塞尔托和接收问题　　　　　　135
　　小　结　　　　　　　　　　　　　　　　　138

第十章　文化研究　　　　　　　　　　　　　143
　　穷人的文化：走向大众阶层的民族志　　　　143
　　斯图亚特·霍尔的新马克思主义　　　　　　144
　　编码/解码模型　　　　　　　　　　　　　　146
　　文化研究在美国　　　　　　　　　　　　　148
　　理论新立场：对精英主义的激进批判　　　　149
　　多义和意义的普遍协商　　　　　　　　　　151
　　"符号民主"和"后现代主义"的困难　　　　154

构建主义进一步发展：酷儿、后殖民、交叉的转折　　155
　　　文化研究：多少种范式？　　159
第十一章　传播从业者的社会学分析　　162
　　　功能主义社会学研究：关于"做新闻"　　163
　　　回归批判：记者及其环境　　165
　　　多重目标的问题　　171
　　　参与溢出但公众缺席　　176
　　　在线新闻与新闻制作　　177
第十二章　从行业到生产逻辑　　180
　　　埃德加·莫兰：标准化与创新之间的张力　　180
　　　关于传播的政治经济学：从文化产业到创新产业　　183
　　　霍华德·贝克尔：生产即合作　　187
　　　大众媒介时代艺术身份面临的挑战　　190
　　　听命于受众？　　192
　　　小　结　　195

第三部分　让传播多元化

第十三章　公共舆论的政治理论　　202
　　　议程设置论和沉默螺旋论　　203
　　　媒介真的左右选举吗？　　204
　　　回音室和数字过滤泡泡　　208
　　　公共舆论确实存在吗？　　210
　　　政治传播作为互动　　213
　　　走向公共空间的概念　　214
第十四章　公共空间理论　　217
　　　哈贝马斯的公共空间理论　　219
　　　交往行为　　221
　　　南希·弗雷泽的公共空间理论　　224

"脱口秀":堕落,还是丰富? 226
　　公共经验的形式 229
　　公共空间数字化 231
　　多元化和承认进程的尽头 233

第十五章　新的媒介社会学　239
　　传播社会学的三个阶段 240
　　后现代主义的死胡同 243
　　回归奠基者:转向反身性 244
　　从社会学到文化研究……又回到社会学 250
　　新媒介社会学的方法论:知识链 254
　　接　收 258
　　生　产 260
　　再　现 261
　　公共空间 265
　　"文化产品"作为社会运动 266

第十六章　互联网与数字化,走出乌托邦　270
　　互联网:超级媒介的应许和幻想 271
　　走出乌托邦:单一技术支撑的异质媒介 273
　　互联网的使用:从电子邮件到社交媒体 275
　　屏幕比拼:电视的终结? 285
　　报业和音乐行业的变化 288
　　个人主义和社群问题 291
　　"电子民主"/"互联网民主" 294
　　政治重组的启示 296

结　论　301
人名译名对照　304
参考文献　326

前言

社会学与传播学理论

作为传播理论的入门读物,本书按时间顺序分主题介绍传播理论发展过程中的主要思路,内容力求简明扼要,注重厘清每种思路的学术脉络。我将介绍每种思路的新意和局限,以及不同思路之间的关联嵌套,也就是说,尽量提炼出学术脉络的经典成分——这是教学用书的实质内容;同时辅以历史的眼光,阐明理论变迁历程和理论提出者的切入点。读者如无暇细读,或希望由浅入深、循序渐进,可跳过前言,直接进入第一章,然后略过探讨社会学基础的第二章,从第三章起按顺序阅读。不过,本书章节的推进自有逻辑,我还是建议读者从前言开始按顺序阅读。我认为,在十九世纪二十世纪之交,"传播"尚未得其名,传播现象的方方面面已被观察研究,方法也相当开放,社会科学迎来了一个早熟的春天。受多种因素影响,太过简化的理论深入人心,不是断言"媒介操纵思维",就是将人际传播简化为机械传播,早春一过,就进入了漫长的严冬。

因此,研究传播理论史应该是面对一部病史,要像看病一样,给病人找出病因。机械传播论并非一无是处,恰恰相反,但是应该把这种理论放回非特指人际传播空间的那个空间,澄清其中包含的关于人类世界的妄断——二十世纪中期以来,社会科学研究已经逐步做到这一点。面对技术还原主义,也面对后现代主义话语(这些话语特别强调,当学科陷入还原主义和科学主义,会产生怎样的暴力,学科影响因此削弱),我将为传播社会学的存在辩护。

我认为,功能主义和社会学主义不是社会科学的本义,只是社会科学史的一个方面。为方便教学,本书最后一部分将从历史视角概述社会学研究与传播这个研究对象的种种关系,希望通过描述理论范式冲突的过程,系统地展现这些关系的整体轮廓。

传播的三个维度

传播研究之难,难在历史情境特殊。比如,世界大战强化了"媒介乃钳制与操纵之所在"的感觉。不过,难的原因更在于,对传播这一客体本身,几乎给不出准确的科学定义。当各科学者("精确学科"或"人文学科")、从政者、行业人士、信息技术人员、记者和大众纷纷将其据为己有,这一客体又变得如此广大,以至于它所覆盖的东西彼此不搭:传递、表达、娱乐、促销、解释、再现、商议……各领域你争我抢,你中有我,每个领域都试图将自己的定义和与之相关的利益强加于人,至少是扩大领地。机械传播的辅祭和商业传播的拥趸频频胜出,因为他们各自的领域经历了一个多世纪的超常发展。

为了解决概念模糊、定义失衡的问题,通常的态度是用理性/技术的冲突理解传播(第一章)。如此一来,传播问题就成了唯心论者与诡辩论者那场旧战的当代翻版:一方面,我们拥有信息传输工具,所有成功都与性能和效率挂钩;另一方面,任何社群,只要追求共有理性、因交流而丰富的理想状态,就面临规范的挑战。这样的定义有任何二分法都有的教学之便,而且得古代哲学真传,无须回到二十世纪。但它也有整个形而上学传统为某康德或某尼采所指责的那个缺陷:相信存在一个与幻象世界对立的绝对世界。十九世纪末社会科学革命的全部意义在于,对世界的描述不再是既矛盾又空洞,而是更完整、更连续,人在这个世界行动做事参照多个不同目标——工具性的、规范性的、表达性的,不同目标之间没有根本的隔绝。用一种可能过于简化、过于善恶两分的说法:人不是脚踩技术的泥地,仰望星空。

要更准确地定义**传播**,必须走出唯心主义或诡辩论的视角,将传播视作一个我们永久居住的三维空间——社会科学奠基者及其传人以各自的方式鼓励我们这样做:韦伯(M. Weber)提出合法性有三个层次,皮尔斯(C. S. Peirce)提出符号三元构成说,米德(G. Mead)然后是布卢默(H. Blumer)发展了客体的三分法,再往后,哈贝马斯(J. Habermas)和约阿斯(H. Joas)区分了行为的三种类型。三个维度的具体内容和形式无一定之词,我个人赞同的表述是:传播现象是一个"自然的""文化的""创造的"现象,这三个层面的重要性层层递增,分别对应人在客体世界的参与、人与人的关系、社会政治秩序。不妨借鉴皮尔斯的三分法,给出传播的初步定义:

- **自然的**或**功能的**层面,即所谓"精确"科学设定存在的根本机制,虽然"精确"科学自身也难用根本机制定位。信息交流、性质交换和状态更替可用因果关系和规律解释。这是**由此及此**的层面,是"一"的层面,是同义反复,A 等于 A,思想与世界一一对应——如果可能的话。

- **社会的**或**文化的**层面,即"二"的层面:A 等于 A,但 A 不同于 B。换言之,这是表达身份和差别、界定团体与团体关系的层面。身份指向共同的概念,差别指向等级和冲突的概念。身份问题还包含利益、战略及其象征性表达的问题,即自认为属于某团体且有别于另一团体,既在思想上,也在实践中。这一层面充分假定团体间存在对话,存在并非绝对的冲突,这正是权力/文化关系的基础。

- **创造**的层面[借用约翰·杜威(J. Dewey)的表述]:在民主社会就是数量的层面,是数量在广义的政治和法律框架内被代表、被规定的层面。这是"三"和无限的层面,指向个体间、团体间意义关系的普遍化,直至人与人相连关系表达的极限。A 不同于 B,A 和 B 不同于

C,以此类推。传播被视作一种规范的、伦理的、政治的活动,是权力、文化与民主选择之间的动态关系。

传播必然涉及客体、社会关系和政治秩序。任何一种传播理论都由若干不可分割的部分组成:人与人交流的功能模式、对权力/文化关系的判断、将之统合成一体的政治秩序观。或许有些理论对某一部分不予探讨,实际上就此部分还是有未加明言的主张。每种理论都对现实世界给出新的解释,给出模型之类的描述,将现实世界化繁就简;与此同时,每种理论都包含预设,包含意识形态、伦理观和政治观。观点内含在三个维度中的一个或多个中,无视此一事实,就会遭逢被压抑物的回归①。历史已充分证明这一点。

如何理解上述三个层面的相互作用,是对认知的一大挑战。自然、文化和政治,不是根本上一分为三,而是对与传播相关的困难和利害关系的层次的认知。传播的每个层面都有某种程度的自主性。媒介有物质决定性:同一条讯息,分别用电视和电影传递,就成了两条不同的讯息,尽管电视和电影如此相近。研究媒介在某种生活方式中的位置,可以单从价值观或社会暴力的层面展开。思考政治和法律,不必非参照内在的物质条件和社会处境不可。但是,自主性无疑非常有限。传播各层面之间也在传播。为了杜绝唯心主义倾向,应该采取广义的唯物主义立场,充分认识我们身在决定性、制约、习惯或重复之中。

不过,这里说的唯物主义仅就方法论而言,主要是指社会学视野,并且不掩盖如下事实:人类现象不能被归结为决定论者构想的自然机制。前文明确指出,传播各层面的重要性随数量的增多而增加,不是说某个层面的研究比别的层面的研究更重要(各层面分属不同分支,专门化程度可深可浅),也不是说某个层面的分析比其他层面的分析难度更大,而是为了强调,文化和政治层面的研究对人类而言更切中

---

① 原文 un retour de refoulé (the return of the repressed) 为精神分析学术语。弗洛伊德认为,越是压抑,从压抑而来的反弹或反扑也越大,他称之为"被压抑之物的回归"。——译注

要害。传播首先是文化事实和政治事实,而不是首先是技术事实(这不是排斥自然视野——认识自然有助于进入世界,有助于理解我们自身固有的"自然"部分),只因为人位于世界的镜子这边,人为意义和行动命名。对我们来说,宇宙向这边而不是向那边倾斜,它朝意识和选择的方向延展,而不是朝客观化的方向延展。这样的预设截至目前尚未被生物学和物理学证明有缺陷,分析仍应以此为指南。它让我们明白为什么不能在物质决定论的框架内对技术进行思考,为什么媒介仅因其功能就已经是社会元素,就已脱离自然系统。当人开始创造并使用技术物品,人就告别自然的领域、无生命物的领域,进入了文化的领域。技术只能被视作对自然的改造,它已然是一个社会问题,尽管有着功能的层面。

民主传播是问题的核心

一个世纪以来,对传播的关注主要集中于大众媒介,这是新奇使然——大众媒介于十九世纪末大举进入绝大多数人的日常生活。但大众媒介的成功另有一个原因:在自那以后大量自我定义为民主的社会中,大众媒介构成了最独特、最具决定性的传播事实。它们突破先前的政治制度和传播手段,通过影像、文字和声音,让民众和文化迅速建立起永久联系,将我们所属世界的三大问题一举纳入。因此,大众媒介是世纪大事,研究重大变化,就要研究大众媒介。进入二十一世纪,数字的爆炸式发展带来技术、组织、使用的重大突破,按照本书主张的观点,这在许多方面也意味着一种延伸:传播实践日益个体化,同时兼顾共有,让民主传播更加深入。从这个角度看,传播社会学研究可分出以下五个主要阶段:社会科学奠基之初的零时(当时并无真正的积累,故不能称为初时)过后,思想浪潮接踵而至,依照三个维度的特点逐步拓宽了传播的定义。

十九世纪末:传播社会学错失良机

在马克思、托克维尔(A. Tocqueville)、涂尔干(É. Durkheim)、韦伯等欧洲社会学奠基人的著作中,我们可以直接或间接找到给媒介做复杂分析所需的大部分要素。他们的分析反驳了媒介化贻害社会的天真论调,从中可以提炼出后来一些理论拼图的双面组件,如"意识形态支配/文化"和"冲突/民主"(第二章)。不过,他们的思想对悲观看待现代性贡献颇多,妨碍了欧洲的学术发展。从他们提出的"幻灭""异化""失范"等概念可以看出,世俗化进程、工业化过渡、民主化转变在他们心中引发了深深的忧虑。大众媒介是新事物,令人不安,可能听命于权力,他们那些概念显然不利于大众媒介研究的发展。美国的情况截然不同。面对传播新现象,皮尔斯、帕克(R. Park)、米德、杜威等学者不那么忧心忡忡,他们提出了更完整的模型和实证记录,以便对传播展开研究,为传播学在美国立足创造了良好的思想氛围。

执迷于客体:忧虑与"效果"的年代

这些作者的声音,或者说,从他们某些著作中传出的声音,被两次世界大战的隆隆炮声湮没,被技术和经济网络扩张的迷炫幻象掩盖,被视新文化为疾病蔓延的卫道士愤慨遮挡。二十世纪初那些影响最广的研究明显执迷于客体及为之预设的功能,文化层面和政治层面有所涉及,但在某种程度上被压平,不曾立体全面展开,只停留在病理分析或末日论话语。关于大众媒介对个体行为的效果,研究者的话语表现为"道德恐慌",或取道行为主义(第三章)。前者揭发媒介的不良影响(传播暴力和低俗品味、煽动反叛或诱人顺服),诱导民众模仿;后者将媒介影响归为"反射刺激",加以临床分析。这些关于传播手段的性质、传播手段可能引发的反应的研究,首先是意识形态上将文化自然化,包含着将人类行为本质化的主观意愿,将人类行为等同于数据、等同于给定机制。其局限就是一切科学主义思想的局限。事实上,人与巴甫洛夫的狗、巴努日的羊①鲜有共同之处。惧怕模仿,实际上是惧怕民主——在制度性渠道之外选择消费、选择阐释的可能性不断增加,任何权力都会因此恐慌。

与上述幼稚思路相比,阿多尔诺(T. Adorno)和霍克海默(M. Horkheimer)的批判理论(第四章)称得上最早的复杂分析。批判理论将马克思主义意识形态理论与"文化工业"分析相结合,将媒介的影响或者说媒介拥有者的影响置于知识层面和阶级关系层面,而非本能反应层面。大众媒介应被批判,原因在于它们用新闻和娱乐延伸资产阶级统治:媒介提供快乐和梦想的仿真品,而大众出于对景观(自身状况的他者)不可抑制的胃口,迎合媒介却得不偿失。文化工业理论植根于韦伯的世俗化理论,其明显的不足是技术至上论阴魂不散。阿多尔诺提出了(否定的)文化视野,但是将人视作物质的囚徒,被技术异化,被物化过程异化,离全面的文化观还有很远的距离。

真正的突破来自拉扎斯菲尔德(P. Lazarsfeld)(第五章)。以往的研究大多以媒介潜在效果的预设为指导,或多或少出于精英立场否定大众的品味和选择,而拉扎斯菲尔德转而采取经验主义的研究方法。在美国大学里,实证主义和互动主义已经为这一转折准备了良好氛围,拉扎斯菲尔德将有关"直接效果"的忧虑一扫而光,为传播社会学研究打开了广阔天地。后来,在卡茨(E. Katz)的推动下,人际传播和媒介传播相结合(前者高于后者),"使用与满足"分析得以进行。公众首先是有记忆、有批判能力的社会行动者,应被赋予选择自由,而不是在强加给他们的制度下的被动接收者。如果说,批判理论"发现"了意识形态这一概念,却不知其所以然,那么,拉扎斯菲尔德的经验主义研究虽然忽视意识形态这一概念,却提出接收者有解码能力、与文化工业是远程关系、文化工业被工具化的观点,从而发现了意义的民主——极端精英主义的阿多尔诺恰恰忽视了这一点。经验主义思潮

---

① 比喻盲从者。巴努日(Panurge),拉伯雷《巨人传》中的人物,为了报复一群羊的主人,买下他的一头羊,把它扔进水里,其余的羊全都跟着跳入水中。——译注

将延续社会平衡的义务赋予传播,其发展却因坚持功能主义和系统化分析而受阻。由于未能挖掘权力问题,囿于探讨效果(当然是"有限"效果),拉扎斯菲尔德的胜利在思想层面有限,尽管从制度视角观之,此后几十年,其影响相当广远。

顺理成章,传播研究史的第一阶段(在二十世纪初错失良机之后)结束时,新理论大放异彩,其显著特点是执迷于客体。这些理论鲜明、乐观,对媒介的描述随时代的秋千摇摆,时而揭之批之,时而辩之护之。它们的新颖之处在于,将已有理论中暗含的简化逻辑(将传播简化为生物现象、物理现象,同时将交流的技术手段理想化)推到极致[控制论,第六章;麦克卢汉(M. McLuhan),第七章]。技术至上论鼓吹机器解放人类,抹杀传播的文化和政治层面,是一次大倒退。不过,因其耸人听闻且众说纷纭,这些理论为我们从此通称的"媒介"和"传播"引来大量关注,有力地促进了传播研究群体的形成。反思这些理论,是思考社会问题的必由之路,正如帕洛阿尔托学派成员的人际传播研究所做的那样:在抵达技术至上理念的终极支撑(这类理论的"精华",在西方社会尤为典型)之后,传播研究只能重新出发。

走向媒介与公众社会学研究:生产—接收的博弈

真正的传播社会学研究于二十世纪六十年代至八十年代在欧洲得到发展,发生在收效甚微的效果范式之外。这些研究将客体相对化,更加重视行为的逻辑。媒介是社会整体的组成部分,不是这个整体的外在决定因素(如果是外在的,就可以根据它处于社会游戏之外的哪一边,轻易判断它是构成威胁,还是给出允诺)。按照拉扎斯菲尔德的说法,媒介,是个体和群体在媒在介。传播不是数据(数据属于自然),不是数据流(数据流属于数学意义上的信息),而是意义和权力的永久关系;这些关系的结晶,就是媒介的内容和形式。

罗兰·巴特(R. Barthes)和翁贝托·艾柯(U. Eco)(第八章)的符号学率先带来变化。符号学揭示了大众媒介记录社会群体权力关系的认知手段。媒介化"迷思"的生产,并不意味着真相扭曲、欺骗、幻象或操纵,而是社会世界被自然化(通过强加一套对统治者有利的意义系统)和舆论被强化(这一点与经验主义社会学一致)。符号学还是有功能主义残余,因为它依然将传播定义在自然的层面,就像它对语言的定义一样。符号学也忘记了符号学必须是社会符号学:对个体与媒介内容的关系不作判断,观察这些关系不带政治视野,就不可能提出内容分析的工具。事实上,符号学分析往往固守阿多尔诺的批判立场,说到底还是反民主的:只有知识分子,才能理解世界并解构资产阶级对文化工业的支配。

当研究深入信息生产和接收过程,以上预设不复出现。生产——接收研究彻底抛弃"媒介外在于社会"和"生产与接收对应"的观点,转而研究消费,进而研究信息接收,用多种方法(光顾与购买的统计数据、问卷、访谈、参与式观察)让沉默的大众(也就是我们所说的大众传播)之中那些被认为不需要发声的人发出声音,驳斥了神秘化理论。受美国经验主义影响的法国文化实践历史社会研究(第九章)以及霍加特(R. Hoggart)的信息接收美学和《穷人的文化》,渐渐为信息接收者正名[从塞尔托(M. de Certeau)开始,信息接收者被清晰地定义为有诠释能力、有抵抗能力的积极行动者],也为媒介化文化平反。大众文化(这个叫法肯定不完美)是一个全新客体,因为它被广泛分享(其他文化形式并非如此,或者不总是如此),能够平行参与真正的流行文化、中间文化和少数文化的发展。布尔迪厄(P. Bourdieu)呈现的电视消费与经典艺术欣赏之间的对立已不足以总结文化与媒介的关系。由霍加特创立、在英美得以发展的**文化研究**在这个方向上继续深入,最后经过斯图亚特·霍尔(S. Hall)和戴维·莫利(D. Morley)的努力,得出经验主义和批判理论的合论。大众传播是等级化的对话,但它确实是对话,支配和承受当中也有对话。它是多阶级、多类别、多年龄关系谈判的博弈,不是某个中心支配着外围。意识形态与历史结合、霸权与冲突结合、权力与文化结合,才能描述内部冲突时有发生、彼此矛盾的挪用频繁出现、始终处于不稳定平衡状态的媒介世界(第十章)。

信息生产方面,对复杂性和矛盾性的认识首先出自新闻社会学研究(第十一章)。这些研究指出,尽管结构性关联将新闻业与统治者统一起来,新闻实践还是有它的自主性。新闻实践经常面临认知上、经济上、政治上的利害关系不一致。新闻实践也依赖与公众的关系。这个关系最初在很大程度上是想象的,后来受到了互联网的直接压力。娱乐[埃德加·莫兰(E. Morin)的开创分析指出,文化工业既被标准化,又必须创新]在最大程度上体现了创作者和主持人并不自主,他们的义务是重复、取悦、报告变化、制造变化(数字时代尤其如此),他们从不曾掌控自己的影响(第十二章)。

公共空间:用民主观念思考传播

不自主,往往被当作大众媒介有缺陷和虚空的证据,实为它的力量所在。这个力量,就是民主进程的力量,它不完美,但是真实。二十世纪末,传播研究关于大众文化的辩论转到政治争论层面,走出对文化形式的反思,提出了"生产—接收"二分法。这是一个重要成果,但仍不足以分析这种永远在相互施压的动态关系;接收者因阐释而成为意义生产者;媒介接收社会事件并予以解码,同样在创造新内容投入讨论。早在数字化将接收者变成生产者、部分(仅仅是部分)打破密闭隔绝之前,情况已然如此。显然,要从最广义的范畴把握政治,才能理解这些论断的重要意义。而且要暂时避开公共舆论理论(第十三章),因为公共舆论理论紧扣选举中的传播渠道做研究,它的民主进程视野只以代议这一个问题为中心。

大众传播、后来的数字传播,具备哈贝马斯称之为公共空间的全部特征(第十四章),只有一点例外:其运作过程与即时共识的理念相悖。身为法兰克福学派传人,哈贝马斯起初出于理性主义反感大众媒介和互联网,视之为民主歧途,他的梦想是建立能够进行理性讨论的平行场所。这样的苛求未能得到满足,唯心主义、规范化的视角也受到许多学者批评,但这些探讨独具新意地指出当代传播的空间是公共空间。媒介以冲突性远远大于共识性的方式,构成公民社会内部、公民社会与制度之间的联系。通过叙述、梦想和公共表演,也就是说,通过从自身做起,直至最细微形式的表达,再通过代表和抗议,媒介提供对共同生活之意义的协商,这个协商既不平等也不稳定,但是一直持续且日益普及,有关电视真人秀的辩论、社交媒体上的技术游击战,都是例证。

媒介看来不再是所谓传播工具专业人士的专属地,而是一个目标,动用了关于社会、社会自我赋予的媒介化、家庭、性别认同、城市群体、民族等人类关系自我认识的一切分类的准确知识。这是永久的认识论挑战,需要难度极高的双重视角,否则就会倒退回媒介中心论。一些新思潮迎接这一挑战,它们注意到**文化研究**以及经验理论和反身理论的教训(第十五章),也就是对社会科学分类的质疑,而这伴随着这一学科的转型(这是一个危险的任务)。

回归客体或不可能的倒退

二十一世纪初,车轮似乎已经转动,大众媒介研究主动参与社会科学认识论的更新,仿佛要二次奠基,同时也借助互联网和数字网络的惊人发展,回归对客体本身的探究。关于互联网和数字网络,本书多个不同主题的章节均有涉及,最后一章专门介绍相关研究,以备序时研究及分解研究之需。回归客体表现得非常明显,甚至是老调重弹:技术决定论死灰复燃,技术至上的乌托邦或反乌托邦理论又如潮涌(第十六章)。然而,在这些意识形态运动之下,藏着传播理论领域里的重大变化。不少学者[特别是乌尔里希·贝克(U. Beck)和布鲁诺·拉图尔(B. Latour)]认为,技术,作为一种内含社会进程的构建(社会进程使技术得以存在并有效),被社会科学长期遗忘,借口是它不能被整合进人类世界的范畴。这种分割一度是必要的,但它导致对客体真相、对真相秩序的误解,导致客体"内在"的好处被理想化、"自然"的反常遭谴责。回归客体,只能从客体与人类互动(而不是影响)的民主视野出发,而不是从探究某种原始隐秘的自然开始。视"信息社会""电子民主""集体智慧"为必然,正如认为社会必然充斥不实信息、沦为"监视"和"自恋"的反乌托邦,都属太过幼稚,应予以批判,但是,这些研究为探讨科技与政治选择之间的关系(这类探讨此前一直被压制)打下基础,也为探讨"承认互联网产生放大效应""承认互联网引发分歧""承认互联网被嵌入事先就已存在的逻辑"三者的关系打下了基础。

绪论　客体的构成

第一章

传播研究的困难所在
庸见、揭批、先知主义和乌托邦

本章面向入门者介绍研究当代媒介必须掌握的定义要素。开篇是个小游戏,旨在指出社会学思考在传播领域可能遇到的困难:我们看待传播的眼光负有沉重的预设和偏见,有必要找出这些预设和偏见,与之保持距离,对其展开研究。关于传播,或乐观或悲观的结构化想象随处可见,其根源在于存在了数千年之久、随启蒙运动而更新的理性与技术的对立,也在于十九世纪随民主发展而发生的"大众"污名化。

人所共知?

让学生在一张小纸片上以"电视使人……"为开头造个句子,你会发现结果无外乎几种,每种结果所占的比例相当稳定。给这个媒介的形容词多为贬义——"被动""暴力""奴化""神经兮兮""疯狂"等,尽管也有为数不多的正面形容——"愉悦""好相处"等。再让学生以"计算机使人……"为开头造句,你会得到很有意思的结果。二十一世纪头十年,与电视相比,人们对互联网的态度反转了——"主动""开放""聪明"之类的词语为主,被动性、反社会的指控减少。再往后,从

2020年起,社交媒体复又失宠,"产生依赖""头脑发昏"等表述再度频繁出现。告诉你的"受访者",他们在很大程度上对电视及其作用持负面看法,可他们继续频繁接触这个媒介,并且觉得他们描述的有害影响影响不了自己。你还可以指出,他们对互联网的态度恰恰相反,互联网在二十一世纪初备受推崇,此后明显失势,尽管依然被认为独具优势。

这个小游戏带出媒介与公众研究的诸多问题。这一研究遇到的障碍很特殊,其中一个不可小觑的障碍是误以为看电视、翻杂志、听广播这类事情稀松平常,分析起来易如反掌……面对日常的、熟悉的东西,人人都有想当然的观点和判断,个个言之凿凿,未必是无稽之谈,也不一定前后矛盾,但主要基于价值判断,未经科学分析。面对物理或化学专业问题,我们不会或很少随口表态,言及传播在社会中的整体地位,却都自信可以说上一二。可是,关于媒介在个体生活中、在社会运转中的真实情况,我们到底了解多少?

大型媒介的文化、政治、经济"非法性"

大众媒介历来被严重贬损(电视至今仍是典型),这说明与之相关的判断类似本能否定。我们一面与大众媒介持续亲密接触,一面贬低它的价值;一面说它平庸,一面赋予它超凡的神秘力量,而且通常是邪恶力量。自问世以来,大众媒介庸俗且有害几成定论,仿佛参与人数愈众,参与个体的水平愈低。这一现象的根源在于我们社会的等级化性质,特别是十九世纪形成的文化产品区分:那一时期,文化,主要是那些被认为本质上高级的形式(书籍、绘画艺术),被重新定义为体现才智差距、不为普通人共有、仅供少数幸运儿享用的稀缺品。教育制度的戒备之心,加上对娱乐(甚至影像)的长期反感,以及对挑战学校这一媒介的间接媒介的排斥,令大众媒介遭受的贬损根深蒂固。

对间接媒介的排斥,道出了政治上对数量和大众化的恐惧。传播工具的发展意味着大众化,结果可能导致臣服、导致个体被媒介化"老大哥"灌输(心理反常、集体反常可能随之而来)。对工业和技术的恐惧也起了很大作用,也就是说,惧怕媒介的重商主义会导致像流水线生产零件和香肠一样生产文化和思想,导致消费者沦为盒装幽灵。媒介遭贬损与文化、政治和经济的民主化有着非常清晰的关联:工业革命和公民革命对思想领域和社会习惯的影响初见端倪,媒介应运而生,当民众和社会少数突然进入媒介并通过媒介的狭窄渠道彰显自身,作为回应,一种对大众的想象开始批判大众盲从、庸俗、不负责任的特征。

这种想象是整体性的,但也根据评判者的身份分出不同方向。揭批媒介,变成揭批媒介对"弱势"群体的效果,"弱势"群体的媒介消费就是效果的体现:对十九世纪末、一战爆发前的美好年代的布尔乔亚而言,通俗报刊可能是威胁,因为它用低劣手法欺骗工人群体,煽动他们与布尔乔亚对立;对青年学生和劳动者而言,电视指向儿童、家庭主妇和老人,也就是那些活力和自由看似已被剥夺的群体;对成年人和老年人而言,唱机、调频广播、摇滚以及后来的说唱等音乐形式坐实了癫狂青少年的吵闹和暴力;所有人都可以谴责电视对儿童(弱势群体中最弱势者)的不良效果,然后是谴责数字造成的集体奴役。

揭批的极端形式

于是,一种知识分子说教(文人尤甚)在整个二十世纪专门定期谴责各类媒介,与此同时,这些人又越来越依靠媒介本身(报刊专栏或电视节目)来传递他们的信息。国家这边,特别是法国,往往以"教化"或"公众利益"为名,自我赋权对主要媒介工具进行监视,甚至予以掌控。揭批从一开始就渗入学者话语,因为揭批吻合某些思潮,尤其是以启蒙运动继承者自居的马克思主义理性主义(其他意识形态也与之相容)。这些思潮的力量在于确认了人们自启蒙运动以来的普遍感受：我们都是智慧开启的主体，有义务始终做出判断、给出批评，任何组织、任何制度都不应免于被分析其失误或缺陷，媒介及其产品亦不例外。然而，批判的合法权利甚至是义务变成了僵化法庭的原则性宣判。法兰克福学派二十世纪中期发起的大众文化纷争在一定程度上将原来相当本能的揭批系统化、理论化，倒向社会学先知主义，此后经常垄断关于媒介的公众辩论。先知们宣告社会关系将变得碎片化，精神将被奴役，自由思想连同智慧都将走向末日，而这一切均拜文化景观化、商业化和美国化所赐……对大型媒介传播的盲目拒绝走向反乌托邦：世界很快会受制于极权统治，人性渐渐被逐出撵尽。它的问题出在精英主义和悲惨主义偏见，因为它的出发点是预设民众受压迫、被愚弄，唯有少数知识分子保持清醒，该由他们逆着人民的意愿拯救人民免于道德沦丧。

当这股思潮与非理性主义、虚无主义合流，最暗黑的表述出现了：哀叹当代世界反常的空虚，媒介制造的空虚首当其冲——媒介这种邪恶实体用语言将自身黏附于现实世界，为的是使它被歪曲、抹杀、取代。一些从事这类批评的学者甚至走向准神秘主义，认为世界注定沦为技术、可鄙的商业和失控的表象，被幻象、谎言和邪恶充斥，而他们坚决不从。

赞美的极端形式

媒介研究的最后一大障碍，是与上述言论对称、极端程度不相上下的辩护话语。对文化民粹主义者来说，媒介传播绝非威胁，而是拥有大众参与、其乐融融的优点，应被推崇：通过拉近彼此、提供共同"迷思"提供一种新的魔术，媒介将重建社群联系（也就是说，像法兰克福学派理论一样预设社群联系会不停地断裂）。这些话语的观念主张大众共有文化、捍卫民俗（或主张社会均匀化），虽是少数派，却一直存在，后来被技术主义言论抢了风头。后者为新传播手段的力量欢欣鼓舞,视之为解决政治、经济和社会运转问题的灵丹妙药。麦克卢汉的思考介乎社群主义、技术主义之间,他对视听传播及其后果("地球村"诞生、部落主义发展)的分析在很长一段时间是先知论的言必称。控制论的发明者诺伯特·维纳(N. Wiener)期待安装"电子大脑"改良人类,用完美的信息传递去除谬误和野蛮,他这些梦想也已普遍化。

许诺一个基于互动的透明世界,借助更好的技术(民调、视频、互联网)摆脱误解,这在许多方面是理性主义忧虑的补充,也可以说源自启蒙思想:社会的信息化被肯定,是因为信息化与智力革命、个体掌控看似同义词,与"回到更负责任、更开放的个体组成的共识社会"(但不是"大众化"社会)也是同义词。这种许诺与多种意识形态选择兼容(技术主义、无政府主义、自由主义,甚至超自由主义和社会主义共同体主义),因为其核心不过是相信技术进步、意识进步和社会进步之间是简单关系。有关传播的预言,像这样召唤乌托邦、召唤完美世界的,已经存在了一个世纪之久(电报、电话问世之时就已出现),到二十世纪末,随着互联网和致力于"新技术"的一整套经济行业的发展,更是达到了前所未有的规模。它们被越来越多的人转述,包括那些在传播领域占到中心位置就会有所得的人,或者梦想提出一套社会工程学的人:传播从业者、记者、工程师、技术官僚、民调机构、未来学家、科技创业者、数据预言家、数据挖掘者……它们还侵入政治和国家领域——那些领域也陷入信息化即现代性的狂热,进而包围整个社会:喜迎信息沟通、观点交流的实时进行,相信它将打造一个必然全新的、颠覆性的、根本上更美好的世界。神秘主义也来了,将这景象最终完成:对技术的宇宙着了魔,鼓吹如醉如痴地对着网络空间、虚拟世界沉思冥想或者干脆沉浸其中——那地方比物质世界和人类现实更有意思。

表 1-1　揭批与赞美的极端形式①

揭批媒介 (尤其出自哲学家、作家、知识分子、教育界人士、学者等)	赞美媒介 (尤其出自传播从业者、工程师、技术官僚、民调及预测机构、学者等)
1. "说教者":严厉拒斥媒介,视之为经济统治、政治统治和人性庸俗的表现	1. "说教者":赞美媒介的解放作用,视之为行动中的民主或民众文化的表达
2. "先知"(反乌托邦信徒和悲惨主义者):预言出现被大众文化集体奴役的情形,预言"真"文化、自由和理性政治的完结	2. "先知"(乌托邦信徒和民粹主义者):全民文化到来,共同参与的魔法重现,实现透明和普世的电子传播("地球村")
3. "苦行派神秘主义者":因世界走向疯狂、失序、空虚而惊恐,将影像和技术全盘否定	3. "冥想派神秘主义者":为世界走向所谓非物质化("虚拟"宇宙)而感到狂喜,迷恋技术和虚拟、意义无治主义
1. "电视为印刷文字的线性顺序逻辑提供了一种相当原始但是让人无法抗拒的替代品,可能与文学教育的严格要求不相适应……看电视不仅不要求什么才华,也不培养什么才华。" 尼尔·波斯特曼(N. Postman) 《童年不再》(Il n'y a plus d'enfance),1982	1. "报刊和广播就全国性议题组织公开辩论,提供信息,摆明双方观点,一如古代议政厅的做法。最后,有赖抽样公决,人民可在听取双方论点之后表达自己的意愿。" 乔治·盖洛普(G. Gallup) 《民主社会的公共舆论》(Public Opinion in a Democracy),1939
2. "文化工业的整体效果是反去神秘化、反启蒙(Aufklärung)……技术逐渐占据主导,就变成欺骗大众的手段,也就是说,变成剥夺意识的手段。" 阿多尔诺,《文化工业》 (L'Industrie culturelle),1962 "我们用人工智能招来了魔鬼。" "人工智能可能比核武器更危险。" 伊隆·马斯克(E. Musk) Twitter 和 MIT 研讨会,2014	2. "将我们全部的生活翻译成信息这种精神形式,可使全世界和人类大家庭形成一个统一的意识。" 麦克卢汉,《理解媒介》,1962 "从现在开始,不出几十年,机器智能将超过人类智能,这将导致奇点——如此迅速深刻的技术变化将成为人类历史结构的一次突破。接下来是生物智能与非生物智能融合、人类的不朽在软件上实现、超级智能水平由此抵达。" 雷蒙德·库茨魏尔(R. Kurzweil) 《加速回报法则》(The Law of Accelerating Return),2001

---

① 此处提到的先知和乌托邦形式相当不纯粹,因为作者对他们投射或拒斥的世界有时也予以讽刺。神秘主义形式则是非常比喻性的,因为鲜见作者让自己的日常存在与之一致。而且,在产生这些想法的复杂社会里,信仰漂浮不定。

3. "媒介现有的全部架构基于如下定义：**永远禁止回答的，就是媒介**，这使得交流过程根本不可能发生（除非以模拟回答的形式，可这类回答是在节目进程中插入的，这丝毫不改变传播的单边性）。" <div align="right">让·鲍德里亚（J. Baudrillard） 《符号的政治经济学批判》 （*Pour une Critique de l'économie politique du signe*），1972</div> "电视所言无非**我是影像，一切皆影像**。互联网和计算机所言无非**我是信息，一切皆信息**。（……）如今，思我者，非人也。完全不是打比方，真的就是通过某种形式的病毒同质化，通过一种有传染性的、虚拟的、非人的病毒思想直接渗透，一种非我们的思想正在不受控制地增长，我们只是它的恋物癖对象。" <div align="right">让·鲍德里亚，《临界：鲍德里亚访谈录》 （*Le Paroxyste Indifférent*），1997</div>	3. "借助计算机和网络的中介，最多样的人群彼此接触，在全世界范围内牵起手来。新普世不建立在意义的身份之上，而是通过沉浸（immersion）来体验。我们全都身在同一处境，身在同一场传播的泛滥之中。语义封闭或整体性的问题不复存在。（……）每多一个连接，异质性就更丰富，就有新的信息来源、新的泄漏线，以至于整体意义越来越难以分辨、限定、把握。这样的普世将走向尽情享受全球化，走向货真价实的集体智慧。它将让我们更强烈地参与鲜活的人性，不是没有矛盾，恰恰相反，有的是个性的多样化、混乱的更高涨。" <div align="right">皮埃尔·列维（P. Lévy） 《无整体性的普世——网络文化的本质》 （*L'Universel sans totalité, essence de la cyberculture*），1997</div>

理性/技术的冲突是传播研究的核心问题

赋予媒介的想象，也是赋予技术和社会现代性的想象。这想象非常可塑，可任意翻转或颠倒：互联网有解放作用，因此备受推崇，一旦出问题（信息过滤、色情、"假新闻"），马上会成为造成社会监视、社会变态的罪魁祸首，令人不安，遭人批判。想象会因具体的历史背景朝不同的方向塑造，根源则是古希腊哲学就已确立的一对深刻矛盾。理性（作为对真实的即时把握、对幻象的摆脱）与技术（作为外在媒介、有效但是偏离，作为想象）的矛盾，解释了传播这一术语的多义性与相关分析的深刻分歧。

自苏格拉底、柏拉图以来，唯心主义阵营成员都认为人应当摆脱思想表达的具体束缚，相信精神是一场在理性群体内部自身与自身、自身与其他精神的对话,让精神物质化的任何东西(比如"真正的"话语的替代品)都会让精神自我贬低(苏格拉底因此拒绝用书写表述自己的思想)。在洞穴神话里,太阳投下的影子只是变形,会使人误导人。人必须走出洞穴,也必须把引入媒介的人(也就是诗人)逐出城邦,因为诗人的故事会误导人。当代唯心主义表现为呼唤即时关系、呼唤真正的传播(如果人们真的在传播,如果真的传播真的存在——也就是说,人们拥有共同的理性,真的相互理解,那他们就不会争斗)、呼唤摒弃媒介这种魔鬼机器("真正的"政治不可能在电视上进行,只能在党派会议、制度化机构、集会之类有直接交流的"真正的"场所发生)。正如白金汉(D. Bukingham, 1993)所言,惧怕媒介对儿童的不良效果,跟对致使诗人遭驱逐的惧怕,是同一种惧怕。不过,也正因为对真实的苛求,当代唯心主义思潮有力地推动了人文科学的发展。

诡辩论者批判逻辑中心主义,批判视理性先于语言、视理性为存在之本的倾向,转而提出修辞学,对语言游戏加以分析。他们对媒介的具体游戏及制造现实效果的能力印象深刻,开辟出新的思路,赋予媒介诱惑、影响、塑造城邦等一切权力,把手段变成了目的。诡辩派的传承有多种面相,在语言专家(他们注重研究人与人的关系、人与自身所持观点的关系)、实践者如广告从业人员(当他们相信媒介化信息的影响力——传播不仅提供信息,还能改变行为,能推动,能促销)或企业内部负责传播的人员(他们相信技术的效果——可成功传递信息、可改善工作关系)以及技术乌托邦的允诺者(他们一厢情愿地号召借助机器让人际传播更好,或者让人际传播被机械超越)的行列当中都有迹可循。

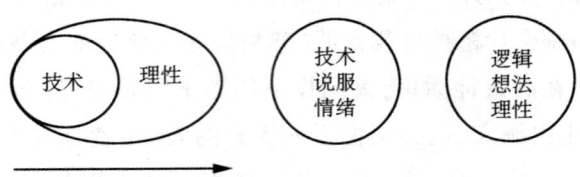

图 1-1　技术—理性的对立

苏格拉底哲学试图把理性从被视作幻象的世界中抽拔出来。唯心主义者和诡辩论者的分歧引出了有关人与人交流的两种极端对立的观点。

"传播"与"媒介"

传播（communication）一词于十四世纪在法语中出现，十五世纪进入英语。伊夫·温金（Yves Winkin）指出，这个词的语义演变体现了两个概念间的摇摆。这个词源于拉丁语 communicare，一直与"**参与**"（participer à）和"**沟通交流**"（communier）（包括身体上的）之意相连。随着交通手段（轮船、火车、汽车……）以及个体间或集体的技术（电话、报刊……）日益多样，"参与"的语义渐渐淡化，传递和传递手段的语义相对突出。这个词如今既有理想或乌托邦之意（参与理性这一共同语言和/或归属同一社群），也包含交换这一功能行为的方方面面：被交换的客体或内容[做一次传播（faire une communication）]、所用的技术（文字、口头等传播手段）、以地区性或全国性媒介形式开发和管理这些技术的经济组织（迪士尼公司被归为"从事传播的企业"）。**传播**一词既可朝价值的方向引申，也可朝技术的方向引申，产生的模糊表达可以是肯定传播，也可以是否定传播：它可被随意挪用。旅游是传播，戏剧、社会文化活动、商业、童子军活动、情感冲动、邮政、植物授粉……全都是传播。

媒介（média）（源自拉丁语 medius，意为居中）一词则指向距离，发送者和接收者之间没有太多互动的可能，也就是说，它指向一种既不同于个体间传播（面对面交流）、也不同于小团体的组织传播（接收者有微弱的能力回应发送者,如企业和学校课堂的传播)的传播。这个词的法语通常写作复数 médias,英语则保留了单数 medium 和复数 media。Médium 也被法语借用,要么是取 média 之意,要么专指狭义的技术层面(电视这种 médium 依靠对声像的电子处理,图书这种 médium 使用书写语言,以纸张为支撑)。英语的大众媒介(mass media)(单复数同形)也被法语借用,指的是可实现大规模传播的技术(报刊、电影、电视)及相关产业,也被称作**大众传播手段**(moyens de communication de masse)、**大众媒介**(médias de masse)或**媒介**(médias)。只在若干个体之间建立关系的媒介,有时被称作微型媒介(micromédias)(比如电话)。

传播和媒介的含义

A 传播 = 一种行为或一种理想状态
- 共有理性,无媒介(逻辑中心主义)
- 通过技术共有理性(技术主义乌托邦)
- 物理、精神或社会的融合(社群主义)

B 传播 = 通过功能交换来实现共享的行为
- 被交换的客体(话语、信号等)
- 使用的技术(媒介、大众媒介)
- 大规模使用这些技术的机构

传播的层次*
- 个体间(面对面的,首要关系)
- 组织的(团体、党派、企业……)
- 媒介的(有距离的,几乎没有或完全没有接收方的直接回答)

*上述分层有大量交叉重叠,还可以细化。企业也使用媒介,家人可以一起看电视,一些所谓的"互动"媒介,如联网计算机,可使个体交流和组织交流同时发生。互联网的到来引发了关于人际关系新形式的探讨,卡罗琳·海索恩斯韦特(C. Haythornthwaite,2002)称之为"潜在联系"(lien latent),指的是技术上已经启动但维持在低传播状态或备用状态,比如脸书个人主页(Ellison et al.,2007)。行动者网络理论认为人类的和非人类的(尤其是客体)不可分开,将社会视作一个连接和褶皱的集合体,这些连接和褶皱可根据规模细分为本地(过渡性)互动、稳定互动和制度化互动(Latour,2006)。

还有一种更为精细的分类经常使用,它借助媒介的不同类型,也借助非人类的元数据,可以表现信息源与公众之间的交流的复杂层次(Jensen 和 Helles,2017,言及多到一的元传播):

- 一到一:英语为 one-to-one,二人之间的同步或非同步交流,使用目光、言语、电话、邮政或电子邮件、备用状态的个人主页;
- 一到几:one-to-few,组织的层次,使用多种不同媒介;
- 一到多:one-to-many,始于单一源的大众传播,比如电视节目、广播节目、网站、非同步微型博客;
- 多到多:many-to-many,从许多源到许多潜在源,比如某些社交媒体、网络游戏;
- 多到一:many-to-one,始于累积数据或用户痕迹,如广告定向识别、流媒体平台的个性化推广;
- 互动普遍化,这一层次参见公共空间理论(第十四章)。

社会学话语

媒介研究的规范性负担很重,对科学之外的压力格外敏感。在批判与赞美、诅咒与憧憬的拉锯过程中,媒介研究呈现过且至今有时依然呈现着科学上不成熟的典型特征:

- 散文化倾向;
- 对研究对象,尤其是对公众采取居高临下的态度,先验地自以

为洞悉他们的感觉和想法(比如滥用精神分析,把精神分析当作关于大众无意识的科学),或者依赖相关行业人士的期待和定义;

• 过高估计内省和社会政治判断的价值(将个人阐释包装成对内容的严肃分析),或过度信任可能制造科学假象的统计工具;

• 将技术和社会混为一谈;

• 滥用动物行为类比人类行为,滥用物理现象类比社会现象。

对媒介做社会学分析,首先要既摒弃唯心主义,也摒弃诡辩论。社会不能被还原为技术,它既不会被技术埋没,也不会从技术中再生,社会有它自己的动力。人类理性不建立在唯有通过对话才能共享的"永恒真理"之上,人类理性首先是不带超越性的共同真理逐步形成过程中的思想对撞。媒介将人与人连接起来,参与文化,塑造文化,同时也促进、巩固或颠覆权力。媒介身在权力网络中,但媒介本身不构成权力网络,不是自主的恶魔实体。志在说服不同于旨在沟通,本书将逐步进入二者的对立,并指出自然主义和文化主义的局限。

对媒介做社会学分析,还要构建一套框架去诠释被观察到的现象,同时保持谦虚,让理论框架接受实证经验的检验。通过不同的视角、不同的认识论,研究者自许的任务要么是使某些事实不容讨论,也就是将之证了又证,要么是让某些事实可以被讨论,也就是使之可以从理论上和实践上被反驳,在此过程中令其更加丰富;而常识(未必总是错的)往往以为事实就是事实,显而易见(拉扎斯菲尔德1949年一项著名的研究表明,随便给个题目,人们都能给出貌似合理实则矛盾的答复)。付出这些努力,有时就有可能回答那些让传播领域饱受困扰的问题:媒介的暴力内容催生暴力吗?媒介操纵舆论吗?美国文化在通过媒介渗透吗?电视摧毁阅读吗?电视偷窥使民主堕落吗?数字传播是通往更美好世界的"芝麻开门"吗?这些问题并不简单,却总是得到简单甚至过于简单的回答,而这情有可原——这些问题有时并无意义,或者已被逐渐解决。

最后,对媒介做社会学分析,还要远离先知论和乌托邦的诱惑,同时知晓这类假说的存在对个体而言既是科学的障碍,又是行动的源泉(这些预言不会兑现,但会引发行动,对学者来说也是如此)。所以,研究者必须不断研究掌握分析工具,避免跌入揭批、先知论或乌托邦的陷阱。随着研究人员致力于建立模型去诠释从业者、内容和公众行为,传播学有了自己的话语谱系。因此,研究媒介对经济、文化和政治的影响,应该免谈神奇美德或未知力量,而是要回到发明和使用神奇美德和未知力量的人本身,回到在思想和行动两方面将二者统一起来的种种关系。

第二章

传播社会学错失转机
奠基者与媒介问题

与上一章不同，本章面向具备社会学知识的读者。为尊重传播研究发展的时间顺序，本章放在全书开头，但最好结合第十五章（关于反身概念、经验概念）一起阅读。重读最早期的社会学研究，不单是为了了解思想史。本章旨在表明，发轫时期通常被忽视，或被认为乏善可陈，但是对传播研究来说，那一时期至关重要。二十世纪初的研究成果被重新激活，并参与了二十一世纪初的传播研究复兴。

媒介研究在二十世纪上半叶被直接效果观念（取其"个体被媒介操纵"之意）主导，视野局限于漫画式地处理个体心理和社会关系动态，然而，二十世纪初的理论资源并不缺乏，原本可以成就更为细致的媒介与公众分析。在欧洲，社会科学的奠基者不曾忽视媒介问题，每一位都贡献了重要的思想元素。在美国，实证主义学者对传播问题很感兴趣，认为传播问题居于当代社会的中心。但是，这些思想者大多对社会演化持悲观看法，认为经济、政治和社会的现代性意味着根本断裂，这对他们的著作不无影响。与两次世界大战和极权主义的冲击共轭而生的悲观主义，显然妨碍了欧洲人将现代性最典型的标志之一——媒介纳入研究传统。在美国，思想的光芒在二十世纪三十年代一度暗淡，但实证主义的影响始终可观，当代学者重拾他们的概念和认识论立场,得以把握现代性最前沿的矛盾。因此不难理解,二十一世纪的研究实与二十世纪的理论一脉相承。

社会科学基本概念与传播

最早一批社会学家为个体关系分析打下的基础离不开工业化运动和民主化运动的具体情境(工业化和民主化在十九世纪末被视作威胁),但他们也注意到概念和方法论的常量,这些常量可用来分析古往今来所有社会,也为人际传播和大众传播研究(尽管他们当时不曾这样命名)打下了基础。实际上,当他们不再认为我们所处的这个世界取决于某种神圣秩序或自然秩序,而是完全由人所维持的种种关系生成,第一步就已迈出。社会现实的所有呈现(一个家庭、一支军队、一张文凭、一种交通工具、一次经济交换、新闻媒体、对某种秩序的服从)都应被视作使社会团结或分裂的种种意义关系和权力关系的结果或结晶。马克思用的概念是社会关系(rapports sociaux),强调是相互依赖性[不论是在人与自然的关系(劳动)的范畴,还是在思想的范畴]让人类世界摆脱了自然的统治。涂尔干提出社会事实(faits sociaux)自成一类(sui generis①)的现实性,像对物(choses)一样对待社会事实。韦伯提出社会行为(action sociale)的形式,认为社会行为取决于个体赋予它的意义,不可还原为非它本身的其他东西。第一步走得并不稳,时而走向社会还原主义的极端,但这一步趋于所谓建构主义的立场,即存在"现实的社会建构"(construction sociale de la réalité)[借用彼得·伯格(P. Berger)和托马斯·勒克曼(T. Luckmann)的表述]。这一观念如今为大多数学者认同。

上述学者中的每一位都提出了研究社会的独特视角。马克思运用意识形态和社会阶级的概念,将矛盾引入社会研究,他认为社会研

---

① 意为"属于其自己的种类",哲学上用于表示无法概括为低层次概念或无法包含在高层次概念中的思想、实体或现实。——译注

究的对象不限于物质利益:我们使用思想、再现和影像,既是在表达,也是在给世界强加系统化的观点(所谓"意识形态"),现代经济制度(资本主义,生产和消费的历史形式之一)之下,位置相近、结成同质社团的那些个体往往拥有相同的观点。无产阶级遭受的社会统治既表现为经济上受剥削,也表现为创造自己的意识形态的能力遭破坏,统治思想(也就是统治阶级的思想)因此受益。与革命者马克思不同,社会共和主义者涂尔干更重视共识和社会整合的概念,他相信共识和社会整合不可或缺,否则会导致道德失范,而且他认为道德失范事实上正在集体生活的各个层面发生。比如,语言在出生之时就被传递,而非自由选择,属于社会制约灌输的逻辑共识,一如我们存在、思考和行动的方式——"制度制约我们,我们爱制度"。规范的习得与内化塑造了不再只关心一己之利的社会人。涂尔干不仅研究学校、工作和宗教,也研究知识生产和逻辑形式。对他来说,宗教类别以及后来的世俗类别是诠释现实的框架,可用来探究物理、心理和社会,也是强加于人、使人属于一个或多个社群的制约手段,社会想象和集体意识(consicences collectives①)非常重要,其存在先于社群的存在。

  自由主义者韦伯是尼采的信徒,他更关注社会行为的目的性特征。他认为社会行为有四种类型,或曰总体模式——目的合理性取向的行为(根据目的调整手段)、价值合理性取向的行为(植根于信仰)、情感合理性取向的行为(由情感引发)、传统合理性取向的行为(出于日常、习惯),调和了实践的多样性和我们后来所说的"结构"的永久性。任何行为都是"理性的",对个体都有意义,对社会学家也有意义,如果社会学家不只是想解释它、把它简化成集体的因果关系,还想真正理解它的话。韦伯相信人服从于他认为合理的东西,社会行为可根据人的动机分为三种类型:法律—理性的合法性(létigimité légalerationnelle)基于相信必须服从法律或规则,传统的合法性(légitimité tra-

---

① 与涂尔干一致,语言学家索绪尔(F. de Saussure)同一时期从符号的随意性出发解释语言:每个社会都自行决定意义和现象之间的联系,不受自然支配。

ditionelle)将服从锚定于参照过往,魅力或情感的合法性(légitimité charismatique)基于对独特人格或神奇魅力的信仰。

除了这些社会分析的奠基石(唯物主义加批判性、整体主义加"认知主义"、个人主义/整体主义加理性主义——可从上述的浩繁著作提炼得出),还有其他学者的贡献:托克维尔认为民主是条件平等化的持续运动(劳动者受薪和社会保障塑造出共同的世界);齐美尔(G. Simmel)敏锐地捕捉到现代人及其文化的矛盾处境;滕尼斯(F. Tönnies)与塔尔德(G. Tarde)有时对立,有时联手,为思考传播问题开辟了广阔空间。两个人或几个人之间的传播,用社会学奠基人留下的工具就可描述,至少是初步描述。这种传播当然是由声音和肢体动作的技术交流组成,但是不放进人类关系的广义空间,其方向和影响就不可能被理解。服从某种秩序,不是回应某种事先想好的传播形式、回应某种让随便什么人在随便什么事面前俯首听命的有效技术,而是基于充分理由服从某种世界观,原因可能是经济和文化统治,可能是承认某种秩序的合法性(不论是理性的、传统的,还是感召的)或社会整合功能(我不乐意遵从父母之命,但是为了维护家庭这个共同体,我躬身服从),合法性和它的表达方式之间有着足够的契合。违抗某种秩序往往不意味着传播"失败"(未能引起注意或表达有误),而是意味着个体间或同质社群间的公开矛盾。当警察命令人群疏散,保安部队会把这个命令看作准备干预的内部信号,示威者则有可能重新集结以强调分歧。

在人际传播和组织传播理论破壳而出的过程中,有关来源的社会研究发挥了重要的结构性作用,心理社会学(第五章)、传播人类学(第六章)以及后来的其他思路体现了它的传承。

欧洲社会学奠基人与媒介

事后宣称媒介传播注定成为社会科学的中心课题,很容易。当社会学家尝试定义现代性,媒介化传播满是引起他们注意的特征——个体间形成"大众的"、远程的关系,社会和文化分离为群体,退回到个人领域,技术日趋复杂,适合用于分析时代的关键问题。在把媒介化传播看作社会关系的一种形式之先,原本可能出现对它的潜在挪用的遗忘。不过,拒绝一切简单因果关系(把社会行为归因于自然或神秘原因)的社会观指导着早期知识形成的步骤。比如,在批判社会模仿说的过程中,涂尔干在《论自杀》(*Le Suicide*, 1897)一书中以统计数据为依托,针对报刊直接影响个体意识的观点,给出了精彩绝伦的反驳。报刊在所有主要西方国家普遍发展,各国自杀率并不相同,与媒体报道相关的自杀蔓延并不存在。以"媒体造成自杀和犯罪的再生产"为由加诸媒体的诱发模仿的力量因此不具现实性。自杀现象应主要由"社会环境"解释,即便极少数"个体的"偏执行为很有可能是在阅读报刊之后发生。此一论点至今适用:一个多世纪之后的1993年,法国媒体问时任总理皮埃尔·佩雷戈瓦(Pierre Bérégovoy)自杀有无可能诱发模仿,导致自杀潮,媒体权力在握且对权力进行自我批评的满足感跃然纸上。时至今日,媒体还在不断抛出模仿导致犯罪增加的话题,与其说是沿袭套路,不如说是出于强迫症。

当时也有些思考不只是对媒介批判进行批判,而是聚焦十九世纪蓬勃发展的报刊和大众媒介。托克维尔为现代社会分析打下初步基础,也将公共舆论概念理论化[《论美国的民主》(*De la démocratie Américaine*),1835—1840],这一成果十分重要。如美国的例子所示,报刊对民主有巨大影响,但不是它通常被赋予的意识操纵影响:"报刊擅长点燃激情,但它凭一己之力制造不出激情。"事实上,报刊至少具备三大功能:

• 通过暴露政治秘密(它"迫使公众人物在舆论法庭轮流出庭")保障自由;

• 通过为公民提供共同参照("只有报纸才能给成千上万人灌输同一种想法")维持社群;

● 迅速促成一致行动（因为人和党派"不见面就交谈，不接触就达成一致"）。

民主状态意味着个体观点的分裂（每个人都想也都能捍卫自己的观点），同时也意味着强烈的、有时反常的保守主义倾向，托克维尔归之于多种因素，主要是条件平等化运动（个体感觉彼此更接近）、有赖共同观点的心理需要（不能总是怀疑一切）。报刊回应并巩固这些需求，但是不生产这些需求：报刊的力量在于代表观点的多样、让某些观点更快占上风，与此同时让共识深入人心。每个国家都有自己的民主传统，也有与之适应的报刊。托克维尔表明，美国报刊和法国报刊在数量、内容和形式上有所不同，主要不是由于经济原因，而是由于文化原因、政治原因。这一论断至今成立。以观点结社的活力是报刊活力的首要基础，虽然报刊也为结社成员提供手段，让他们团结起来一致行动。因其独立，报刊可能一味鼓吹某种坏品味，可能鼓动暴力，可能鼓励草率的集体行动，但是，仅凭这些不足以质疑报刊更根本的贡献——"报刊产出的恶远远少于它们消弭的恶"。报刊难免有失客观、欠缺批判眼光或沉溺于自身偏见，但是，勒令报刊闭嘴不会让报刊代表的利益噤声——"冲淡报刊影响的唯一办法，就是增加报刊的数量"。

韦伯在经济学和宗教研究方面的成就更为人所知，其实他也没有完全忽视媒介的出现给他所在的社会带来的问题。韦伯1910年写过一篇专门讨论"新闻社会学"的文章，是一份给德国社会学协会（Deutsche Gesellschaft für Soziologie）的七页纸报告。这篇文章的内容极其丰富，不啻一套完整的媒介研究方案，覆盖传播从业者［记者，《学术与政治》(Le Savant et le politique)对此也有研究］、信息市场的结构、传播机构的组织、报刊与政治权力的关系、媒体间的互补和替代关系、对公众舆论的效果……韦伯还不无雅兴地嘲笑当时流行的理论，如报刊阅读直接影响大脑、报刊会消灭书籍。他指出，读者的期待因国家而异，读者的期待对报刊的影响或许大于报刊对读者的影响。他还提出内容分析的定量和定性原则,认为内容分析百无禁忌(报刊所有栏目都值得研究)。他还隐约看到,应该分析媒介对现代人的独特贡献,即永远面对观点的多样性"大规模"改变了人们观察外部世界的方式。

法国微观社会学开创者塔尔德长期被视作涂尔干的不幸对手,因为他主张非常唯心主义的社会模仿论。但是,正如卡兹指出的那样[在拉扎斯菲尔德、克拉克(T. N. Clark)、帕克之后],塔尔德对传播理论发展有决定性的贡献。作为"两级传播"的预先发明者,他提出的传播理论模型不谈"报刊直接且专断的影响",而是重视"公众的主动性"。报刊不是将内容强加于人,而是好比餐厅的菜单,提供经济、政治和社会的多重视角,为对话议程注入活力,所谓"一支笔足以调动一百万张嘴"。人际交流不产自媒介传播,因为报刊不过是滋养先前已经存在的对话,是那些对话不停地将个人与个人、团体与团体联系起来。是对话产生个人意见,个人意见再组成社会舆论,在一切影响之中,面对面的影响最为有效,是它最终促成主导思想。就这一点而言,塔尔德其实本质上接近涂尔干,后者说的是"社会环境"的影响,但塔尔德以更细腻的方式描述了人际交流的动力。说到底,行为出自在对话过程中建构的观点。在塔尔德看来,报刊的决定性影响在于保护议会自由、促成新的社群,比如民族国家。报刊最主要的力量是连接并使观点多样性成为可能。他写道:"报纸出现之前,唯君主有手段言说各地各村的所思所想,国之统一模糊不定,尽系于君主一身。报纸接手王室此一功能,并去其神秘。报纸让散落四方的村庄互相认识,报纸成为民族整合的策源地兼代理人。"(Katz,1992)这些研究对分析互联网相关辩论(从模仿现象到线上线下社群的形成,以及更广泛的全国和跨国舆论潮流的生产)也有启发。塔尔德给出了理解媒介化现代性的钥匙:它在个体层面和大众层面建立起联系,古今无不同。他还启发我们理解大众媒介从报刊到互联网、从十九世纪到二十世纪的演化:大众媒介主要是以纵向方式发挥作用,同时滋养着对话这种横向传播形式;互联网则是加强个体间的交流,同时更有力、更直接地把大众传播和个体传播交织在一起。

马克思曾长时间做记者,他和恩格斯的《神圣家族》(*La Sainte Famille*,1845)一书研究了"社会主义"通俗小说[欧仁·苏(E. Sue)的《巴黎的秘密》(*Le Mystère de Paris*)],言及这部小说对革命情感的有益影响。当小说写出劳苦大众生活艰难,作者是不是赢得了读者的支持?有没有鼓动起左翼思想?马克思和恩格斯相信观点(上层建筑)不可能改变由生产关系(经济基础)决定的社会关系,他们把通俗小说归为隐性反动文学:欧仁·苏的读者实际上被小说描绘的美好幻景误导,美好幻景掩盖了维持现状的意识形态。

德国社会学家滕尼斯有大量文本(但是相当模糊)提到如下观点,报刊可以促成国家开放,最终建立一个全球共和国,彻底摆脱学者和思想者领导的暴力。他这种乌托邦视野是社群怀旧技术主义思潮的前身,但他与自己描述的运动保持了一种全然社会学的距离:"暴力的记忆"(也就是说,团体身份的力量)仍然强大。

奠基理论后继无人与面对现代性的悲观主义

欧洲社会学奠基人的直觉和努力未被立即采纳,未能结晶成为研究传统,可以列出多种原因。毋庸置疑,与美国相比,大型电子媒介不论技术上还是经济上都欠发达(电台被公立垄断),调研阵地自我退缩,这对欧洲不利。此外,拉扎斯菲尔德(1970)的夸张之辞——"两场世界大战延缓了西欧社会科学的发展,二十世纪二十至五十年代,欧洲没有一部承继经典学术传统的重要论著问世"——确实道出了欧洲国家为战争付出的人文代价,尤其是科研方面:那段时期的问题不是启动专门的媒介研究,而是建设或重建整个社会科学研究体系!

不过,媒介研究被推后的主要原因,要在早期社会学著作和当时的学术环境当中找。电影工业在美好年代的欧洲(尤其在法国)蓬勃发展,通俗文学也不缺乏。可是,韦伯没写《连载小说伦理与资本主义精神》(*L'Éthique des romans feuilletons et l'esprit du capitalisme*)[尽管他写出了博大精深的《音乐社会学》(*Sociologie de la musique*)①],涂尔干没写《媒介生活的基本形式》(*Les Formes élémentaires de la vie médiatique*),马克思也没写《关于新闻的政治经济学批判》(*Pour une critique de l'économie politique du journalisme*)。投身媒介研究的学术和社会认可度低、报刊的商业圈子遭鄙视、对民众和中间阶层的实践刻意疏远且采取家长主义、缺乏抽身审视的历史距离,所有这些全都构成障碍,使得研究难度确实很大。长期占上风的观念是,首要的、"深刻的"关系,即工业化劳动、官僚体制以及家庭结构,才是最具决定性、最"严肃的"关系,文化领域的价值最主要是通过宗教感染力研究来体现的,因此,社会科学关于这些主题的分支得到优先发展。

与现代性的某些具体表现保持距离,还有一个关键原因:工业化与民主化的联袂冲击、对民主化破坏性特征的重点关注,造成了很深的悲观主义。前文已充分介绍,早期社会学思想(包括那些所谓革命的思想)有保守和反动的一面:非人际、非人类传播和新技术在上升,退缩回个体引发的黑暗情绪在蔓延,令社会学家们忧心忡忡、念念不忘的是实质和本真的丧失。涂尔干的"失范"(anomie)、韦伯的"祛魅"(désenchantement)、马克思的"异化"(aliénation)都在言说新时代的恶。对媒介问题,欧洲社会学奠基人没有失声,但是近视。他们近前观察,与当时通行的有害效果论保持距离,有的还提出务实的研究计划,但他们没看准传播在现代性中的位置,低估了传播的社会意义。一些社会学奠基者面对现代性时毫不掩饰的悲观主义,成了他们的嫡传弟子、研究媒介时唯一铭记的教训。媒介,被诅咒的时代产物,动辄得咎,受控为时代混乱或失序担责。媒介传播研究还没被界定,就被剥离出社会学、历史学和人类学的研究范畴,其他更受推崇的领域,如劳动、宗教、家庭关系等,则受益于社会科学最初的成果。但是,媒介领域还是有一派研究得以发展,只是这一派与某些观点做了切割,长

---

① 关于音乐社会学可能的用途,参见埃马纽埃尔·佩德勒(E. Pedler)对该书的介绍。

期绝口不提"在功能层面之外,媒介也能代表文化,也是民主的支撑"。

学界并非绝对沉默或封闭。在法国,年轻的斯托策尔(J. Stoetzel)二十世纪三十年代就开始研究广告,雷蒙·阿隆(R. Aron)1936年就读过本雅明(W. Benjamin)关于技术复制时代的艺术作品的著名论文,将德国社会学研究的课题引入法国,涂尔干学派与芝加哥学派也有交流……不过,二十世纪二十至四十年代的法国社会学还是被理性主义主导,也与对日常生活的人类学观察保持着某种距离。读一读莫里斯·哈布瓦赫(M. Halbwachs)芝加哥之行的有趣叙述,以及他对美国经验主义的怀疑,就可明白二者间的距离(Marcel, 1999;可对比约翰·杜威,后者满怀热情地来到同一座城市:Joseph, 2022)。在德国,社会学研究更关注现代性的日常生活状态,但齐美尔(也是记者出身)未将报刊和大众产品纳入他的文化研究,而是局限于艺术和城市。马克思主义思潮随法兰克福学派在媒介研究领域复出,有力也有新意,但还是表现为单纯的政治批判,再加上技术主义末日论。关于主要媒介对社会的影响,大学之外也有探讨,如文学杂志和电影批评刊物对电影的讨论(Charney, Schwartz, 1995)。

美国实证主义

在美国,社会科学研究一度也被揭批浪潮淹没,但是对大众媒介问题从一开始就表现得更细腻、更具建设性。比起欧洲,美国与绝对主义的决裂更温和,世俗化进程总体上没那么多冲突。工业化冲击虽也催生社群主义怀旧和反资本主义,但是,启蒙时代的精神遗产——对科学和创新的信仰没有瓦解,对民主的重大质疑不曾发生。进步主义,例如志在社会和解、启发过凡尔纳(J. Verne)科幻小说和欧仁·苏连载小说的圣西门创业哲学,在欧洲知识界日渐式微,在大西洋彼岸却通过其他表现形式(如科学预言小说、建筑反思和政治反思)继续引发辩论。

实证主义,这一占统治地位的哲学思潮,自诩弘扬上述进步主义,与马克思派的革命姿态、韦伯派的现实主义和涂尔干派的共和主义全然不同,对现代性表现出非常独特的顺应性。奠基人卡雷(J. Carey)、皮尔斯、米德、杜威让实证主义从根本上摒弃了由神圣秩序保证的、与"永恒真理"相关的绝对认识,这一点与大西洋两岸的社会学方法一致。实证主义的独创性在于它的第二个预设:人是意义的真正生产者,人生产出来的意义让人活下去,这就意味着,人所做的不只是服从并忍受预先存在的生活条件,人还能体验、能改变,或者说,人有"行动的可能性"(杜威)。个体是社会化动物,使用语言这一集体工具,先将自己认作客体,再认识自我;反身,就是将外在纳入自我的传播过程(米德)。重视在行动当中、通过行动产生的新意,是美国传播研究者的特色,在他们眼中,科学与伦理的冲突也好,能力与知识的冲突也罢,甚至批判与进步的对立,没有什么问题不可能从根本上解决。

皮尔斯与传播问题

皮尔斯的研究成果问世一个世纪之后才大量被引用,此前长期遭冷落,原因在于皮尔斯的边缘性,他没有大学教席,他的著作具有罕见的抽象性和反思性,使用的类型学也非常独特。

在所有实证主义者当中,皮尔斯反驳客观主义幻象最用力,他声称一切认识都是话语性的,都取决于命题之间关系的进程,像一条没有尽头的论据链。科学是有生命的进程,不是抽象活动,它依靠作为主体的人,依靠寻求协调一致的研究者群体——论证不会自己把自己变成不容置疑的实证事实(所谓"反笛卡尔主义"立场)。传播,作为主体间的协调与分享行为,是知识与进步的酵母。不过,皮尔斯没有陷入否认真实之存在的唯名论。"真实"(le réel)是存在的,即便它总是真实的再现(représentations)。"真实"可分为三重现象——"第一性,是其所是""第二性,是其相对于第二个的是其所是""第三性,在与第二个和第三个的关系中是其所是"。真实的再现也有三个层面:

影响我们的那些特质(符号,les signes);反抗我们的那些现实(物质和非物质的对象,les objets);我们看到并参与建设的世界的规律(作为解释项,les interpretants)。皮尔斯认为再现的逻辑没有尽头:世界的一切都是符号(或再现体 representamen),以符号形式出现的再现本身也是一种再现,符号只是社会行为的一部分,做出解释的个体不能被简化为解释项,因为解释项也是一个将自身与其他符号相连的符号。符号对某些东西,即对象,有价值,但不是这个对象的所指。皮尔斯创立了符号学(la sémiotique),但是他要在语言的独特逻辑中找出意识生产的条件。他将符号分成三类:第一类是"相似符"(icônes)(与所再现的对象"相似",是照抄,所以是"自然的"),第二类是"指示符"(indices)(也是"自然的",但是不照抄,而是指向),第三类是"象征"(symboles)(如同口语和书面语的词汇,是"规约的")。

  符号学的根基很难厘清,贡献也一言难尽。"符号过程"(sémiose)这个概念没有界定,使得这个理论非常模糊,因此很少被应用,可符号学认为自己是实证主义的,是对经验主义的召唤。但是,指导它的核心理念使得以科学之王自居的语言学难以将它收归门下。符号学以符号三分式反对索绪尔语言学主张的符号二元性(能指/所指)。索绪尔的语言学突出了语言的其他方面,后来成为意义、人类思想甚至整个世界运作的模型。解释项的概念不允许将言语中的真实设定为封闭状态,为传播研究开启了更宽广、更全面的空间,即各种阐释或冲突或共享、将共同符号稳定下来的社会空间。只不过,符号学虽然谦虚地表示其目标仅在于描述符号的世界,其实也有宏大的野心。符号学理论的提出者希望符号学通过区分归纳—推理—演绎(分别属于第一性、第二性、第三性)现象,掌握认知活动,掌握逻辑。正如哈贝马斯所指责(1968)的,皮尔斯的认识论旨在得出超越传播问题的研究的总逻辑,实际上却是从语言哲学出发,而语言哲学并不通盘考虑全部的社会问题。

对现代性开放,对未来开放,不管当下的社会解构;认为人类生活只有在经验交流和合作发展中才有意义(物质性首先是人类的产品,不是社会行为的决定因素)——这些观点促使上述学者以肯定的态度看待大众传播,将其视作社群组织的过程。如此求新,其实暗藏怀旧立场:哀叹小社群消逝,梦想从局部开始构建大社群,相信个体天生能够共情、有能力让自己社会化,然后逐步扩大成社会意识,最终建成一个盛大的民主社会。毫无疑问,实证主义者是传播之乌托邦的第一批推动者,这乌托邦在二十世纪广为流传。米德相信,如果人与人之间的传播完美了,民主也就完美了。查尔斯·霍顿·库利(C. Cooley)是与实证主义接近的芝加哥学派社会学家,提出"首要群体"(primary group)的概念,还写过研究铁路交通的论文,他是率先将语言和人际互动纳入传播定义的研究者之一,并用经验论据支撑自己的论点。他还在传播手段的技术革命(火车、快速路、邮局、电报、学校、报纸等)中隐约看到了建立真正的第二社群的手段。

当然,实证主义不应简化成这两种极端,因为实证主义更感兴趣的是通过交流之物质手段的不断扩散,增加人与人的接触,以此作为现代病(众人所说的无知和冷漠)的具体医治措施。杜威深入发展了库利的理论,他发现传播不仅延伸本地社群,还开辟新的空间。实际上,那是一个"公共"的空间,那个空间不是一堆无组织的反常群众,而是一个渴望反思、期待分析工具和自我表现的社群。它让个体欣然接受并理解相互依赖现象,通过真正的辩论赋予制度合法性。新民主是首要社群、公众和制度(或大社群)的三重关系。不同于李普曼(W. Lippmann)的观点(李普曼警惕绵羊般被刻板意见误导的公众,主张专家指导下的民主,因为专家是知识唯一的持有者),杜威极力主张个体具备分析和反应的能力。杜威《公众及其问题》(*Le public et ses problèmes*,1927)一书的思想包含着公共空间这一概念相关探讨的萌芽。大众这一概念在欧洲被视为威胁,在美国却指向多元主义,即民主如果实际运作的问题。

实证主义的科学主义根基和乐观主义论调经常为人诟病。汉诺·哈尔特(H. Hardt)在他编撰的美国传播理论史著述(1992)中提醒我们，实证主义传达着某种社会达尔文主义，对社会不平等问题关注不足。这与美国繁荣时期的主流精神意气相投。社会主义思潮在美国从不曾广泛传播，政治自由主义思想家(哲学上坚持事实至上，为此牺牲有关社会秩序的理论探讨)更推动了批判理论的边缘化。他们在公共辩论中的分量为二十世纪三十年代确立的功能主义铺平了道路，而功能主义一心关注社会稳定，对公众的分析越来越趋向消费主义。不过，批判也应留有余地，因为实证主义研究的典型特点就是毫不天真。库利和杜威都读过马克思的著作，对信息的经济垄断不无批判，因此他们的思想有着严格的伦理和政治要求。皮尔斯反对个人主义无限发展，认为这会侵蚀社群的基础。

所以说，实证主义的出现是对德国历史哲学家的预先回应，是德国哲学被在德国成长或从德国流亡到美国的哲学家介绍到美国并与美国相适应的结果①。它邀请人们超越批判视角与捍卫民主价值之间的对立。在杜威看来，大众媒介不完美，但是必要。由此可以得出结论，正如托克维尔所言，更多的民主，是民主不完善的解决之道。现代传播手段被从人文角度普遍诋毁，其实应该被视作丰富日常存在、丰富文化的手段。当代实证主义[特别是舒斯特曼(R. Shusterman, 1991)]和美国社会学传统试图与詹姆斯·卡雷一起提出一种兼具进步性、批判性和表达性的立场，正是参考了杜威"作为经验的艺术"(Art as Experience)。

芝加哥学派

实证主义慢慢从学界淡出，直到二十世纪末才被重新发现，但它带来了一股可喜的经验主义之风，特别是针对传播这个敏感问题，还

---

① 德国历史哲学虽由雷蒙·阿隆(1938)介绍到法国，却未引起法国学界对传播的重视。

间接支持了功能主义的兴起,而功能主义不只是对公众进行消费主义理论研究,而是强调个体的认知能力——从这个角度看,功能主义为传播普遍化时代的民主理论作出了重要贡献。实证主义对芝加哥学派的城市社会学也有决定性影响。在罗伯特·帕克带领下,芝加哥学派率先为新闻人类学研究打下了基础。

帕克与韦伯同年生人,先后师从杜威、卡雷、齐美尔,做过记者,在为期三年的柏林之行期间,于49岁进入大学。从他的著作涉及的主题可以看出他的思想导师的关切:生物主义,重实际考察、轻概念化,主张传播是民主的基础。生物主义体现在帕克的城市概念中——他认为城市是一个领土组织的问题,类似植物生命发展的问题,只不过城市涉及各种各样的人群,通常是移民,始终处于竞争、适应和同化的状态;也体现在帕克的新闻研究中——他试图追溯报刊发展的自然史,认为报刊的形态变迁是不可避免的。经验主义于他不仅是个人偏好,也是职业经历使然。报刊世界对学术圈来说颇具异国情调,而深知内情的帕克拿出了真正的新闻社会学——研究报刊内部分工、分析从业者视角(记者编辑如何判断什么是新闻),引出了"看门人(gate-keepers)"分析。他这些分析被昔日同行的观点浸透,但是也有对他们行为的细心观察。帕克还运用斯坦格尔(T. Stenger)和兹纳涅茨基(F. Znaniecki)对波兰移民的深入调查结果,研究公众的实际构成,以便弄明白人们怎样使用信息。移民阅读英文出版物,即使他们并不能完全理解,为的是让自己对接纳他们的社会开放。大众传播确实发挥了杜威所说的社会融合作用。帕克借鉴齐美尔,也用生物打比方,由此与媒介所谓的美德(可以调和对立面、可以扩散、可以让不同文化相互适应)拉开了距离。传播是矛盾发生并发展的空间(移民原本爱读母语报纸),这不是偶然,而是社会的本质——即便我们必须考虑共同生活和人际互动生产共同经验。

媒介造就团结社群的乐观主义愿景,有时会因批判而止步。有批评指出媒介也有自己的利益,或对公众智力、对媒介生产出真正的"公共舆论"的能力（杜威全心支持）存疑［受李普曼、拉斯韦尔（H. Lasswell）启发］。帕克引领的美国社会学研究率先引入传播课题，此后还是在人类学发现和政治规范性之间摇摆不定，最终倒向后者，表明与一战背景密切相关的危言耸听说的影响上升了。

第一部分/让传播走出自然

效果问题,或怎样摆脱效果问题?

这一部分大体依照时间顺序介绍传播研究早期理论化进程。最早的理论范式游走不定,理论关切倾向于自然主义,并在悲观主义和乐观主义之间周期性摇摆(与媒体致病效果相关的忧虑、行为主义理论、普罗米修斯式控制论、魔力附体式技术决定论)。让社会学方法得以构建的两种模型——批判理论和拉扎斯菲尔德的社会心理学——也沉浸在这些关切中,仅局部有所超脱。后者把效果和影响的概念放在首位,前者对技术进行绝望的实体主义①批判,无论是与媒介的关系,还是总的因果关系,理论概念都非常贫乏。不过,未能提出以意义或以社会为中心的理论范式,不等于理论上毫无建树。恰恰相反,先执迷于效果,再发现此路不通,也是一种解脱。二十世纪七十年代,社会科学的变化传导至传播研究,后者的理论方向和概念也随之改观(见第二部分)。

---

① substantialiste,指相信存在恒定的现实。——译注

第三章

直接效果论的陷阱

道德恐慌与行为主义

媒介社会学研究日渐萎缩或趋于遭到否定,符合欧洲大多数思想流派和美国部分思想流派的轨迹。1776 年美国革命和 1789 年法国大革命思想的传播,让对报刊的乐观态度持续了近百年。报刊被视作信息多元化的工具、启蒙思想的源泉,这份信心与民主理想一脉相承,也与十九世纪确立的经济、技术和政治进步的意识形态相亲相和。言论和出版自由被写入法国 1881 年法①,同时就有乌托邦把邮政、电力、电报等发明看作缔造真普世文明的工具。十九世纪末,当工业化成为令人忧虑的社会巨变的同义词,当选举权被普及且媒介不只面向精英,对媒介不无天真的信心不堪自身之重,逐渐坍塌。有人开始将媒介视作威胁,视作面目可憎的操纵工具,视作大众代表和象征的失控准入;对他们而言,媒介从民主之物变成了可怕怪物。

随着若干杰出专著的出版,从勒庞(G. Le Bon)的《乌合之众:大众心理研究》(*Psychologie des Foules*, 1895)、李普曼的《公共舆论》(*Public Opinion*, 1922),到奥尔特加·加塞特(J. Ortega Gasset)的《大众的反叛》(*La Révolte des masses*, 1930),大西洋两岸同时现身的

---

① 指 1881 年 7 月 29 日法国通过的新闻自由法。——译注

社会观开始谴责集体舆论的危险面目,揭批大众(或曰群氓)的非理性和歇斯底里特征。这类观点大行其道,说明有关媒介的话语在相当长的一段时间内是以效果概念为中心。媒介被指无视个体意愿塑造个体观点,操纵个体,像催眠术那样行事,或者用自身传递的思维定式误导个体。这类假设在基于刺激概念的心理学理论(行为主义)也有翻版:媒介将内容注入个体精神,导致某类行为的产生(拉斯韦尔)。

媒介效果恐惧症及其根源

对媒介效果的谴责非当代社会独有,在古代已有完整表现可寻。柏拉图的《理想国》里就有一个相信诗人讲故事误导青年、执意将诗人逐出城邦的苏格拉底。谴责的表现随时代变化,每种媒介社会性地引人注目之日,就是对它的谴责登峰造极之时。十九世纪,讲述受资产阶级恶徒迫害之人的复仇故事的连载小说,被指给工人注入坏思想,是社会主义的温床。两次大战期间,广播被指给小说连播的女性听众洗脑。纳粹在德国掌权后,广播被认定为影响力巨大(希特勒确实充分利用广播)。偶发事件[比如,1938年,美国电台播放奥森·威尔斯(O. Welles)讲述外星人入侵地球的广播剧《世界大战》(*La Guerre des mondes*)引发恐慌]也让广播被认定为影响力巨大①。二十世纪五十年代蓬勃发展的青少年媒介——摇滚乐和连环画,被与青少年犯罪率上升挂钩(美国连环画出版商在麦卡锡主义盛行期间被参议院质询,欧洲国家设立了限制极其严格的审查制度)。二十世纪六十年代以来,电视接了电影的班,在被斥作暴力载体的无良媒介当中名列榜首。如今,电子游戏和互联网又被置于青少年不健康、没文化、爱暴力等诸多

---

① 霍华德·坎特里尔(Howard Kantril)的研究(1940)沿着拉扎斯菲尔德社会学的思路,很早就表明恐慌并不普遍,影响的是生活没有安全感的失业群体。他的结论(属于功能主义)是,制造战争或恐慌的不是广播,不是报刊,也不是"宣传",而是结构性社会差距,比如教育方面的差距。

关切的中心。

给媒介预设权力,然后笼统地加以批判,这源自既有秩序面临威胁时对权力丧失的不安感。这类批判首先会确定受害者群体——他们是无辜的,应被关照,应受保护。不难看出,十九世纪末二十世纪初西方社会对通俗报刊的惧怕,首先是与工会主义及其他挑战经济和社会不公的革命运动有关。二十世纪二三十年代的广播剧是男权愤怒的替罪羊——当时正值解放浪潮,女性人口部分进入就业市场,媒介消费日益自主。

每当成年人/青少年/儿童的关系被重置,有关年轻人的忧虑就倍增,而关系重置的根由实际上不在媒介。连环画大行其道,正值未成年子女作为消费者不再那么依赖父母之时。摇滚乐问世恰逢青少年解放,而青少年解放归因于教育日渐普及以及享乐主义在该年龄段人群的发展(这又要归因于财力强了、自由时间多了、专用于喜庆聚会欢乐度日的全社会闲暇期长了……)。

"宣传":从伟大战争到虚假新闻

如果说媒介效果研究如今心系儿童(暴力/媒介的关系,详见附文),那么,政治领域称得上媒介说服力信仰的老阵地,这是因为"宣传"这个概念超乎寻常地成功。宣传(propagande)一词的词源有"用于扦插的枝条(bouture)"之意,即剪下来用于重新栽种以长出新植物的嫩枝。在宗教语汇里,宣传指传播教义,最主要的意思是"传递"(transmission)。直到十八世纪末,这个词才被赋予贬义,即对观点施加影响。一战期间,媒体失信于民,二战期间,极权令人忧虑,宣传被视作极端政治抬头的首要原因,其概念从此改变。从苏联逃亡到法国的谢尔盖·查霍金(S. Tchakhotine)写过《政治宣传强奸民意》(*Le viol des foules par la propagande politique*, 1939),美国政治学家哈罗德·拉斯韦尔有志理解政府技术的影响及其最佳使用方法

[《世界大战中的宣传技术》(*Propaganda Techniques in the World War*),1927]。

但是,媒介的超强能力并无真凭实据,哪怕是在战争时期。纳粹主义是一种病,对社会最弱势者(社会失序和失业制造出来的城市危险人群)做宣传,它就会蔓延,这样的陈词滥调不值一驳。历史研究表明,纳粹主义这一政治现象并不是像海啸一样席卷整个德国。希特勒从不曾赢得选举多数,他上台是因为兴登堡决定交权给他,兴登堡交权又是利益集团争权夺利所致。历史学家认为,纳粹势力抬头和广播发展之间不存在因果关系(见 Larsen、Hagtvet 和 Myklebust 编撰的著作以及 A.Oberschall 的研究成果)。他们总结了纳粹所得选票的特点:最支持希特勒的群体不是工人,不是基督徒,甚至不是城市居民,而是信奉新教的乡村居民。那些人觉得其他政党(基督教中央党、共产主义工人党)都不代表他们的利益。是最有社会组织、政治上最未被代表的群体投了抗议票。这一研究成果佐证了拉扎斯菲尔德的观察:"我们经常忘记,希特勒上台不是靠着广播,而是逆着广播,因为在他得势之前,广播掌握在他的敌人手中。媒介垄断效果的社会意义恐怕没有我们普遍以为的那么大。"[被麦克卢汉《理解媒介》(*Pour comprendre les médias*)引用,1964]

信息发出者希望淹没一切抗拒,发挥影响,强加观念,这意图里面确实包含宣传。但是,接收者有能力避开或反对强加给他的信息,宣传解释不了接收者的行为。宣传能"成功",是因为它与目标人群的期待有共鸣。很多人不愿承认,二十世纪八十年代极右势力在法国再度抬头,不是因为社会弱势群体被宣传左右,而是因为民众的许多期待(未必排外仇外,但是真实存在)与极右势力的话语一拍即合。"宣传"一词可能会被专门留给极权社会,那里既没有多元主义,也没有信息多样性,或者留给公共传播被严格管控的极端情况,比如战争。但是,即便在那些情况下,效果问题也大可商榷。宣传没能阻止苏联解体,另类传播手段,比如拿体制开玩笑,让人得以从内部反抗体制①。对战争情况的研究表明,中媒介之毒是可能的,但绝不是必然的,也不会真的让思想统一。埃皮纳尔图片②上,共和国士兵一心打败宿敌德国,欢天喜地为国出征,而事实恰恰相反,让-雅克·贝克尔(J.-J. Becker)1977年的研究发现,1914年的法国士兵并不是带着满脑子被灌输的狂热兴冲冲奔赴前线的。希尔斯(E. Shils)和雅诺维茨(M. Janowitz)指出,人们都以为二战末期的纳粹士兵士气低落(一战末期确实如此,有人因此相信德国战败是盟国心理轰炸的成果),可他们用盟军企图瓦解他们的宣传册鼓舞斗志,从中汲取精神营养,一直战斗到死。宣传一词常被滥用,这恰恰暴露出它的真实意义("媒介操纵思想"的观念),事实上,宣传是一个有限概念,几乎不可能照字面意思实际操作。

　　随着互联网的发展,电子邮件、博客和社交媒体暴现杂七杂八的谣言、骗局、故意编造的错误信息,虚假信息的主题复又出现,令人担忧又一场政治末日即将来临[英国脱欧、唐纳德·特朗普(D. Trump)当选美国总统之后,担忧更甚],而且似乎让媒介效果极强的说法复又成立。岩浆喷发般对民主堡垒发起的冲锋看似或多或少有些秩序,混杂人马由假新闻(fake news)编造者领头,实则可以分出若干层(Giry, 2021)。首先是错误信息(mésinformation),即非故意的似是而非或错误。其次是谣言(rumeurs),即出于让自己确信的需要,在不确定的时候使用或多或少带有想象的叙事。这两个层次属于简单的日常闲谈,是人类交流固有之物,但是被网络提取并放大,以多少有些离经叛道、滑稽好笑、耸人听闻的社会新闻为原料,引来或妙趣横生、或夹枪带棒的评论跟帖,应归入大众的剑走偏锋、精力过剩、调侃挑衅——这自理

---

① 西方新闻和娱乐的可获得性也起了作用(Tristan Mattelard,1997),虽然必须指出,"来自外界的独立信息(……)仅凭其自身,无法颠覆体制"(Jacques Semelin,1997),否则就会再度陷入信息万能的迷思。
② Epinal,法国东部城市,以传统图画制作而闻名。法兰西第一帝国期间,这里生产了许多纪念皇帝、王室和军队胜利的图片,装饰了许多法国家庭。——译注

查德·霍加特(R. Hoggart)以来已广为人知(第十章),或归于非常多的人共有的轻信(Gérald Bronner, 2013)。臭名昭著的假新闻完全是另外一层:它依靠自动设置,利用数字化的病毒性传播,蓄意制造谎言,以利政治上采取行动,有时近乎阴谋论。阴谋论对非善即恶世界观的阐释组织更系统,有时甚至达到国家宣传的水平,如 2010 年至 2020 年间普京(V. Poutine)治下的俄罗斯。亨特·艾尔科特(H. Allcott)和马修·根茨科(M. Gentzkow, 2017)对 2016 年美国大选(假新闻大规模流传,据称特朗普因此获胜)的仔细分析则指出,数字化社交网络不能免于社会分歧,也在分歧中稀释:假新闻只是 14% 的公民的主要信息来源,美国人平均每个月只读一到几篇,还都是选读那些站在他们中意的候选人一边的[只读说克林顿(H. Clinton)好的,不读说特朗普好的;反之亦然],而且其中大部分他们没记住,有一半他们不相信。简而言之,虚假信息已被过滤,对选举结果并无直接影响,即使它们能吸引注意力并部分框定辩论议题(第十三章),即使是在非常特殊的 2016 年(当时,美国主要媒体未能避免转述"另类事实",而是将其采纳甚至转述,如福克斯新闻)。

道德恐慌:以媒介/暴力为例

真实暴力与媒介暴力的关系问题,在媒介引发的种种忧虑之中非常典型。从二十世纪初开始,这个问题就像铁头套一样箍着媒介与青少年关系研究。有关媒介暴力如何影响行为的研究投入产出比高,论文发表从不间断,仅二十世纪八十年代头几年的美国就有 2500 多篇!这部分是因为家长协会、政府、司法、媒介监管机构对这类投入有社会化、制度化的巨大需求。但这些产出并无重大科学成果,有的甚至毫无成果可言(研究也因此一直在做)。

心理学或精神分析学各派摆出具体经验,运用不同的理论,其主导理念都是模仿:或基于学习效果(看戏会模仿戏中人),或基于抑制解除(习惯了媒介暴力,会以为暴力在现实世界也是"正常"),或基于启动(暴力先前就已存在,被媒介启动)。一些小众流派用宣泄释放理论(la théorie cathartique)反过来解释:让自己经历假想暴力,对个体内心的挫折感有释放缓解效果。这些经验都基于一个非常简单的判断:媒介中的暴力会让人害怕、紧张、释放,但它首先是象征性的,是暴力的再现,而且也是被人这样认知的,最低龄者亦不例外(见白金汉的研究)[1]。因此,媒介暴力很难定义,更难量化,也不能被归为明确的变量:人不会像巴甫洛夫(I. Pavlov)的狗受嗅觉和视觉信息刺激那样,对影像和词语条件反射。

所以,媒介内容与受众态度之间的因果关系未被证明。有些连带关系(往往相互矛盾)或被确立,但是完全忽略了其间涉及的其他复杂因素,例如家庭背景和社会价值观。攻击性强、在暴力中社会化的个体可能更喜欢接触暴力内容;某些社会阶层的家庭破裂可能加剧攻击性,表现为暴力节目消费……

在国家层面,真实暴力与媒介暴力之间得不出统计上的关系。日本盛产格斗电游和日式漫画,这些媒介经常被指极端暴力,可日本也是强奸案、谋杀案数量最少的国家之一。美国以盛产动作片和高犯罪率著称,影视分级管理却比欧洲严得多(美国基本没有任何暴力节目允许儿童看)。二十世纪五十年代,美国青少年犯罪率上升曾被归咎于媒介,近年来的犯罪学研究已经证实这种判断并不成立。二十世纪九十年代,城市暴力和未成年人用枪数量激增,常被认为与有线电视、电子游戏和好莱坞动作片数量激增有关,可是,与之直接相关的因素是一些城市经济衰败、社会凋敝、治安力量撤出、帮派形成以及允许枪支自由买卖的根深蒂固的个人主义传统。

"无视公德"类的暴力危害更大,也日益严重,原因在于西方国家近几十年来家庭联系严重解体、经济危机大环境导致既有制度失信于

---

[1] 当代心理社会学分为三派,一派始终忠于霍夫兰(C. Hovland)和拉扎斯菲尔德的冲动理论,从个体感知和认知模式的角度对各种设置(例如广告)进行定量测试(Georget, 2003),一派是认知心理学,还有一派更倾向定性分析,重视阐释的概念,类似文化研究(Livingstone, 1990)。

人——总之,它有社会原因,而且不是不可避免。一些媒介自身也加以突出的个案常被提及,用来"论证"真实暴力与媒介暴力的关系:二十世纪九十年代,奥立弗·斯通(O. Stone)的电影《天生杀人狂》的热播可能影响了巴黎东郊万森公园的杀人犯①;欧美多起中小学校园枪击案可能与收看电视和浏览网页有关。这些个案数量如此之少,几乎不具有统计学意义。何况每个案例都应加以全面分析,比如,了解凶手经历、回溯其独特历程以便理解他们的内心失衡、他们跟结构化意识形态和行为网络的接触,然后才能解释他们的行为。反思当代社会意识形态对个体的严格要求,包括可能使人产生强烈失败感的极端个人主义,也有助于理解为什么有人把超常暴力行为当作寻求众人认可、成就身后名声的手段。由此就可看出,媒介不能无中生有地制造现实暴力,但是媒介会被凶手用来制造自己的暴力世界,满足他们的可怕想象,以为由此就能获得认可。媒介是行动形式的后备库,不是行动的刺激者。如果模仿确实存在,模仿的也只是谋杀的具体方法,不是谋杀本身。

　　西方国家谈论媒介对现实行为的效果,其实不无讽刺:西方国家正在经历身体暴力基本上受管控、被压制的时期,西方社会正处在有史以来最和平、媒介消费最发达的时期(这本身就不表明媒介暴力与真实暴力之间有关系)。诺贝特·伊莱亚斯(N. Elias)认为,国家机器(唯一合法的肉体暴力实施者)以及由此而来的暴力在心理上的内化(法国1968年暴乱导致一人死亡)是当代社会的特征;当然,当代社会并没有消除象征性暴力(劳动、社会关系)和国家间暴力。体育充分体现此一变化:二十世纪的体育比赛,不论是在竞技场上,还是在电影屏幕上,常被指责为太过暴力(这种暴力当然也应该被制止),似乎背离了古希腊的奥林匹克理想。但是,那个时代的奥林匹克跟我们自己制

---

① 1994年4月25日晚,法国大学生Florence Rey和Audry Maupin在巴黎袭警劫枪后逃跑,当警方追捕,他们开枪射击,造成五人死亡,成为轰动一时的暴力事件。警方在他们的住所找到无政府主义文学书籍,当时有媒体认为他们是极左派,因受媒介暴力宣传的影响铤而走险。——译注

造的想象不一样,那时的摔跤比赛真是不惜一切代价:眼睛被挖出、肢体被打残,不仅平常,而且被允许,连打死对手都不被禁止,只不过幸存者会被判为失败,死者获胜。城邦争夺时代的体育竞技其实是让公民备战,中世纪的体育也不和平,到了最近几个世纪,体育才成为身体的较量,有时会过分,但是要求自控。

  总而言之,效果问题应该反过来问:不要问效果是有是无,要问为什么普遍信其有。这样就会发现媒介总是沦为替罪羊(Rowland,1983;Barker & Petley,1997)。西方社会发展了两个多世纪的一大迷思就是儿童为王,儿童应被永远保护以免遭世界污染(照 Philippe Ariès 的说法)。赋予童年这样一个地位,很大程度上值得肯定,因为儿童以前被简单视作未完成的成人,但是,这样做忽视了一个事实:儿童的精神世界有时也会像他们的父母一样模棱两可。当儿童对某些行为、甚至残酷行为表现出兴趣(因喜欢看某类电视节目而暴露),大吃一惊的西方社会就将这些兴趣归咎于媒介的影响。指控媒介可以迅速撇清为人父母者的责任——是他们丧失了家长权威,还用电视给孩子当保姆。指控媒介还间接将某些人群罪犯化、污名化:二十世纪九十年代,通过电视暴力和郊区青少年之间可能建立的关联,批评电视暴力成了批评郊区青少年的手段。

  以上阐述不是说媒介包含的某些暴力内容不应被批判。这些内容当然可能造成心理创伤,需要公共管控。但是很难确立哪些具体内容与哪些心理创伤有关,因为儿童心理因人而异,环境和成长历程千差万别(Buckingham,1996、1997;Gonnet,1997)。已被清晰证明的是,对儿童来说,虚构内容远不如新闻报道吓人——尤其是那些惩恶扬善的虚构故事,孩子们知道里面的暴力是假的,而报刊是更大的焦虑来源,因为它在讲真人真事。此外,当缺乏创造力的创造者或生产者以暴力为捷径打开销路的时候,暴力还会引起质量问题。

刺激效果与"皮下注射"

有学者用二十世纪头几十年由心理学衍生的模型解释所谓媒介施于受众的影响。那些模型怀有与自然科学结合的梦想,纯粹机械地看待人类。面对各种刺激,受制约的被动公众如不具备无意识力量(自我、移情等),会做出反射反应和自动回应。俄国心理学家巴甫洛夫和别赫捷列夫(V. Bekhterev)的行为限制论从动物领域外推至人类世界;美国人约翰·沃森(J. Watson)的行为主义更是占据主导——他认为行为是对环境的回应,建议用实验了解通过行为就可把握的物理机制。生命的一切表现,从情绪到习惯,不论多么复杂,全被视作肌肉和腺体的产物,可观察,可测量。

从卢因(K. Lewin)、奥尔波特(F. Allport)到米尔格兰姆(S. Milgramm),各式各样的心理学全都自称"科学",用的是实验室实验之类的"客观"程序,目的是收集有统计学意义的结果。与内省风格的思路不同(因此颇具新意),心理学思路因其极端简化而渐渐式微。它把人类环境比作物理刺激,认为这些刺激足以包含人与世界的一切关系,它的研究方法是从社会世界人为选出一些志愿者,将他们置于极具指示性的实验程序中,最后总是研究者惊讶地发现他们事先的指示得到确认,并且是以实验结果的面目呈现。实验心理学在遗传心理学[皮亚杰(J. Piaget)、弗洛伊德(S. Fraud)、瓦隆(H. Wallon)]的挑战之下接受了后者的若干观点,即认为个体发展从根本上是受限的,是给定条件(环境、基因、无意识)的概括,从不曾想过人类世界是构建的,在那样的世界里,感知不是来自中立的、客观的、物理的东西,而是来自符号、复杂的中介;而这些符号和媒介在生物上并无作用,但是提供了思想和行动无限变化的可能性。

拉斯韦尔贡献了这类研究的精粹。拉斯韦尔一度是实证主义者,后转向冷酷分析说服技巧,以国家干涉主义的名义,负责通过宣传从思想上引导民主大国，就像在经济领域通过新政来引导国家一样。他发明了"皮下注射"的说法，指的是被动受众承受的影响，提出了"大众传播"的概念，用以界定大众媒介的研究范围，最后在1948年提出了著名的"传播问题表"[谁（传播者），什么（传播内容），告诉谁（受众），通过什么渠道（传播媒介），取得什么（传播效果）]，进而命名了细化的传播研究分支（从信息生产者研究到信息影响力研究）。界定推动了传播学科在美国的发展，在卡尔·霍夫兰带领下，耶鲁大学心理学院作出了重要贡献，此后逐渐得出的研究成果推翻了最初的假设。效果研究是一个逐渐自我颠覆的过程，起初是自顾自地把信息接收感官放在首位，后来逐渐发现主体具备注意、理解、接受、拒绝和行动的能力（哪怕是在实验室里）——拉扎斯菲尔德的社会学总结了这一发展过程并且在此基础上有所超越。

广告是说服性传播存在的证据吗？

刺激效果论在心理学领域被清除，在公民社会、政府部门和经济学领域却是阴魂不散，比如，商业上的影响就是永恒的论据："如果广告不起作用，谁也不会花那么多钱做广告。"这句话说到了点儿上，美国社会学家舒德森（M. Schudson）答得再好不过。他在《广告，艰难的说服》(*Advertising, the Uneasy Persuasive*, 1984)一书中以大量历史引述调侃了广告迷思，结论是广告投放者其实无广告经验可供参考，同时也不完全排斥商业世界，因为商业世界自有其用途，应被宽容对待①。如果信息的超级力量确实存在，那如何解释大面积的经济活动没能借助广告实现腾飞（尤其是打折季，零售业的典型做法），如何解释政府系统性打广告反对的东西——毒品在某些地方始终不可思议地热卖，甚至是近三十年来经济上最成功的产品呢？还有，80%的新产品未能

---

① 舒德森是美国学术界的重要人物之一，他对行业意识形态持批判态度，同时又忠于文化和自由的宽容传统，这于他是学术选择，也是家庭背景使然——他父亲是商界人士。

在市场上立足,广告也从不曾施展魔法救活颓势行业。舒德森指出,广告商做广告效果测试的时候,并不知道能否成功影响某部分民众,测试只告诉他们产品被记住的可能性和消费者对产品的满意度,丝毫不能揭示消费者的购买意愿。事实上,好广告商的经验是,他们从不说自己要操纵顾客,而是说,如果他们让自己符合顾客的期待,如果他们给顾客一面好的镜子,就有可能在购买过程中发挥作用。他们的知识往往来自经验或无知的组合。

广告的主要效果(间接的)是让产品进入想象(最好同时摆上商店柜台),从而加入品味和社会差别的博弈。"广告或许能促销,虽然它从不曾就某个问题说服某位消费者。"舒德森另一篇文章提出了五个"R"(1989):我们所说的媒介效果不过是与公众分享的象征的有效性,如果一定要说是效果,那么,效果包括 1)提供产品(rendre disponible);2)提出说辞(rhétorique),不为说服,而是为了方便记忆、渗透想象;3)与文化框架共鸣(résonance);4)通过制度化存留(rétention)让产品永驻(记忆衍生的产品会让记忆随时启动);5)帮助公众决定他们对节目的反应,为他们提供问题解决方案(résolution)。信息不被当成权力、对象或原因,而是被视作资源和环境,广告和娱乐亦如此。

在此可以补充一点:有关常被提及也令人担忧的"潜意识知觉"(perception subliminale),实验心理学如今已经证实,这种知觉确实存在,但强调其持续时间非常之短,只有区区数百微秒,以至于"要让潜意识信息有效果,消费者或选民必须在接收信息之后 150 微秒内冲向柜台或投票箱。所以说,潜意识信息操纵思维在实践上是根本不可能的"(Ferrand & Segui,2001)。

小 结

媒介强大效果说的理论范式是无力的,因为它就社会现实和社会互动提供的信息非常少。"刺激"理论可用于解释纯感官问题，比如电视观众看到水果广告会流口水，但是很难用于解释为什么(某些)儿童观看暴力动画片之后(或之前，以及其他任何时候)会情绪恶劣或不稳定。它也丝毫不能解释为什么会有犯罪，为什么不同民族、不同社会阶层的暴力表现会有差别，为什么希特勒会上台。

第四章

法兰克福学派与大众文化理论
现代性的黑太阳

我们都有过(至少某些时刻有过)这样的想法:现实召唤行动,而非顺服,但媒介遮蔽现实的本质,将我们麻痹、误导。这样的想法很少超出对催眠效果的怀疑,升格成为真正有所担当的理论。从这个角度看,当媒介常被视作一种堕落且使人堕落的文化,法兰克福学派的阿多尔诺和霍克海默将批判理论用于媒介,其意义就不在于结论是否正确,而在于将媒介批评系统化、极端化:他们提出了非常自洽的模型,用以解释媒介如何将意识形态强加于人,从而清晰地表明了媒介遭拒斥的根由所在。

如此将批判理论应用于媒介,提供了一种推理原型,谁都可以拿来声称"世人皆迷,唯我独醒",因此永不过时。对社会科学来说,它的意义在于给"文化统治通过大众媒介体现"的理论搭起第一批脚手架。虽然表述粗糙,还不乏精英主义偏见,但它抓住了媒介与社会不平等的关系,即意识形态之影响的问题。

从大众文化到文化工业

法兰克福社会学研究院(Frankfurt Institut für Sozialforschung)成立

于 1923 年,成员是在魏玛共和国学成的德国犹太哲学家,其中大多数因研究院被纳粹关闭或个人受纳粹迫害,不得不于 1933 年移居日内瓦,又于 1934 年移民纽约。阿多尔诺是学院无可争议的领袖,他与霍克海默一道,于二十世纪四十年代为用批判的视角研究大众文化提出了主要思路。因此,这里的形容词"批判的"说的是一种特定的研究思路,"大众文化"一词也是如此,后来才逐渐通用并取其贬义[①]。"大众文化"出自十九世纪末以来知识界发现并围绕现代社会展开的激烈辩论。大众这一概念,接近弗洛伊德、勒庞、斯宾格勒(O. Spengler)、加塞特、艾略特(T. S. Eliot)著作中的乌合之众。这些著书立说者或倾向进步主义,或持保守立场,但他们一致怀旧,一同敌视文化和经济领域的民主化现象,一道谴责所谓病态歧途。这一视角以一种独特的方式融入了批判理论中的马克思主义思考。

　　阿多尔诺和霍克海默认为,现代性的特征是技术无处不在、人与人的关系商品化。在工作和竞争精神的压迫之下,庇护个体、给个体生活以意义的主要社会制度(如家庭)分崩离析,不能继续保护个体。公共的东西以其苛求吞没人生在世的一切领域,包括童年和闲暇["逃避工厂和办公室事务的唯一手段,是用下班后的时间适应这些事务",《启蒙辩证法》(*La Dialectique de la raison*),1947]。工业化社会中人饱受心理苦痛,意识形态格外脆弱。二十世纪五十年代初,哲学家汉娜·阿伦特(H. Arendt)对此有过生动的描述。阿伦特也是德国移民,学术上对法兰克福学派既亲近又蔑视。她的极权主义理论在分析纳粹主义崛起的原因时彻底拒绝从社会阶级角度对其加以解释。她认为,绝对专制得以立足,是趁社会被连根拔起、集体规范缺失之机。照她的说法,"大众中人"的主要特征是孤立和社会联系缺失。同样,阿多尔诺和霍克海默也将他们所说的社会原子化现象视为现代社会病

[①] 二十世纪七十年代,美国思想家德怀特·麦克唐纳(Dwight Mcdonald)举出自己 1938 年发表的一篇论文,自称"大众文化"一词的发明者。阿多尔诺和霍克海默有关大众文化问题最早的论文发表于二十世纪四十年代初,对麦克唐纳的影响显而易见。

的源头:人被遗弃给他自己,成为自己的陌生人,"被异化",被连根拔起,丧失社群归属,因此容易被支配社会的新生力量操纵,尤其是被他们直接面对的媒介操纵。

操纵有两大途径:吹捧,诱惑。魅力型领导人(以希特勒为例)的吸引力在于他所使用的工具的力量(他的讲话被重复广播,给听众强行洗脑),以及对他的权威本能的竭尽全力的奉承。阿多尔诺还致力于设计一套尺度[按照《权威人格》(*The Authoritarian Personality*,1950)阐述的方法],用以实际测量个体的权威主义程度。

大众文化(为强调其机械化、自动化的一面,法兰克福学派将它重新命名为"文化工业")不仅被独裁者使用,还一刻不停地轰炸闲暇时间,从而影响判断,让理智昏睡。自十九世纪问世以来,大众文化摧毁了过去的真正的民众文化,既摧毁了基于"低等艺术"的口传文化或烹饪传统,也摧毁了表达形式上追求难度和距离感的"高等艺术",还摧毁了对等级的批评。到处强加的非真大众文化只是纯粹的统治,其权力来自技术的力量,来自广播节目、电影和小说的流水线生产能力,而那些东西只是基于容易掌握且让精神知足止步的道德。

工业化管理的大众媒介有着持久的诱惑力,因为它们令人轻松,让人释放,供人产生梦想和期待。它们传播刻板印象,简化世界的复杂性,这样的单调让人放心,使人愉悦。它们给出的认同模式不过是可笑的转移视线,是让人永远自闭在被动状态的手段。因此,虚构的巧合让人以为个体摆脱困境有轻松愉快的捷径可走。因此,西部片完全基于个人主义,看似战无不胜(孤胆英雄最后总是大获全胜),实际上都是虚幻:这种类型让人以为仅凭个人的体力就能解决社会问题,实际上是为了掩盖资本主义剥削的现实。资本主义剥削是一种集体剥削,服务于那个掌握着媒介、也掌握着经济产业和政治权力的阶级。在甜蜜的快乐、向命运复仇的白日梦中,对遥远明星的赞叹中,时光溜走了,一去不返。媒介是烟幕,是致昏的毒气:大众传播让大众沉默。媒介是反启蒙(anti-Aufklärung),是现代性的黑太阳:它将人类迷惑,让批判意识和对真文化的尊重普遍消失。

应该指出,批判理论不是基于庸俗的刺激(stimulus)概念。它最大的贡献是将意识形态分析引入媒介研究领域(它说的是意识形态的效果,不是条件反射的效果),打通了历史与传播。它延伸了马克思关于经济剥削的观点,将马克思主义经典论断(相当模糊的"统治阶级的思想就是统治思想")中的经济社会统治概念应用到文化领域。文化也是权力空间,不是无辜的娱乐,不是中立的艺术。但是,它在文化与经济政治统治之间建立的联系是僵硬的,即基础(经济的)决定上层建筑(文化)。批判理论中的大众中人要么被煽动(歇斯底里的痉挛为保守学者所谴责),要么麻木不仁(被压迫者的叹息为革命学者所怜悯),而这就是精神毒药的两个主要效果。媒介扮演的角色如同马克思笔下的宗教,是人民的新鸦片:"快乐让人顺服,顺服助人遗忘。"(《启蒙辩证法》)也有个体自觉或不自觉地配合,结果得不偿失:"正如奴才往往比主子更看重主子强加给他们的道德,受骗的大众如今比成功者更屈服于成功的迷思。"("民众对被施加之恶的致命依恋作用大于威权者的手腕",《启蒙辩证法》。)

战争因素与文化精英主义

上述观点可从很多方面予以反驳。阿多尔诺某种程度上融合了合理化理论、韦伯的祛魅理论(取了韦伯本人未必同意的最悲观版本)和马克思批判的商品拜物论[①],可以说是进一步发挥了匈牙利马克思主义哲学家卢卡奇(G. Lukács)的思想。卢卡奇的《小说理论》(*Théorie du roman*, 1916)将布尔乔亚小说的内容理解为经济世界的反射。福楼拜(G. Flaubert)或巴尔扎克(H. Balzac)的小说人物活在一个堕落、错位、价值虚无的世界,这虚无指的就是已被人文抛弃的商品

---

① 维伯伦(T. Veblen)也是阿多尔诺的理论来源之一,虽然阿多尔诺强调自己与维伯伦有区别。

世界的空虚。这一理论的问题是,它基于非常罗曼蒂克且过度忧郁的预设:曾经有过一个充满意义的本体世界,后来一切走向衰败,价值随之消亡。用一场革命把世界从资本主义罪恶中拯救出来,这样的号召不是天真的乌托邦主义(建设一个崭新的世界),就是反动的存在主义(应该回到从前)。

很难不注意到,这些理性主义哲学家的极端悲观主义与时代经历有关。二战给法兰克福学派成员留下了难以抹去的烙印,大屠杀更让他们将这经历广而放之于他们的现代性观念中(读读阿多尔诺最后一部重要作品《否定辩证法》,就会了解这一点。他在书中写道,必须"永远思考和行动,以确保奥斯威辛不会重演")。卢卡奇在他们之先也说过,他的小说理论的出发点是第一次世界大战和笼罩在他心头的"永远的绝望"。两次世界大战期间德国娱乐传媒的节目(被看作是掩盖纳粹主义崛起的骗术),以及流亡纽约被迫面对令知识分子不安的美国大众文化,同样塑造了他们对媒介的敌意。

阿多尔诺对广播、电影、当时被称作"流行"的文化形式、甚至更高贵的文化形式(如爵士乐)真心反感。他最有趣的研究留给了自己感兴趣的音乐("古典"和"当代"),对于他所不屑的其他产品,他不加区别,一概而论。正如尧斯(H. R. Jauss)所言,阿多尔诺的艺术概念带有非常明确的精英主义,他拒绝一切与享受和即时快感有关的体验。快感是对自我及社会处境的遗忘,是对现状的默许。艺术应该是指控者,应该去"否定",应该保持距离,应该有道德和审美上的克制(像抽象画、新小说体现的那样)。谈论快感的人,比如耳朵的快感,"一开口就出卖了自己",就暴露出他身为布尔乔亚不喜欢艺术知识化。"资产阶级渴望艺术丰足而生活禁欲;其实最好反过来。"[《美学理论》(*Théorie esthétique*),1970)]不过,阿多尔诺承认艺术禁欲经验也有局限:"如果享乐被清除到丝毫不剩,那就无法回答艺术品的存在有何用途。"(同上)他拒绝快感,首先是出于对知识分子不能掌控之物(如情绪)的警惕。就这一点而言,阿多尔诺与柏拉图如出一辙,柏拉图也希望将艺术置于监护之下,将诗人逐出城邦。

方法问题

对这些自封的批判专家应该给出的最根本的批判是,他们批判现实,却不关注现实经验。他们认为,媒介生产是定型化、单一化的,在公众身上产生的效果是统一的。不过,阿多尔诺本人也注意到,电影或广播节目工业生产的说法只是打比方,这就等于承认这些生产根本不是工业的。追逐利润、专业分工、主动满足"需求"、某些生产尤其是发行的操作标准化,这些肯定存在。但我们不可能像在流水线上生产食品一样创造系列畅销小说,因为文化内容永远不可能真地标准化。再说,不能不承认,视听媒介的生产者、创作者、主持人及其他从业者的生活经历和兴趣未必相同,说这些人的利益与工业的布尔乔亚利益一致,就近乎阴谋论了。"工业之说不能从字面上理解……这个领域是工业的,是说它采用工业的组织形式,即便在不生产的地方也是如此,比如办公室工作合理化,不是说它从技术角度真地合理化生产。正因如此,文化工业的投资错误非常多。"(《文化工业》)既然不是次次自动成功,那正说明文化工业不是他所说的那个几乎形而上的邪恶实体,更说明公众口味总是未知。只是,批判理论对信息接收环节的分析仅出于非常武断的假设,接收者被愚弄或被动的状态仅以精神分析学参照为支撑,从没让公众发过言。在阿多尔诺那里,研究公众对广播节目或电影的反应,就是对文化工业妥协,但是为了检测大众中人的权威主义,他做的却是经验主义研究,恰恰是这些研究证实了他的假设①。

就这一点而言,法兰克福学派更边缘的成员的另一种努力值得一

---

① 有政治学研究者仍在使用权威主义测量表,例如,测量极右翼选民的仇外心理。这类测量受到很多批评,如,不考虑社会和历史因素,只基于纯粹的心理变量;侧重测量右翼专制主义(法西斯主义)等。

提。本雅明和克拉考尔(S. Kracauer)也和阿多尔诺一样悲观,也认为世界失去真正的意义,为迷思所欺,"恍如地狱"(本雅明语),也想把人们从昏睡中唤醒。不同的是,阿多尔诺和霍克海默的话语沦为简单的诅咒,缺少真正的经验成分,而本雅明和克拉考尔的话语对现代性的具体表现态度更为开放。这两位学者都受了德国微观社会学创始人齐美尔的启发(芝加哥学派的城市行为研究也是受齐美尔启发),在批判中给予细节更多关注,有时给出相当细腻的解释,恰好反驳了他们自己的晦暗结论。

克拉考尔是率先研究犯罪小说、奥芬巴赫轻歌剧或"白领文化"的重要学者之一。他的犯罪小说研究借鉴了卢卡奇的方法,但是内容分析做得更为精细。他在方法方面的贡献不可否认。从二十世纪二十年代起,他就开始研究"日常生活中的异乡"(l'exotisme du quotidien),就是说,进入社会研究社会,从底层观察,而不是从高空俯视。这样的选择使他成为参与式观察的先驱之一。本雅明的电影分析相当细致(有时也自相矛盾),也以充分深入的研究为基础。他认为电影首先是一种复制技术,没有艺术品的"光晕"、独特性和距离感(如绘画),这样的技术不能被放入任何社群传统,应被归给无差别观众这一庸俗群体——这与韦伯的祛魅理论和马克思的商品拜物主义同理[参阅埃尼翁(A. Hennion)和拉图尔(B. Latour)关于本雅明之"谬误"的文章)。不过,他也认为,电影可能丰富了美学(比如,他认为电影与戏剧的互动是有价值的)和政治(他认为卓别林是进步主义者)。他表现出对公众的兴趣,撇开"公众要的是娱乐,而艺术要的是思考"之类的老生常谈,认为这类说法无非是"陈旧的抱怨"。他对公众的态度是一方面围绕大众化和无产阶级化的概念,一方面觉得媒介让越来越多的人得以表达自我、提高能力(主要是通过"读者来信"这一渠道)。

法兰克福学派的传承

用戴维·弗里斯比(D. Frisby)的说法,克拉考尔和本雅明的突出特点是把现代性切成"现代性的碎片",这与阿多尔诺的抽象哲学方法形成鲜明对比(阿多尔诺的预设彻底抹杀了现代性的具体性)。但是,本雅明于1940年自杀(当他试图穿越西班牙边界前往非纳粹占领区时),克拉考尔的学术在战后归于沉寂,然后是二十世纪六七十年代,法兰克福学派的弗洛姆(E. Fromm)、马尔库塞(H. Marcuse)让谴责大众社会的运动复燃,这些都使得人们自动将批判理论等同于抽象的普遍主义。大多数最倾向捍卫民主理想、支持公众参与的左翼知识分子,也最谴责媒介的恶劣影响,他们对"大众艺术"持嫌恶态度,与保守派同流而不是与之对阵(Ross,1989;Gorman,1996)①。法国反人文主义学者,也就是那些精彩的解构主义散文的作者,更把嫌恶发展成否定一切的揭批。

让·鲍德里亚认为,媒介权力甚至与信息的意识形态内容不再有关,而是与交换系统有关,那一整套编码自成体系②,个体休想介入或改变(《符号的政治经济学批判》,1972)。媒介不是意识形态效果的中心,而是意识形态本身,是空无一物的再现。鲍德里亚重拾真实与幻象的古老对立,仿佛任何想法、任何画面都毫无意义,都不是现实构建的组成部分。米歇尔·福柯(M. Foucault)的著作也谈及这种普遍化的压迫,他的《规训与惩罚》(*Surveiller et punir*,1975)和《知识的意志》(*La Volonté de savoir*,1976)提出权力集中化且无处不在的理论,即目光装置(敞视式监狱,le panoptque)和供词设置的权力,这些权力使得个体的内在也被制度掌控。在传统社会向现代社会过渡的过程中,国家发明了所谓个人主义,借此自我赋予规范实践的权力:个体天真地以为个人主义就是获得自由,可它实际上不过是一种控制手段,结果是制造出符合要求的个体。此后的学者目光同样犀利,态度同样是

---

① 媒介批评当然会与政治事件共鸣,如美国在智利对阿连德发动的政变就是 Dorfman 和 Mattelart 的美国娱乐业研究的背景。美国娱乐业被指为美国军事霸权做准备并使之延伸。

② 在这里,麦克卢汉的影响与批判理论的影响相结合,后者否认人与机器之间交流的相互性,麦克卢汉则不同。

谴责（如 Naomi Klein），普遍指责信息资本主义将人商品化，仿佛一场摆轮运动，拒绝完国家就拒绝工业。

最后的悖论，或者说是合乎逻辑的出路，法兰克福学派这一过于否定的思想运动走向现代性和反贵族，还是发生在德国，发动者是学派最后的代表人物哈贝马斯和乌尔里希·贝克，以及从黑格尔思想出发的霍耐特。更广泛地讲，批判不再是唯一明确的目标，而是成为许多人思考的维度之一，出现在各种各样的思潮当中（哲学、文化研究、传播政治经济学、女性主义……）。其目的是"创造危机"（S. Hall），设置问题以展开公开辩论[南希·弗雷泽（N. Fraser），见第十四章），知识分子不再高高在上，也不再以为单靠生产知识就能产生政治上的变化（L. Grossberg）。

第五章

拉扎斯菲尔德的有限效果论:一次突破,但效果有限
美国经验主义的来源

对媒介及公众的经验主义研究标志着传播理论的重大转折,因为它让传播理论转向社会行为一侧,并且不再固守行为主义。这一转向始于二十世纪四十年代拉扎斯菲尔德发起的"经验主义思潮",直接源头是在芝加哥开展的城市研究,间接原因是美国实证主义哲学的长期浸润——美国实证主义哲学一贯主张研究事实,注重对人类活动进行现象学分析。此外,进一步了解公众,在美国是一种深层运动,不仅是学界、协会、政府、工业界和媒介本身都有此需求。

这个需求可能是规范性的,家长协会和社会工作者团体的需求就是希望深入了解观看电影对青少年的影响。在这方面,佩恩基金(Payne Fund)所做的研究地位突出。二十世纪三十年代初,佩恩基金决定资助研究电影以及所谓电影对儿童的危害。在资深社会学家、心理学家、教育学家的带领下,十二卷研究报告于 1933 年出版,首次以事实为基础论证了电影对心理无毒害,对阅读实践也不构成直接竞争。佩恩基金研究的贡献远不止于给顽固偏见来了个釜底抽薪,它还表明,儿童与电影的关系不仅仅是个体现象,还属于儿童的集体生活:电影景观不是服务于在现实中模仿演员做派,而是尝试依照想象扮演社会角色,以便适应社会化要求(爱情密码的学习、自我展示的技巧

等)。佩恩基金资助的主要作者、后来提出"象征互动论"的布卢默指出,与媒介的关系关乎意义,而非关乎**刺激**。

就报纸、广播以及商界、政界而言,对媒介知识的需求也很重要,因为这一需求鼓励了受众指标以及测量投票倾向性、测量购买行为与节目消费之间关系的第一批工具的提出和应用。以这些指标和工具为框架的媒介大规模发展更早成熟,加上自由主义和效益主义理念根深蒂固,美国成了这样一场实证主义运动的中心,其中心地位又因两次世界大战而巩固。人们渴望了解宣传机制,既为将其破解,也为对其加以利用,美国政府对政治学和实验心理学研究机构的委托由此而来,于是有了拉斯韦尔、霍夫兰等人奠基性的研究成果。

拉扎斯菲尔德的研究是前人工作的延续,也标志着一次重大转折。拉扎斯菲尔德是奥地利社会学家、心理学家,1935年流亡美国,像法兰克福学派的哲学家一样,但他的信念让他最终质疑有关媒介的诸多预设和法兰克福学派常用的方法。对实证主义的坚持[他曾与逻辑实证主义的源头——维也纳学派密切接触,自称深受马赫(E. Mach)、庞加莱(H. Poincaré)和爱因斯坦的影响]让他重视信息收集与行为分析,忽视纯假设性质的探讨。在他看来,科学工作不为报告知识的可能性,也不为探寻客体存在本身,而在于厘清经验的真实性,对媒介这一极少被记录的研究对象来说,这一点至关重要。一切问题均能表述成概念,概念就是分类系统,一切概念均可编码,均可译成数学指标,结论则是多维的(一个概念往往包含多个指标),且属于概率范畴。

这种认识论可商榷,也引起过争议,但拉扎斯菲尔德借此摒弃了想当然的主观真相,转而投身定量分析的研究项目。他分析文化工业提供的受众,在实验情境中测量受众反应(发明了按钮测量——要求实验对象即刻按下"喜欢"或"不喜欢"),分析节目内容。哥伦比亚广播公司资助他完成了普林斯顿广播研究项目(Princeton Radio Project,他自1938年起负责该项目),洛克菲勒基金资助他在纽约哥伦比亚大学创建广播研究办公室(Office of Radio Research)。拉扎斯菲尔德还主持多个大群体的长期调研项目,以跟踪访谈为主,为的是考察社会原子化、媒介无所不能的假说是否成立(1940年美国总统选举期间,跟踪调查俄亥俄州伊利县600位选民;1945至1946年,在伊利诺伊州一个6万人口的小城迪凯特调查800名女性的消费选择)。这些研究成果将首要团体(groupes primary)的社会动态重新引入媒介效果探讨,得出了别有新意的媒介影响理论。

"人群的发现"

在与伯纳德·贝雷尔森(B. Berelson)、黑兹尔·高德特(H. Gaudet)合著的《人民的选择》(*The People's Choice*,1944)一书中,拉扎斯菲尔德率先提出,选票不但是个体选择,出于随机或在媒介策划的竞选运动中形成,也取决于阶级归属、地理归属、宗教归属这三个变量。社会和经济归属(通过反复提问可大致了解,比如,加入哪个协会或宗教、以往投票给谁、住在哪儿、拥有哪些物质财产、家庭内部和朋友圈子里的关系等)可解释投票时的政治选择及其发展变化。这三个变量合成政治取向指数(Indice de Prédisposition Politique,IPP):与共和党选票相比,民主党选票更城市化,更多信奉天主教,更倾向于来自条件相对差些的家庭。这个指数相当笼统,实际运用中难免堕入社会决定论,但它为研究年龄、受教育程度、收入与政治选择的关系开辟了道路,这类研究至今仍然实实在在地平衡着社会已裂成碎片、个体可被随意操纵的观点。

为《人民的选择》而做的调查,意义在于邀请学者去发现"人群"或曰"人民",也就是说,将社会网络重新引入媒介分析。我们总是属于某些团体(家庭、学校、朋友圈子、工作中的正式或非正式关系、协会、宗教团体)的,虽然比起在乡村社会观察到的联系,这些团体内部的联系可能松散得多。这些调查提出了值得研究的新事实,证明了首要团体(面对面团体)的力量:家庭成员、朋友圈成员的政治选择趋同,这一事实不难理解,因为这些团体的成员本来就很近,值得注意的是,选举越近,他们的政治趋同越强。访谈发现了团体讨论对最终决定的影响,因为举棋不定者比其他人更频繁地声称别人是在朋友或家人的压力下拿的主意。"意见领袖"被置于人际影响理论的中心,也就是人际传播的中心,他们的影响大于媒介传播的影响。《人民的选择》的作者绘出了意见领袖的大致肖像:他们在人群样本中约占五分之一,不来自某个特定社会阶层,他们的与众不同之处是非常关注新闻媒体、擅长在闲谈中用自己的语言讲清楚政治利害。所以,在信息传递和个体决策过程中,他们扮演着中介或二传的角色:传播流不是只面向接收者的直接单向过程,而是一个经由引导者和跟随者的间接二级过程。

首要团体的发现其实是再发现,因为,从某种程度上说,整个社会科学就是关于首要团体的理论思考。拉扎斯菲尔德也承认库利是首要团体研究之父,认为埃尔顿·梅奥(E. Mayo)在二十世纪二三十年代就工作组织展开的调查,以及后来斯托弗(S. Stouffer)①指导的美国士兵调查也是受了库利的启发。总之,当时的整体气氛有利于这类研究的开展。拉扎斯菲尔德的表述还直接借鉴了莫雷诺(J. Moreno)的社会测量法和卢因的团体动态说。卢因认为,分析社会系统应该像分析物理力学系统一样,个体是系统中的原子,个体间偏爱或排斥的简单关系可以解释整个社会。卢因还指出,信息控制是意见领袖的一大特点,是他将信息的控制者和选择者称作"看门人"。

团体动态研究增加了个体对传播流的反应分析,恢复了个体的认知判断能力,将被刺激理论和批判理论剥夺的尊严归还给个体。有关竞选、心理实验和娱乐节目受众的多项研究表明,个体会根据自己的上下文诠释讯息,会用自己的认知对讯息加以选择、分类、剔除、修改,甚至扭曲他不想接收的讯息。面对讯息,个体最大的权力是选择接收

---

① 二十世纪四十年代,美国社会学家塞缪尔·斯托弗指导的美国士兵调查为军人在战时和回归平民生活后的态度和情绪研究提供了系统、全面的实证证据。——译注

还是不接收,他会根据个人利益和社会利益将自己选择性地暴露给媒介和节目。公共传播有一个经典悖论:教育节目接触到的总是那些已经受过教育的人,而不是节目制作方希望教育的对象。被强化的总是既有观点,这一现象突出表现为人总是更关注符合自己观点的信息,对别的信息兴趣寥寥。比如,在左右翼政治辩论中,右翼选民听本党候选人说话更专心,左翼选民倾听的当然是右翼的对手。选择性感知、选择性记忆导向信息阐释、信息留存的能力。帕特里西娅·肯德尔(P. Kendall)和凯瑟琳·沃尔夫(K. Wolf)的研究成果(1949)表明,三分之一的读者不觉得反种族主义连环画是批判种族主义,其中一些人读它们甚至是为了确认自己已有的偏见。拉扎斯菲尔德思想的源头接近拉斯韦尔和霍夫兰,但与这两位学者僵化的行为主义和工具化概念拉开了距离,因为他主张,同一讯息不会被不同的公众以相同的方式阐释,所谓被媒介操纵,不是因为讯息组织得好。

二级传播论

1955年出版的《个人影响力》(*Personal Influence*)无疑是美国经验主义社会学在**大众传播研究**(Mass Communication Research,已是特指称呼)领域的重要文献。拉扎斯菲尔德在书中介绍了长期而细致的迪凯特调查,深入发展了二级传播理论(the two-step flow of communication),同时把媒介研究的接力棒交给了他的学生卡茨。调查访问了800名16岁以上的女性,目的是了解消费、时尚、电影和公共事务(政治信息,不是投票)选择的决定性因素。调查选在一个足够小、社会结构足够寻常的城市进行,这样既保证财力可支撑,又保证调查结果有一定的代表性。

调查方法组合多种视角,运用了社会测量法,如询问首要团体的内部关系(谁跟谁见面?谁认为自己被影响?被谁影响?在什么事情上被影响?),也对媒介偏好及消费做社会学分析(谁在看什么?听什么？读什么？）。对同一批调查对象做了两次访谈（1945年6月、8月），访谈注意在影响力相关问题上进行分组、跟踪对照和反复提问（为的是发现谁是真正的影响者，了解他们在家庭和朋友圈里的位置），也注意就消费问题重复提问（为什么行为发生改变？）。调查结果表明，人际传播比媒介传播更能影响个体决策这一假设确实成立。意见领袖对个体选择的影响大于杂志广告和广播节目的影响，这一现象在消费品和电影领域尤为明显。我们由此可以想到，时至今日，一部影片的成功和长盛不衰在很大程度上还是取决于口耳相传，广告攻势只决定影片上映最初几日的票房。蜂鸣营销［Buzz，或曰嗡嗡营销（bourdonnement，brouhaha），一个将二级传播论应用于互联网的概念（见Maigret，2008；Mellet，2009）］也是消费者对消费者的传播，营销公司予以鼓励却无法控制，因此称作病毒式营销（见关于数字影响力的附文）。

在卡茨和拉扎斯菲尔德看来，人际关系有影响力，是因为影响者的话语自带吸引力，即"我们知道些什么"（不过，媒介不也一样提供有吸引力的内容吗？），也因为直接传播有特别的控制力。朋友代表的东西、朋友的社会品质比他说出来的话更重要。卡茨和拉扎斯菲尔德逐个领域展开研究，最终发现意见领袖在消费品领域通常是已婚女性，在时尚和电影领域多为年轻女性，在公共事务领域则以社会地位更高的女性为主（她们与丈夫和父亲一起发挥影响，影响力可能随年岁增长）。两位学者还对以往的调查结果做了重要修正。意见领袖不再被视作脱离全民的特殊人，在这个领域他们是领导者，到了另一个领域，他们又会变成追随者，他们的地位会因时间和境遇而改变。意见领袖不会永远对追随者发挥绝对影响。在受他们影响的人当中，会出现新的意见领袖，所有意见领袖的特征都是更合群、社交能力更强。意见领袖也不是独裁者，他们被信任是因为他们符合追随者并不明言的期待。这里可以套用描述领袖和群众关系的人类学公式："我是他们的领袖，所以我听他们的。"再以电影上座率为例，大家可能听朋友介绍去看某部电影,因为朋友的品味值得信任(前提可能是朋友的品味与自己的品味相近),并且不曾接二连三让自己失望。意见领袖让追随者得以表达期待,哪怕他自己的意见和追随者一样在内心左右摇摆。投票前举棋不定的人非常需要与人交流,也说明了这一点。如此一来,以互动为中心的理论新模型取代了单向说服的简单模型。

总之,传媒无所不能的预设不成立,社会原子化的假说不合理。媒介效果是间接的、有限的,会被个体的认知能力过滤,是在网络内部横向扩散,不是从发出者到接收者纵向传递。"把大众媒介的出现看成民主的新曙光,或者把媒介视作邪恶工具,持这样观点的人在以同样的方式呈现大众传播过程。他们认为,大众分裂为成千上万准备接收信息的读者、听众、观众;一切讯息都构成强力直接刺激大众,会引发行动,催生即时回应。简而言之,媒介被视作天下一统的新生力量,仿佛一套神经系统,在某个人际传播匮乏的垂死社会组织里面,它能抵达每一只眼睛、每一只耳朵。"(卡茨、拉扎斯菲尔德合著的《个人影响力》,第 16 页)

扩散理论和使用与满足理论

拉扎斯菲尔德和卡茨驳斥直接效果论、提出首要团体论,他们的成就无可争议,直至二十世纪六十年代初,他们一直主导着传播研究领域,以至于传播研究几乎等同于**大众传播研究**。约瑟夫·克拉帕尔(J. Klapper)关于这个问题的著名总结(发表于 1960 年,其实二十世纪四十年代就已形成)指出,大众传播不产生直接效果,于公众行为既不是必要条件也不是充分条件,公众行为扎根于复杂的社会和文化,而媒介不是社会和文化的外部因素,只是其中一个方面。以此为基础的理论发展出两大分支。在埃夫雷特·罗杰斯(E. Rogers)推动下,扩散研究继续深入,致力于确定新产品、新技术被接纳过程中发挥影响作用的变量,从而进一步发展了人际关系网络理论。罗杰斯先是使用二级传播论的最初版本——纵向扩散模型,尝试确定最先采纳新事物的"先驱者"以及引导"追随者"追随其后的机制。他的理论模型于二十世纪七八十年代改进,将同一团体内部的个体间依赖关系纳入横向说服论。

使用与满足理论这一派发展于二十世纪六七十年代,源头是拉扎斯菲尔德指导出版的关于公众选择能力的作品[特别是赫塔·赫尔佐克(H. Herzog)、帕特里西娅·肯德尔、凯瑟琳·沃尔夫的作品]。许多学者,包括丹尼斯·麦奎尔(D. McQuail)、杰·布吕姆勒(J. Blumler)、卡茨、卡尔·埃里克·罗森格伦(K. E. Rosengren)、威尔伯·施拉姆(W. Schramm),撇开习以为常的大众传播视角,不再研究媒介对个体做了什么,转而研究个体和媒介一起在做什么。他们尝试借助定量指标和定性指标,深入研究受众如何注意、理解、接受、留存讯息,综合考察期待、消费、快感及其效果,其中的观念是承认公众有反思性,能做出相应选择:媒介不是让受众俯首帖耳的神圣威权,而是面向公众开放的空间。"关于受众满足的研究始于选择性这个概念。但这个选择性不再囿于此前有关观点和习惯的防御性研究,而是一种考虑到需求和渴望的前瞻型选择性。媒介从此成为被公众选择性使用的公共服务。"(Katz,1990)

实证主义过度与意识形态遗忘

有限效果论及其后续发展的局限,就是实证主义理论的局限。为了研究社会现实,拉扎斯菲尔德隔绝一切政治或道德思考,声称提出了对现实方方面面加以测量的有效工具。这种一厢情愿的超脱存在双重问题。某些被观察到的因素和多种变量(所谓独立变量)之间并不总能建立起关系。这使得拉扎斯菲尔德在实践中有时把注意力放在微不足道却容易建立起关系的问题上,忽视了对社会全局的分析。卢因的社会测量法对社会心理学来说是一个进步,但一样也有弊端:

他将一切归入微观社会学,与微观社会学一道幻想可以像研究物理那样研究社会(个体间的关系可用向量表示,像原子关系那样表述),结果赋予事实客观性的假象。拉扎斯菲尔德坚持非常狭隘的科学观,用功能主义社会学理论(预设所有人必然想方设法适应制度约束,自觉不自觉适应显性功能或隐性功能)将社会冲突、权力/文化关系等社会学核心问题统统简化。这样的理论倾向于将传播问题简化成个体适应社会秩序、适应(面对面交流或远程交流就能实现的)功能的问题①。

在使用与满足理论框架下展开的研究,虽渐渐摆脱了视公众为蠢物的观念,对功能主义也持批判立场,但是经常倒向心理主义,认为心理发展必遵循既定步骤,这些步骤源自根本需求,根本需求又与媒介内容消费机械对应:儿童生活在动物性的世界,所以愿意跟真真假假的小动物一起玩,然后进入成人认同阶段,因此喜爱英雄故事,再往后就进入朋友圈子,"自然而然"脱离天真故事(若不照此设计图发展,即病态)②。扩散理论同样自称描述了新技术在人群中取得进展的步骤,认为人自然地倾向于变化,如果抵抗变化,只能是因为思维迟钝。

显而易见,拉扎斯菲尔德的社会学并非意识形态真空,虽然他本人曾撰文将经验主义或行政性质的研究与批判理论或政治介入理论区分开来,声称自己偏爱前者(*Remarks on Administrative and Critical Communications Research*,1941)。拉扎斯菲尔德以学术中立面目出现,不对社会和政治加以评判,这一点经常被人批评,米尔斯(C. W. Mills)的言辞尤为激烈。米尔斯反对官僚制社会学,谙熟拉扎斯菲尔

---

① 丹尼斯·朗(D. Wrong)曾猛烈批评另一位功能主义代表人物塔尔科特·帕森斯(T. Parsons)。他认为,照这样简化下去,人类社会将与蜂群无异。在保罗·波德(P. Beaud)所著的《默契社会》(*La Société de Connivence*)一书中,可读到法国学者对美国功能主义的批评。

② 出自玛乔丽·菲斯克(M. Fiske)和凯瑟琳·沃尔夫一篇文章的结论。这篇文章研究了1949年以来的连环画阅读,其根本意义不止于本文引用的观点,还在于率先给予儿童发言权。使用与满足理论(直到二十一世纪初仍以卡茨的成果为代表)可商榷处颇多,但它不失为仍可再度挖掘的研究富矿。

德的研究成果——他曾仔细琢磨迪凯特调查报告,认为那是纯粹的保守主义。也有人认为,拉扎斯菲尔德是跨国科研的"顺民学者",他那些研究活动的利益与他带领学生为之工作的传媒企业的利益难舍难分,他们的研究方法成为民调与营销行业的模型,作为回报,他本人也在学术之外收获盛誉(Pollak,1979)。如此激烈的批评有失片面,拉扎斯菲尔德的保守主义、犬儒主义或天真尚不至此。这位奥地利社会学家年轻时信奉社会主义理想,抵达美国以后代之以进步主义理想,相信经济权力(广告、舆论、受众、市场等)本身不是民主的障碍,而是实现民主的手段:媒介的胜利可以是公民讨论的胜利,市场可以是消费者拥有更多选择的同义词。塔尔德也表达过类似观点。卡茨指出,拉扎斯菲尔德肯定读过塔尔德的著作。拉扎斯菲尔德认为,知识分子因大众媒介而哀叹不已,是小部分精英因为自己跟不上民主化的步伐而气恼怨恨。他还认为,社会应该始终在矛盾中前进,也就是在改革中前进,而批判是其必不可少的组成部分。他说过:"大众社会文化交锋的悲剧命运是:交锋未必赢定,不交锋必输无疑。"(Hardt,1992)他也曾呼吁新闻院校将从业人员的自我批评制度化,避免教学、科研和行业实践脱节。

追根究底,美国经验主义的**大众传播研究**虽然摒弃了机械的直接效果论,为的却是继续支持效果论:它最终还是在对大众传播的成见面前妥协了,没能彻底告别传播的线性逻辑(基于数学模型的传播理论思路也是如此,见下章)。它无可非议的贡献是提出了"已有观点会被强化"的假设,而这个假设会被马克思主义学派批评反其道攻之:吉特林(Todd Gitlin)就认为,媒介的突出效果不是人为刺激行动,而是维持社会现状。因此,美国经验主义传播社会学使传播研究得以告别耸人听闻的操纵论和批判理论,提出了"讯息接收可能出乎意料"的观点,并指出这是社会原因使然,不是讯息自身的逻辑强加的结果。在信息功能、满足个体需要的功能之外,讯息还有什么意义,这需要文化理论和意识形态理论来揭晓,而美国经验主义传播社会学缺了这一块。不过，它毕竟引出一种新的行为主义研究（市场营销就是受其启发），只是，到了二十世纪五十年代，它渐趋僵化，再无新意，不是因为它无话可说，而是因为它的逻辑已经穷尽。它一度被视为传播研究的终点，回头望去，它不过是一个新的起点。

数字时代的"舆论影响者"：二级传播模型的对立还是延伸？

以意见领袖理论的名义，将影响消费选择和公共决策的权力赋予媒介化人物（记者、政治行动者等），是一个常见的错误。意见领袖理论所言恰恰相反。只有那些在我们身边的人，当他们的价值观与我们社会上的价值观相似或相同，并且倾向于将自己过度暴露在媒体信息流当中，然后将其过滤传递给我们，才具备影响我们的能力，而且，他们真要发挥影响，还要符合我们的个体期望和群体期望。这就是哥伦比亚学派提出的同质偏好原则：首要团体内部的个体符合构建该群体的规范，个体选择可能的范围由此决定。到了数字社交网络时代，有关意见领袖的上述观点看似再无用武之地，实际情况如何？继博主之后，那些所谓的"舆论影响者"，也就是把游说者、病毒式营销专家、致力于名人营销的明星、发展出普通专长的业余或半业余人士统统归进去的那一类人，有了集体想象中的超能力量，技术决定论常将他们（在Youtube、Instagram、Pinterest发帖的群体）与承载他们的网络混为一谈。这些人的信息转发（尤其是商业信息）往往接近广告的功能，还是可以归入五个R（Schudson，1989）：提供商品和服务（Rendent disponibles），发展一套辞令（Rhétorique），与文化框架共鸣（Résonance），强加制度性信息存留（Rétention），提供解决方案（Résolution）。他们的行动离不开与追随者协商的社会选择过程，社会选择性并未被数字媒体消灭。不尊重公众，就会遭遇诋毁行动，比如，粉丝社群会策划"屎尿风暴"（shitstorms），揭露短命意见领袖的矛盾之处或造假安排，而且这种诋毁运动更自信，因为占主导地位的表述是所谓符合真实性的表述。数字影响力基于社交工具与交叉期望间的相互关系，其核心仍是相信接近性：社群成员据信可亲密接触某Youtube美女或某Instagram运动明星[如姆巴佩（Mbappé K.）]，并从中获益，由此形成群体归属。不难看出，这样的接近性是虚幻的，不是卡兹和拉扎斯菲尔德描述的那种接近性；这个模模糊糊的"影响者"类别的结局也不难预测，他们得到的是更多受众，而不是真正的影响力（照Beuscart和Couronn的说法，2009）。然而，他们的出现表明，能力在更趋民主化，消费者之间也有横向调整：线上交流使口耳相传得以在非常大的规模上进行。在这个过程中，一个"介于匿名人群和亲密朋友圈之间的中介空间"被创造出来（Dagiral, Martin, 2017），亲朋好友有价值的话语得到从专业人士、名人、陌生人那里精挑细选的话语的补充，后者常被周围的人线下讨论和评价。大众媒介的定义标准和人际传播的定义标准相混合，这并不令人惊讶，因为原本就不该设想对二者进行绝对区分。这就是一个扩展了的二级传播过程，即使所称的接近性部分意义上只是模拟或修辞。更确切地说，当线上线下交流更扩散，过滤层倍增，我们看到的是一个多级传播（multi-step flow）过程：影响力网络通过对话构建，以合作的方式将个体意见和集体意见展现出来。

内容分析：从大众传播到数字方法（digital methods）

大众传播研究不仅在信息接收方面成果丰富，对媒介中编码信息的研究也提出了量化分析法，即**内容分析**。

1952年，伯纳德·贝雷尔森在二十余年实践后总结出规律，按照实证主义的伟大传统：问题或主题均可归为概念，概念应被翻译成具有统计学意义的指标。媒介是种族主义的吗？这个问题可用一系列指标来回答，比如，少数族裔的媒介呈现，他们的出现频率与主导族裔出现频率的对比，他们在电视剧中的社会职业分布、正负面角色比例，等等。曾被过度研究、至今依旧被部分过度研究的两类内容是女性呈现和暴力呈现。已有大量研究成果出版，证实新闻媒体和虚构内容由男性主导，并努力将各类情形加以量化。

这种方法的意义在于,它可从之前的情况得出清晰可比的结果,提炼出趋势。问题是,使用数字往往基于对数学工具的迷恋,而数学工具仅凭自身得不出任何判断。用数学工具得出的结果,虽然表现为冷静的统计表格,实际上从来就不中立。它们回答的是研究者提出的疑问,而且是按照他们提问的方式来回答。比如,它们可能反映出研究者预设了视听暴力无处不在等彻底负面的观点,事先就有谴责视听暴力的意图。只需采用与意图相符的标准,就能完成论证,正因如此,这种方法经常用于规范性情形,或被研究文化孵化问题的乔治·格伯纳(G. Gerbner)之类的学者大量采用,因为那一类研究难以推理论证,用数据表现则会相当诱人。暴力行为、暴力的作用,其危险性,其社会使用,这些定义应在上游就提出来,并充分考虑阐释框架会因时间而改变的事实。因此,内容分析对媒介分析的帮助非常有限。它不够细腻,而且鼓励忽视理论预设和长期的概念之争,必须至少衔接上研究对象的社会历史分析以及信息生产和信息接收的背景分析(见第十五章)。事实上,在更多的定性分析法[如符号学、新闻制造研究(newsmaking),有关其潜力的全景描述,见 Bonville, 2000]兴起之后,内容分析法确实日渐式微。它重获青睐,是因为媒介再度热议民族—种族"多样性"的测量问题,比如,2005 年 11 月法国骚乱之后(Mace, 2009),亟须揭开遮掩歧视的盖子。有关好莱坞中白种人角色过度呈现的争议,即有色盲视(color-blindness),也有很多学术调研,特别是南加州大学安纳伯格传播与新闻学院的调研(https://annenberg.usc.edu/research/annenberg-inclusion-initiative/research/raceethnicity),而且这些调研全都兼顾了历史和概念的视角。如何解释美国人口6%是亚裔,而 2015 年好莱坞电影主要角色只有 1%是亚裔?这要通过社会政治分析和影像分析相结合的深入研究,比如罗萨琳德·周(R. Zhou, 2012)的研究,才能找到答案。

应用于数字语料库的**数字方法**(Rogers, 2013)通常被视作内容分析法向计算机方法和物理方法的延伸。对网上收集到的数据进行自动处理,产生的成果无可否认:提取出难以计数的新闻、博客内容、对话或推文,可用以研究品味和意见的动态。真正做到这一点,还必须摆脱内容分析法固有的两个错觉,一是大数据自带秩序,一是现实可以通过映像来把握。真相不会从海量数据里面直接走出来,因为还需要对后者长时间下功夫,厘清其中包含的预设,从无数信号和噪音中得出明确的结果,正如黛博拉·卢普顿(D. Lupton,2015)所言:"大型数据集的整洁和秩序……是海市蜃楼。"数字图表一旦做出,必以简化为代价,无法保证它们能与潜在的社会动态准确对应,因为如弗兰克·雷比亚尔(F. Rebillard,2011)指出的,不能"将使用痕迹与社会使用混为一谈"。网络出产的痕迹不代表数字现象的全部,网络也不是社会现实的全部,虽然它也参与社会现实的构建。

第六章

从数学模型到传播人类学

与自然科学和生命科学类比

数学模型的传播论和控制论是时代的产物，源自二十世纪四十年代的计算机和自动化研究。这类研究本应远离人文科学，专攻电子或生物机制运作的描述和发展，那才是它们适用的领域。但是，由于种种原因，这类研究提出的一些概念被延伸至人类行为，一时间强化了线性模型或效果论（拉扎斯菲尔德的功能主义理论）的主导地位。如此延伸过于简化，过于草率，预示了将认知科学用于社会研究会有争议。如此延伸还让人误以为传说中的"哲学石"有望现身，一举解决各类科学提出的所有问题，将所有学问统成一体。以此为目标的尝试以失败告终，社会科学日益远离机械主义类比，反衬出从意义出发展开研究才是正道。

香农的数学信息

数学传播论源于电报学和密码学，出自美国贝尔电话实验室（Bell Telephone Laboratories）的电子工程师、数学家克罗德·香农（C. Shannon）。二战期间，香农研究密码信息构成和表述的过程，试图优化讯息传递（如何让最大量的信息在最短的时间内传递，且无丢失）。这是将传播置于工具框架内,把传播问题纯粹视作一端到另一端的传递问题,传递过程必须确保信息单位集合完整再现或复制。香农提出的"传播流程通用图"〔后由沃伦·韦弗(W. Weaver)加以丰富〕以链条形式呈现了电报这一具体案例:一端是信源,信源发出信号,信号经由渠道抵达对面的信息发出者(或接收者),其间噪音可能改变信息,造成丢失。

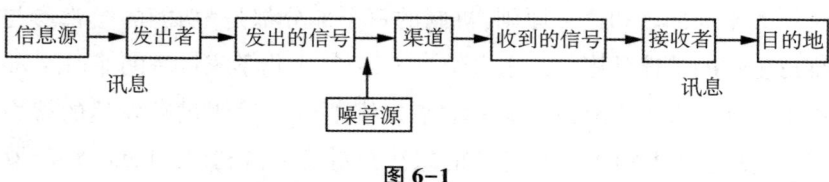

图 6-1

口头交流表现为如下链条:

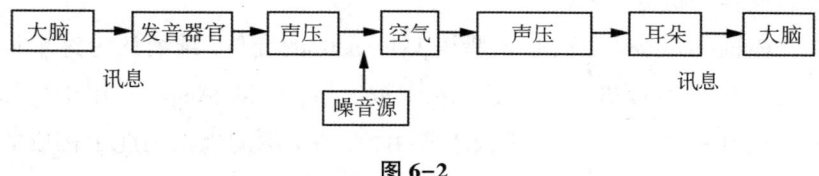

图 6-2

信息论将传播分解成物理过程,将信息等同于统计量。一条信息就是一次收益,是为已知添加新东西,可用事件的概率测量:一个字节的信息,是对一个问题(这件事会不会发生?)的肯定或否定回答;一条讯息包含的信息量,是一系列潜在事件及其概率间的关系。事件越可预见,统计意义上越有可能发生,讯息包含的信息越少(如宣布"八月不下雪"),反之则越多(宣布"八月下雪"是一级信息)。

计算机、声学、生物学、自动化需要测量信息发送者和接收者之间所有的随机现象,对这些学科的发展而言,香农模型是必需的。香农模型实际上是受图灵(A. Turing)和冯·诺伊曼(J. von Neumann)的计算机研究的启发,后者还带来了信息处理器(二十世纪四十年代命名为计算机)的问世、生物遗传学的突破(用信息解释染色体与个体发展的关系)以及维纳(N. Wiener)的研究,而香农曾师从维纳。

维纳与控制论

维纳,控制论的奠基人,没有止步于数学传播论摆出的相对简单的关系。他的兴趣在于生物机制和物理机制的相似性,他的思考基于整体大于局部之和这一原则:机制的每个部分都是"功能的",都参与维持生物的整体秩序。二十世纪三十年代,生物学家贝塔朗菲(L. von Bertalanffy)的系统论也持这一观点。维纳志在发明足够发达的智力工具,创造会思考的机器,这样的想法与雷蒙·吕利(R. Lulle,加泰罗尼亚哲学家,1235—1315)的护教系统(ars magna)、机械医学、笛卡尔(R. Descartes)和莱布尼茨(G. Leibniz)的哲学(认为有生命的存在可能也是某种机器)一脉相承。

Cybernétique 一词,是希腊语 kybernete 的变体(维纳认为这个词指的是掌舵[①]),1883 年进入法语,曾被安培(A. M. Ampère)用于指称有关治理手段的研究,但是极不常用,直到维纳的理论用舵手构成的集合("人—船—舵手"系统)打比方,表达"有生命的存在是一条复杂反应链"的观点。控制论自称是关于机器的科学,或者更广义地说,关于组织的科学。它的应用领域是处于半无知状态的闭合系统,这一点非常明确。依序运转的自动器(手表、吸尘器)是被严格决定的,其效率无须担忧:一个命令、一次推动,即一个信息,就可以让它按照用途去运转。但这类自动器无法解决有不确定性的复杂问题,比如,维纳在二战期间遇到的防空火力控制问题。目标飞机的轨迹非常不确定,按预置发射炮弹,命中率不高。

引入反馈(rétroaction 或 feedback)进程,情况得以改变:更改机制的设置,就可以逐步更正错误,降低信息缺失(系统可聚拢或分散,射

[①] 维纳似乎不知道这个词的柏拉图哲学渊源:船长是技术的执行者,但是他只负责技术,航行的责任交给船舶赞助商。

向正确的点,或大幅偏离预定目标)。生物细胞、假肢制作、恒星生命、宇宙飞行的变量太多,决定论无用武之地(不存在一模一样的细胞复制,因为 DNA 太过复杂;太空轨迹取决于宇宙中一切物体,永远无法完美预测),通过内部行动重构来达到目的,相当于香农模型中的降噪机制(噪音即不确定性),这一原则可应用于许多领域。维纳认为,依预置顺序行动、行动内部重构是两种不同的机制,涵盖了两种科学的矛盾:决定论的科学(如天体力学)和弱决定论的科学(统计力学、生物学的伯格森时间),后者虽非绝对,也应采纳物理学方法,因为物理学方法可以作为补充。在"观察者—观察对象"这一组合关系的物理原则中,维纳看到了认识的局限——人不能完整地分析自己,因为他以自己为研究对象。

决定论机制和非决定论机制

下列事例有助于理解自动机制(决定论的)和反馈机制(非决定论的)的区别。家用电器(如吸尘器)自动运作,像盲人一样,不考虑灰尘多少,是人的思维引入反馈,将它用在最需要它的地方("家具底下的灰比桌腿边上的灰多"之类的绝对确定性并不存在)。

海战游戏也可以清楚地说明反馈机制。轰炸可按预置机制进行(向任选地块开火,不考虑之前的射击结果),也可按试探机制进行(先比对之前射击的信息,从中得出对方舰艇存在的概率,再向特定地块开火)。

传播、道德以及用物理学解释一切

信息统计理论曾服务于一些旨在缩短自然王国与人类王国之间的距离的宏伟项目。维纳率先给自己的机制研究加入哲学思辨,认为他的研究的影响不限于所谓精确科学的范畴。人类社会的协调既然是一个传播问题,那就可以用控制论来改进。是两场世界大战的浩劫促使维纳提议用技术方案(通过优化传播)解决道德问题(冲突的存在)。如果发明了人工智能,应该可以改善人际关系,因为电子大脑可融入人类世界,加速并完善人际交流——这样的乌托邦堪称最美科幻,不无利他精神[菲利普·布雷东(P. Breton)和塞尔日·普卢(S. Proulx)称之为"理性无政府主义"],因为它认为,恶之所以产生,只因缺了一样东西,它也呼唤开放和透明,但它对人类关系完全没有历史角度上的理解,也彻底忽视人与机器的差别。

物理学可能大功告成,人类世界从此可用物理类别来理解(不同的是,对人类而言,偶然更为重要),这样的想法渐渐蔓延,使"传播"概念变成能量概念的等同或补充。沃伦·韦弗认为,量子理论可以解释人类世界[1](维纳对此并不赞同,他当然相信人工智能是可能的,也是可取的,但他对物理学概念的延展更为谨慎)。法国人亚伯拉罕·莫勒斯(A. Molex)的论文《信息理论与审美感知》("La théorie de l'information et la perception esthétique", 1958)提出,外部世界有两个方面:

● 能量方面,爱因斯坦用他的著名公式 $E = mc^2$ 予以概括的能量/物质辩证;

● 传播方面,或曰"个体—其他"互动的方面,在认识领域用行动/传播的新辩证取代人类。

莫勒斯将人文科学归为非精确科学,像维纳一样,但他提出后者可以在系统论(控制论)框架内使用令人信服的模型,因为一切都有大小,一切皆可测量[2]。心理学应该研究环境给人提供的讯息以及个体的反应,因此,心理学是一门引入测量就能取得重大发展的重要学科。但心理学毕竟是规范性的科学,因为个体像其他系统一样,实验心理

---

[1] "我们模糊觉得,信息和意义类似量子论中的一对变量,它们以古典规则统一在一起;换言之,信息和意义都服从一个合在一起的约束,这就意味着,我们顾此必然失彼。"(被艾柯引用,1965,第91页)

[2] 莫勒斯认为他在心理测量表、卢因的理论和拉扎斯菲尔德的理论中找到了数学心理学的雏形。

学除了提供行为统计之外,提供不了其他的新认识。个体是一个开放系统,个体行为由三个因素综合决定:遗传语言(他的有机体)、自己的全部经历(他的思考、他的记忆、他的"人格")、从外部环境接收并予以反应的讯息。外部世界由符号、元素和象征组成,信息概念是对外部世界的效果的统计测量。只要在认知心理学领域发展出一种信息测量法,也就是数学心理学的框架,科学就能达到巅峰,人类也与物理世界合二为一。

错将人类做类比

上述观念遇到的障碍数不胜数,有的根本无法克服。数学家们把传播简化成信息问题,又把信息问题简化成概率问题,得以造出可用程序控制的机器,却未能发明真正意义上的人工智能,也无法解释传播这样一个基于意义的人类行为。韦弗也承认这一点:"这种理论发展出来的传播概念看上去有些怪,让人很不满意。说它怪,是因为它指的不是讯息,而是一大堆讯息的统计特征;让人不满意,是因为它与意义毫不相干。"信息和意义分属两种现实(一个是量,另一个是质),讯息越有可能兑现,就越有意义(比如,"春天来了,花儿会开"意义最大,传播力最强,但是正如艾柯所言,它不给已知添加新的东西)。当信息被当成对概率的测量,它就与讯息的真假无关,与审美无关。由此可见,维纳梦想的人工智能机器还是人类的产品,它不能为自己的选择做辩护,也不具备情绪,因为情绪也在一切数学图表之外。反思意识同样被排除在一切数学图表之外,它是捍卫所谓计算机精神的人面临的核心挑战——计算机的精神是计算(随着认知科学的发展,有关这一问题的讨论如今再度升温)。

事实上,莫勒斯寄予厚望的严格遵照物理学模式的心理学没有如期发展。它的研究结果缺乏一致性,找不到一般规律。莫勒斯在《非精确科学》(*Les Sciences de l'imprécis*,1990)一书中表示了某种程度的让步,他发现所谓的"硬科学"有欺世盗名之嫌,因为它们感兴趣的都是最易测量的(长度、面积、体积、质量、时间等),而人文科学从一开始感兴趣的就是不精确的模糊现象。就认识论而言,人文科学领先于硬科学。这个论点很好地说明了传播学/物理学类比的局限,尤其是莫勒斯也指出,物理学自身也在发展,越来越远离机械主义的呈现,不再是二十世纪五十年代的样子。

控制论让人提出假设并加以测试,让人重拾人文科学整体化、人文科学与自然科学和生命科学逐步结合的古老梦想。学者们的具体做法因人而异:香农满足于用数学进行解释,维纳用机械科学和生物学反对物理学,灵感实际上还是来自物理学一统天下的梦想,韦弗和莫勒斯设想用物理学整合一切。这个伟大梦想(二十世纪七十年代以来埃德加·莫兰的著作也受其指引)或许能实现,但是在控制论背景下为时尚早,而且,即便这个梦想成了真,这样的结合有什么意义的问题依然存在,精确科学对意义又不予解释。总之,(这些学者)使用控制论至少是受了科学主义的引导,也受了博爱乌托邦的引导,而不是出于科学性的关切。当精确科学与人文科学的对比走出方法论,成为意识形态(要么依靠非常片面的东西,假称其已被证明且可被移植转用于所有人类活动;要么依靠某套自以为无可挑剔的终极体系),科学主义就来了。就控制论这一案例而言,科学主义倾向表现为高估感知、轻视实践:人被看作处理信息的机器,而不是深度融入行动和意义之中的有能力的生命,可人无疑只能是后者,无论对此给予何种解释。因此,问题不是把讯息看作概率信息的客观系统,而是将讯息和接收者联结起来的传播关系,即不是受噪音影响的解码问题,而是阐释与行动的问题。

表 6-1 维纳的传播类型

传播类型	领域	举例
二进制信息	决定论、机械系统	手表
概率	局部未知的闭合系统	军舰轨道
意义	阐释领域和行动领域	大部分人类行为

与功能主义相遇

数学模型一问世,便在人文科学领域迅速扩散。政治学、社会学、心理学研究者纷纷照搬信息论的模型和词汇,角度非常机械。传播学研究(不论是大众传播,还是人际传播)出现这股热潮不难理解。传播领域的大多数学者,不论信奉行为主义、批判理论还是经验主义,虽有差异,基本上还是认同一样的传播因果观、一样的线性传递模型。这种模型的力量在于,它在很大程度上属于某种魔力思想。魔力思想使用直接的因果关系,将研究对象间的关系简化为简单的依赖关系:相信媒介对儿童行为有直接效果,相信宣传对大众有影响。这种模型语焉不详,却自诩已被生命科学和自然科学验证,而生命科学与自然科学自带高贵光环,可赋予人文科学某种形式的可信度。拉斯韦尔的程序问题和雅各布森(R. Jacobson)的言语交际理论(第八章)尽管成于特殊情境,也与数学传播模型有着某种相似性,正说明这种模型的巨大影响。

系统论和控制论虽说助长了还原主义,却也并非全无益处。它们鼓励研究各因素间的相互依存关系(这是有用的,因为所有科学无不描述关系),也推动了拉扎斯菲尔德发起的经验主义以及心理学的进一步发展,还促进了学科间交流。它们(与罗兰·巴特的文学研究和符号学一道)也是法国"信息和传播研究"的渊源之一。二十世纪七十年代前后,这一思潮以埃斯卡皮特(R. Escarpit)和莫勒斯为中心继续发展。它带有当时的时代特征,即渴望建立一种普遍的传播理论,而这又与法国的知识整体化偏好相吻合。二人将系统论和控制论当作虽被批判却不可或缺的资源,由此回应了面向企业的专业化教学的新需求——当时的企业需要功能图,以便列出内部传播和外部传播过程中各类行为人的角色和影响。

帕洛·阿尔托学派和乐队模型

帕洛阿尔托学派成员将控制论灵感用于真正的人类学研究,最终也是江郎才尽,几乎从人文科学销声匿迹。二十世纪四五十年代,来自多所大学的社会学家、精神病学家、语言学家和数学家在加州小镇帕洛阿尔托组成一个非正式网络,该学派由此得名。学派代表人物格雷戈里·贝特森(G. Bateson)先后为动物学、人类学、精神病学吸引,其他成员的学历背景也都类似,都受自然科学和生命科学的强大魅力感召,都渴望把这些科学的概念移植到人的领域,进而实现人类学问的整体化。

贝特森所著的《纳文》(*Naven*, 1936)一书主要是讲述新几内亚部落的仪式和习俗,但他试图用系统论观点,尤其是反馈这一概念,描述那里的社会。贝特森二十世纪四十年代曾与维纳来往,主张建立一种普遍的传播理论,照他的想法,这样一种理论将包含两个方面(生活/非生活,信息/能量,或者用他自己的词汇,"精神/自然")。他同时继承了拉德克利夫·布朗(A. R. Brown)和涂尔干的人类学素养,倾向于结构性的目标(这种倾向也引导他将生物学理论用于政治——生态与合作——因此有人说他做了风险最低的选择,像维纳一样)。对贝特森以及帕洛阿尔托学派其他成员来说,传播包括万象:"传播是母体(matrice),人类活动尽在其中。"[《传播与社会》(*Communication et société*),1951]不过,贝特森注意与数学信息论和控制论的机械化阐释拉开距离。整体至上并不意味着还原主义或简化因果,而是要对复杂的反应和循环性展开研究,结果是,他的研究很重分析,却给不出清晰的解释,其缺陷在于永远不满足于局部推理,为此将弗洛伊德的解释、与动物仪式的对比和逻各斯理论叠加在一起……这些研究调查提出了一些结合逻辑学和心理学的新概念,如贝特森提出的"双重绑定"[(double bind),又称"双重约束"(double contrainte)或"双盲"(injonction paradoxale）］，专指建立在无法克服的矛盾之上的关系系统（比如，"要顺其自然"），这个概念起初仅用于研究精神分裂，后来扩展至所有人类实践。

拒绝线性、拒绝为系统而系统，促成了一个决定性的转变：发现了构成整体、生成整体的要素。贝特森认为，系统内在于行动，形成于我们所观察到的互动，而不是在互动之先就已存在，不是行动的隐秘来源，不是像工业生产的模子一样生产看似多样实则雷同的产品（而在功能主义理论中，行动被视作系统的产物，这种类比占了主导）。帕洛阿尔托学派改写了系统论的中心，使之从过于抽象的普遍性转向微观社会，转向关注日常生活的起因。它的信条变成了"人不可能不传播"［保罗·瓦兹拉威克（P. Watzlawick），《传播的逻辑》（*Une logique de la communication*），1967］，这句话意味着，一切都随时准备加入信息生产的游戏。爱德华·霍尔（E. T. Hall）对人际空间语言（又称人际距离）感兴趣（人和人之间的身体距离因环境和文化的不同而不同。可接受的距离是多少，意味着什么？），雷·博怀斯特尔（R. Birdwhistell）继法国人类学家马塞尔·莫斯（M. Mauss）之后，指出身体是一个重要的能指，动作和姿势都是强有力的符号，应由一个新的学科——身势学（kinésique）加以研究①。管弦乐的比方［出自伊夫·温金（Y. Winkin）］，即人人始终介入其中、人类的各个方面平等展开，取代了将传播比作电报的说法。信息发出者和信息接收者之间不存在严格区分：教育不是老师向学生射出一道光，而是师生互动，间或有提问、有入迷、有走神，而信息流从不中断——教室里片刻的安静不意味着交流停止，眼神和姿势的交流仍在进行。

最终，欧文·戈夫曼（E. Goffman）完成了与控制论的分道扬镳，将人际传播问题重新纳入受齐美尔影响、以米德和帕克为代表的美国社会学理论。戈夫曼理论受语言学研究影响，盘点了行为的系统，"语

---

① 博怀斯特尔试图创建身体动作和姿势的通用理论，最终认识到这样的理论系统不能自圆其说，任何人类系统都有被继续阐释的空间。

法""文法""规律"。二十世纪五六十年代,他试图与系统论学者塔尔科特·帕森斯(T. Parsons)看齐,但他的实践更接近微观社会学,始终重视实验、注重新事实的发现和归类(Burns,1992)。他对堪称极端的情境(精神病院里的生活)和日常生活及其呈现(社会污名的产生、抽烟的方式)同样感兴趣,对每一种情况都试图从中找出维持其中关系的规则。意义这个东西,不可还原成信息、系统或社会,意义是对他人来说代表着什么,是我们基于在自己认为重要的人面前扮演的角色而生产的东西。角色是多重的,正如情境和人是多样的。传播是无休无止的矛盾,要通过互动仪式的使用来解决,这些仪式未必消灭矛盾,但是可能让每个人保全面子。生活的智慧能使关系平和、避免越轨,而越轨将导致公开的暴力。这样的交流框架构思引出了后来的情境社会学(见第十六章)。

小 结

帕洛阿尔托学派没有证明控制论和语言学所说的一切皆传播,事实上,它完全抛弃了大众媒介的人类学问题,但它指出,人类行为的全部(尤其是与身体有关的技术)都应被纳入社会科学的研究范畴。控制论努力理解人类传播的技术基础,但传播也是由文化、沉默、姿势、暗示和互动规则组成,这些东西既包含矛盾,也表达矛盾。人类学的传播研究还为超越线性逻辑发挥了重要作用,它逐步以行动者和互动关系为研究重心——就这一点而言,拉扎斯菲尔德学派的团体社会学一成不变,几乎无所作为;马克思主义学派将一切归为意识形态的产物,作为更少;行为主义学派彻底无所作为。

认知科学:越不过去的地平线?

认知科学(对该学科的介绍,见 Vignaux,1992)加深了人们对情绪和思想表达机制的了解,以至于有时成为参照和地平线,对于将功能与意义结合在一起的传播领域而言,尤其如此。从思想的性质、语言系统的形成到符号思维的运作,相关问题都集中于认知科学,换言之,控制论、符号学和技术决定论承载的为传播建立确定理论的所有希望,认知科学一举囊括。

有学者根据神经科学验证过的思维过程物质性的预设,以及人类智力过程与计算机程序相同的假设,提出将社会完全自然化。其中最为突出的,是著名人类学家丹·斯佩贝尔(D. Sperber)的研究。斯佩贝尔受乔姆斯基(N. Chomsky)和杰瑞·福多尔(J. Fodor)的影响。他想为建立一套非阐释性的自然的社会科学奠定基础,提议利用认知心理学的某些成果,将信念、表象和制度联系起来,而这些都是思维之普遍机制作用的结果[《思想的传染》(*La Contagion des idées*),1996,《相关性:传播与认知》(*La Pertinence :Communication et cognition*),1989,与戴尔德丽·威尔逊(D. Wilson)合作]。他的目标是提出一个创新模型,用传染来描述文化,即一种真正的"表征的流行病学",将文化理解为个体思想向其他人(作为一个整体)扩散的过程。

唯物地看,社会生活可以被看作是思想通过交流和模仿传播的产物,这反过来又会导致最初提出的思想的复制或改变(规则是改变)。这就需要明确不同类型思想(信仰、物理再现)的性质,并解释它们是如何在制度中稳定下来的。为此,斯佩贝尔使用"相关性"这一概念来阐释相同行为和观念(如仪式惯例)的长期重复问题。这个概念指用经济学解释人类思想,即信息处理过程中永远追求最佳投入/产出比。虽有上述发展,为人类传播建立一套"硬"科学,依然是不切实际的设想,因为认知科学的发展尚不足以将人文科学"自然化"(人文科学没有一致认同的理论模型),也因为这个设想本质上建筑在乌托邦或者噩梦的基础之上[把社会现象等同于生物因素,像让-皮埃尔·尚热(J.-P. Changeux)的《神经元人》(*L'Homme neuronal*)或其他人工智能科幻作品描述的那样,见让-加布里埃尔·加纳夏(J.-G. Ganascia,2017,可能导向跨人文主义,让-米歇尔·贝尼耶(J.-M. Besnier,

2009]。许多学者,如于贝尔·德雷弗斯(H. Dreyfus)、希拉里·普特南(H. Putnam)、约翰·瑟尔(J. Searle),并不敌视认知科学的发展,但他们同时指出,将精神自然化的做法逻辑上站不住脚。支持自然化的人将人脑比作计算机,但人类精神不可能表现为纯粹的信息处理系统:计算机是一种逻辑机器,按照事先确定的规则,依次序处理任意符号,而精神对某些信息会做整体处理,还会酌情处理多义性。与斯宾诺莎(B. Spinoza)所言相反,思考不是计算。意识是大脑活动的产物,必须更进一步了解大脑,但不能由此认为意识是"客观的""认知的",因为它是"主观的",与观察者和被观察者宣称的中立性或独立性相反。这个无解的逻辑循环指向自我参照的问题,也说明人工智能统治的世界只能是阿西莫夫(L. Asimov)、库布里克(S. Kubrick)、西蒙斯(D. Simmons)笔下的世界或《黑客帝国》(*Matrix*)。

第七章

麦克卢汉和技术决定论
"地球村"预言

二十世纪六十年代,马歇尔·麦克卢汉闯入传播研究,如旋风般裹挟一切,然后迅速消失(但是预示新的风暴还会来临)。后人称这位加拿大著名学者为"多伦多学派"创始人。他的贡献在于引入了一个当时的研究基本没有涉及的问题,即传播方式与社会的关系。媒介已进入拉斯韦尔的模型,但大部分理论不关注媒介,不思考社会传播真正技术的层面:媒介像只黑匣子,它如何运作、怎样扩散,留给工程师和技术史学者去解释。麦克卢汉立场的弱点在于,它以先知自居,将传播表述为技术的效果。不过,这个弱点使大量受众为之着迷,反而激起对媒介问题的关注,有力地促进了相关研究在人文学科已有分支或新的分支——即传播学——在组织上的发展。

"媒介即讯息"

《理解媒介》(1964)一书对麦克卢汉的声名贡献最大。人们常说,麦克卢汉的思想直观,但是混乱,出自这本书的这句名言提醒我们,他的思想还有蛮横的一面。麦克卢汉是研究文学的,后来转攻技术问题,论证自己的假设时,他更喜欢混用各种引语,加上大胆草率的形象化表述,不爱做严密细致的调查。梳理麦克卢汉的论证,照詹姆斯·卡雷的说法,就像"给大象穿裤子"[《麦克卢汉范式的谱系和后裔》(*MacLuhan：Généalogie et descendance d'un paradigme*)]。麦克卢汉的核心思想借鉴了历史学家、经济学家伊尼斯(H. Innis)[二人同在多伦多,关系密切(详见詹姆斯·卡雷介绍北美技术主义理论起源的著作)]的观点:社会组织的变化可被描述为采纳新技术的结果。但麦克卢汉比他的启迪者走得更远,与马克思也有所不同。马克思在《哲学的苦难》一书中提出,社会关系与生产力密切相关,与技术间接相关("手推磨让人想起封建领主的社会;蒸汽磨,就是工业资本家的社会了")。而麦克卢汉的单因论断言,传播手段(取其最广义的理解,从运输到艺术,一切皆传播)建构社会并非出于经济动机,而是出于感官动机。感知手段和认识手段是延伸人类感官的工具,对其使用者的个性也有反作用,因为手段和手段的使用者属于同一个范畴。"技术的效果不在思想或概念的层面,而在于毫无阻力地逐渐改变感觉关系和感知方式。"无论货币作何用途,生活在一个被货币控制的世界,和生活在一个摆脱了货币的世界,不是一回事:"金钱促进开放和交流,重组人们的感官生活。"(《理解媒介》)

同理,印刷书凭借其形式,而非内容,使知识个人化,也使个人主义需求更加迫切。麦克卢汉将媒介分作"冷媒介"和"热媒介"(这是将生物学和物理学用于感官研究),由此勾勒出他的人类历史观。冷媒介(口头交流、手写、电视)被定义为低分辨率媒介,因为图像或声音的信息含量低。冷媒介倾向于让使用者深度参与,他们必须主动投入给他们提供表达空间的东西:因为内容贫乏,所以人们经常集体观看电视,电视抓住意识,就像口头交流需要每个人都投入辩论……与之相反,热媒介(电影、广播、书籍等)被定义为高分辨率媒介,内容丰富,只给使用者参与留下少量空间,仿佛使用者受了内容的约束:看电影、读书的时候,我们默不作声。数百年的媒介更替史可划分出三个时代[隐约借鉴了奥古斯特·孔德(A. Comte)的理论]。部落时代的特征是人们使用口头表述,热烈地参与并沉浸在一个围成圈的世界当中。印刷时代的特征是不再依赖口头,因此走向线性、内省和个人主义。我们正在进入的电子时代,部分回归了口头传播和部落主义,视听媒介使然。

说到这里,麦克卢汉摇身一变成了先知,他预言革命将随电视而至,这个集口头表达和画面于一身的多感官媒介,对意识而言更具刺激性,也更包容,会激发人的欲望,去参与无边界的共同文化,即"地球村"——在那里,每个人都会和其他人产生联系。麦克卢汉从审美角度和政治层面对他的新媒介倍加推崇。他给新文化做过令人欢欣鼓舞的分析,也讲过视听营销课。最令人难忘的是他对1960年美国总统选举期间尼克松(R. M. Nixon)与肯尼迪(J. F. Kennedy)电视辩论的分析。他认为辩论对肯尼迪有利,因为肯尼迪形象优雅,与电视之"冷"相得益彰,而尼克松太"热",上广播效果更好(同理,倘若当年就有电视,希特勒恐怕也不会得逞……)。

论证和正反案例

"像大麻吸食者和嬉皮士一样,麦克卢汉也有好东西。等等吧,看他们还能干出什么来。"艾柯有过这样的评论[《断思》(*Le Cogito interruptus*),1967]。麦克卢汉的著作确实包含对媒介关系的有用注释,可被经验研究采纳。比如,每一种新媒介诞生之初都满足于重复已有媒介的内容和用法(电影模仿戏剧、电视模仿电影等);电视媒介在很大程度上属于口头传播,以往的研究大多忽视这一点。但是,关于大众传播,麦克卢汉提出了一些完全站不住脚的假设。热冷媒介之分基本上属于神话,将电视归为冷媒介,更是招来学者调侃(他们指出电视观众的参与度通常很低)。"麦克卢汉的电视机可能坏了",卡茨夫妇在《他来自何处?他去向何方?》(*D'où venait-il, où a-t-il disparu?*)一书中写道。媒介参与关乎社会投入。法国电影院往往比较安静,观众像在学习,美国电影院则是吵吵闹闹,观众纷纷参与。在工人家庭里,电视机经常像是家庭的一员,而在有文化的家庭里,电视机往往摆在不显眼的位置。对年轻人来说,广播是互动媒介(参加辩论节目)或专业媒介(听音乐),其他人则更有可能把广播当成综合型大众媒介。定义媒介与受众的关系,不只在于它在多大程度上延伸了人的感官,也在于它是个体和团体使用者的社会延伸,人们通过媒介走到一起或彼此对立:在同一种媒介里,我们能找到所有的社会矛盾。

麦克卢汉提出假说,却不予论证。他的推理主要是通过援引历史案例。可是,谁都知道,正如法国诗人瓦莱里(P. Valéry)所言,历史为一切提供案例,却什么也不证明。我们能给技术决定论的每一个正例找出一个反例。印刷品的发展在西方推动了个人主义和文艺复兴,在东方却导致知识和权力的集中。二十世纪五十至八十年代,资本主义国家和社会主义国家的技术基础大致相似,政治和社会意识形态却大相径庭。至于政治人物的电视营销术、社会境遇和公民压力遵循的是远比冷热复杂得多的规律。"热"候选人的电视形象(假设确有其事)可能在某些情况下难以赢得大部分选民的欢心,在其他情况下则相反:想想戴高乐(C. de Gaulle)、密特朗(F. Mitterrand)、科尔(H. Kohl)、克林顿(B. Clinton)、默克尔(A. D. Merkel)或奥巴马(B. Obama)的媒介命运何其复杂。有些学者自称麦克卢汉主义者,称互联网是开启"地球村"的新媒介,但他们忘了,对麦克卢汉来说,电视本该扮演这个角色,而且原因与当今关于电视的说法恰恰相反(电视现在被认为会导致个体孤立,远非互动媒介)!事实是,这些媒介当中的每一种都参与了全球化和重新本地化的运动,但运动不是它们创造的,而且,在不同的社会和国家,每种媒介的形式都在不断变化。

这是否意味着技术是中立的、只能推动已然存在的社会变化加速发展?研究技术并无用处?麦克卢汉之后的研究(有的受他影响)表明,情况并非如此。在《平面理性》(La Raison graphique)一书中,人类学家杰克·古迪(J. Goody)对比了有书写和无书写的非洲部落,明确指出某些技术(如书写)在某些情况下可能起到决定性作用。书写有物质支撑,得以存储信息:写下来的,都还在(至少在得更多更久),说出来的,则不然。写在纸上的词与词分开,句与句断开,仿佛对保持距离、对加入语言规则游戏的邀请。这种空间感使书写比口头表述更可被分析。书写还是横竖两个方向的二维投射(从上至下、从左至右或从右至左①),能让人发展出某些形式的系统思维,如用图表分类。所以说,书写这种传播技术,与个人和社会团体的等级化、在此基础上通过区分和归类实现行政管理的社会组织模式之间,存在某种亲缘关系。古迪指出,书写文字的部署与官僚化帝国、读书人权力被认可、知识界受推崇之间存在清晰的关联。他认为,"书写对某些形式的语言活动有利,发展出提出问题和解决问题的特定方式"。古迪的结论字斟句酌,与麦克卢汉迥异。一些社会无文字,但是有图形,图形系统未必不是书写。书写只是可能性的条件之一,不是"理性"思维出现的充分必要原因。文字只是参与促成变化,不是任何等级的根源②。总之,书写没有在社会中造成权力问题,但是改写了权力问题,因为它释放出矛盾各方——知识阶层的权力、国家的权力(既可为少数派服务,也可为整个集体服务)——谋求统治的新方式。

历史学家伊丽莎白·艾森斯坦(E. Eisenstein)从麦克卢汉的假设出发,对印刷品的发展和西方社会的关系做了大量研究,研究成果却在很大程度上否定了麦克卢汉的因果逻辑。艾森斯坦和麦克卢汉都认为,十五世纪,古登堡印刷机在欧洲突然出现,导致思维模式的改变(印刷品推动开放,人和知识之间建立起个人化的关系),导致一系列累积性的不可逆的进程,证明了创新的影响。不过,艾森斯坦的研究表明,印刷品的各种"效果"如果不是相互矛盾,至少也是难分彼此、不能一概而论的。文艺复兴早于印刷品的发明,但印刷品让更多人得以

---

① 全世界的文字普遍从上至下书写,说明人类意识到地球重力和上下层之间不言自明的等级关系。水平书写则非物理规律导向,所以有的书从右到左(如阿拉伯语),有的从左到右(主要是西方语言)。
② 印加帝国等级尤其森严,但是印加帝国没有书写。

接触经典文献,从而扩大了文艺复兴的影响。路德的新教改革始于印刷术问世之后,与这种新的传播手段(先验地更利于宽容运动的发展,而非教条主义的普及)有着密切关系,这似乎表明了一种被大量反驳的明确关系:本地语(先是德语)《圣经》的印刷出版应该意味着信仰实践的自主性和宗教自由……问题是,天主教会在东征土耳其途中率先获得了印刷机,然后通过出版手册提醒信徒使用正确的礼拜仪式,在特伦特会议上强化并规范其教义和正统性。另一个例子是,印刷品促进了书写的传播,推动了文字共和国,但它同时也有利于图像的传播,包括知识性、宗教性和游戏性的插图。技术作用的原则就这样埋没在相互作用或者说相互关联的尘埃中。艾森斯坦还是忽略了社会对发明的反"作用":文艺复兴可能早就期待甚至促成了某项发明,正如新教改写了图书的社会意义。发明往往取决于"长期的、确切的"需要——费尔南德·布罗代尔(F. Braudel)关于工业革命时期的编织机、查理·巴贝奇(C. Babbage)关于十九世纪计算机的失败(虽已诞生,却未影响当时的社会)的分析,都支撑了这一论点①。

技术在哪里止步?

说到底,研究技术与社会的关系无非三种方式,前两种方式在无休无止地争论技术和社会对彼此的影响孰先孰后。第一种将这两个层面完全交织,把社会看成技术的反映,甚至将工具机制与人混淆。如此这般,技术决定论就与最科学主义、最天真地将人类世界等同于机器世界的控制论合流了。第二种是唯心主义或精神主义的解决方案,将精神与物质截然分开,这种方式和唯物方式一样不尽如人意。技术要么是邪恶的自主实体,要么是单纯为人类服务的力量。"一切皆技术"和"某物实质上与技术无关"的说法,都不是事实,而是意识形态(宗教的、科学的,或者官僚的)。确实,技术和社会可以分立两

---

① 西蒙·沙弗则认为(1995),计算机融入了当时的工业社会。

端、彼此解读,但这样做会有无法克服的矛盾:技术产生价值,但技术同时也包含许多自相矛盾的价值;人类选择工具,但人也受制于工具。如果说,手在人类感觉形成和智慧大脑形成的过程中发挥了作用,大脑反过来以身体为工具改写了我们与世界的关系,传播手段看似我们自身的延伸,这一串逻辑还是无法说明人类世界里的社会、规范和价值观的形成和变化到底是怎么回事,虽然所有这些都离不开物质世界。

  第三种方式承认人类世界在一定程度上不依赖技术,更准确地说,在一定程度上与技术不相干,为社会科学开辟了道路。这个方案不是居中,因为它假设精神也是工具,同时承认精神具有更高的能力,或者认为精神的能力与被视为技术的物体的能力不在同一范畴。这个观点有多种表述。认知科学将人脑比作工具,但它指出这个假设(见附文)有漏洞、有局限,这就让政治和文化的动力成为可能。图雷纳(A. Touraine)的社会学特别强调这种变化的动力,他指出"定义社会的不是它们的运作,而是它们改变自身的能力"[图雷纳,《社会学导论》(*Pour la sociologie*),1974]:如果说人完全陷于技术,人类自身像工具一样"运作",那人类还是有能力借助其他运作方式或机制改变自己和技术的关系,超越自己所遵从的运作。最后,哲学家拉图尔在《手段之目的》(*La fin des moyens*,2020)一书中用存在论的语言表述了人对技术的无感(indifférence)。拉图尔既主张人与物不可分,也主张对不同的存在加以区分。技术不是存在,也不是非存在,不从外部对存在构成威胁,也不被存在主导。借用吉尔伯特·西蒙东(G. Simondon)的表述(此一表述启发了拉图尔),技术不介乎存在和非存在之间,技术是存在的一种方式。所以,技术无时无刻不重要,与此同时,当我们研究存在的其他方式时,比如政治或道德,技术并非关键。技术给了政治许多应允,但技术不是政治:民主为何物,这不因技术而改变,哪怕媒介的使用确实改变了民主的运作。所以,在人类历史的总体进程中,技术不停地发挥减速作用,产生溢出效果,也总在不断地重新进入。正如多米尼克·布里耶(D. Boullier, 2019)谈及互联网时所言,"架构的选择也是政治选择",既因为架构的选择影响我们生活的方式,也因为我们生活的方式把控架构的选择,这就超越了主体—客体的关系,拉图尔称之为技术的"迁行"(détour),布里耶称之为"规模的改变"(changement d'échelle)。

表7-1 媒介类型

	物理媒介	生物媒介	精神	
肢体媒介	工具:锤子、铲子……	身体器官:手、脚……	大脑	意义
感官媒介	传播手段:文字广播……	感觉器官:眼、耳……		

物理世界与人体关系紧密,我们的传播手段是感官媒介的延伸,我们的工具是身体器官的延伸。大脑可以被看成一个与其他媒介相连的工具,因为大脑延伸这些媒介,同时通过这些媒介自我延伸。但是这些技术层面的衔接有断裂,无法通过简单推理从一层到下一层,在大脑达成的感觉世界和物理媒介、身体媒介之间,有一个质的跳跃:大脑不只是个"媒介"。莱布尼茨曾率先指出这个不对称:如果说进入我们思想的形成过程会发现某些机制,像进入磨坊就进入一整套运动的机制一样,那么,进入思想形成的过程无论如何也进入不了意识的状态。思想不断地以自身为客体,正如齐美尔也曾给出的理论表述,但思想不是一个客体。这句话同样适用于人工智能,目前它只是一个算法的磨坊,而我们的大脑不是仅由算法组成。

历史的诡计:作为阐释学的麦克卢汉主义

麦克卢汉常被认为挑战了美国经验主义社会学,而后者被认为过于局限于与内容的关系,只论述有限的短期效果。有些人把他看作单独一派传播研究的奠基人,这一派专门研究媒介、研究具备精神技术的物质工具。但是,从许多方面看,麦克卢汉不过提出了一种非常贫乏的因果关系，给媒介效果拼图添上了最后一块。他的学说自有传人，如乔舒亚·梅罗维茨（J. Meyrowitz，此人梳理了电子媒介造成的社会变化）、本尼迪克特·安德森（B. Anderson，此人认为印刷业是民族国家的构成因素）。随着时间的推移，麦克卢汉的作品和影响在一个看似矛盾的方向上获得重新评价，即阐释学的方向。

二十世纪五十年代初期仍是敌视新媒介的技术仇视论和批判理论占主导，而麦克卢汉在电视到来之时扭转了观点——我们知道，他认为电视会带来革命。他读维纳的作品，赞同亲技术派和技术至上派的假设，尤其赞同智能机器可以帮助人类的观点。虽然麦克卢汉由此走向控制论，做了一些过头的分析，但他围绕技术展开的思索不乏洞见，引导他走向上文所述的关于技术与社会关系的第三种方式，这些都是不可否认的事实。詹姆斯·卡雷认为，麦克卢汉从不把技术看作纯粹物理的力量，在他眼中，媒介问题远不止于讯息传递或人类能力如何被物质的东西塑造。麦克卢汉认为媒介既是精神的延伸，也是精神的化身，因此媒介体现感觉。工具不仅是手段，还是手、眼、耳甚至大脑的人造体。所以社会和物质之间是一个文本、一套阐释体系，而不仅仅是相互约束的体系。要研究某个媒介，就要弄明白构成人类谈判的全部组件。正因如此，当被问及媒介对文化的影响（这在加拿大始终是一个尖锐的、经典的问题）——"如果边境那边的大众文化向我们倾泻而来，加拿大电视的内容会变成什么样子？"麦克卢汉答曰："是加拿大人在看电视，电视内容就是加拿大的。"虽然这一观点对媒介权力功能的认识相当天真，卡茨夫妇还是将之引为文化研究的源泉之一。

最后，麦克卢汉的信念自有其魅力和力量，他对自己所处时代的新媒介态度乐观，对媒介承载和传递的美兴趣浓厚，拒绝割裂流行文化、大众文化和精英文化（在他之后，这三者一直被认为是相互渗透的），这些都为大众媒介被当作一种完全独立的文化发挥了首要作用。在麦克卢汉的时代，主导理论界的是批判理论和普遍否定论，而麦克卢汉鼓吹电子革命(恰恰出于别人大多以为是负面的原因),赞美日常艺术和物品复制的新形式,推动了大众媒介新观点的合法化。技术决定论随麦克卢汉旋风而来,又随之而去。要等到二十世纪七八十年代电脑科学出现、九十年代互联网问世,技术决定论才又从灰烬中重生①。新生的技术决定论尽管还是高估了电子媒介的重要性,终究对从文化层面研究传播的观点有所贡献。

---

① 雷吉斯·德布雷(R. Debray)提出的媒介学(Médiologie)尤其值得一提。这一技术主义思潮出现在二十世纪九十年代,它重拾麦克卢汉的假说和技巧:将历史大致分为三个阶段["媒介空间"(médiasphères)],物理化地看待传播,使用文学化的修辞和短句(参阅Jeanneret, 1998)。这种技术决定论的特点是,与同期蓬勃发展的新技术保持距离,或对此全然无知。它主要关注书写、印刷品的问题(这个问题被视作传递范式的核心),彻底忽视当时的新事物,因此没能重拾麦克卢汉方法的新颖之处,即关注新的文化形式、成为新文化形式的阐释者。

第二部分/将传播纳入文化范畴

生产/接收的博弈

第八章

从符号学到语用学
语言理论？传播理论？兼而有之？

符号学可以说是一种纯欧洲,甚至纯欧陆的思想运动,因为它的发源地主要是法国和意大利。地理根源说明符号学的传播者远离在大西洋彼岸取得成功的拉扎斯菲尔德功能主义方法,后者被认为过于实验性且缺乏批判精神。符号学在传播理论发展过程中起到了承上启下的作用,它给研究带来了三个转变:首先,符号学是在语言学范畴内发展起来的,而语言学甫一问世就有志涵盖一切,与精确科学的宏大抱负不谋而合;其次,符号学细化了法兰克福学派的研究成果,于二十世纪六十年代将意识形态问题重新引入传播研究,重新发起有关讯息说服机制的探讨;最后,当上述两个方向遇到困难,符号学转向语用学,将传播的行动者纳入研究范畴。由此可见,符号学理论介于三者之间,一是效果论,符号学一度为之提供了新的论据;二是进行有关传播的普遍科学的尝试——如本书之前所言,这种尝试要么迷恋精确科学的模型,要么只关注技术问题;三是新的传播概念,即传播不只是传递活动,而是一种对话活动。

语言学的转折

索绪尔于二十世纪初提出语言学理论,开启了有关口语和书面语言如何运作的丰富研究,这些研究都植根于涂尔干的观点:语言被视作外在于人、自成一体的社会产物①,让人得以表达自我,同时也将人束缚。语言学依赖符号理论,而符号这一关键概念的定义非常宽泛,超出了语言的范畴:凡有意义者,皆为符号,从一个单词、一句话、一个画面,到一件被赋予意义的物品(拐杖让人想起弯腰驼背的老人,玛德莱娜小蛋糕让普鲁斯特想起整个童年)。所以,语言学只是关于符号的总的科学[索绪尔称之为"符号学"(semiology)]下面的子科学,符号学还应包含对画面、声音等所有符号的分析。索绪尔版本的语言学将符号分成两个相互依赖的部分,仿佛同一枚硬币的两个面。能指是意义的支撑物(单词、语句),所指是意义本身(sème)。由此又有外延、内涵之分:外延是让人立即想到且大家意见一致的第一层意思,内涵则是第二层意思。"玫瑰"的外延是那种花,内涵却有色彩、激情、带刺等,不计其数。符号是任意的,因为是社

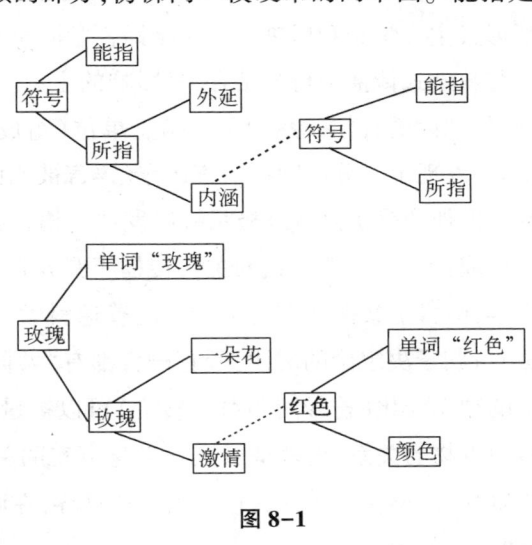

图 8-1

会而不是自然决定能指的意义(法语的 sensible 与情绪有关,英语的 sensible 表示通情达理)。语言是一个系统,或者说是一个结构,因为外延和内涵彼此相关,符号通过相互对照才能组织起来:话与话不同,话才有所指。

---

① 爱德华·萨皮尔(E. Sapir)和本杰明·沃夫(B. Whorf)这两位语言学家也将语言视为工具,他们的理论倾向于技术决定论,把语言媒介看作某种结构性力量。每种语言都有与之对应的束缚思维的方式(比如,汉语没有 être——英语中的 be——这个助动词),这让思考问题更易或更难,因此成就某种类型的思想。

索绪尔的研究至少有两个目标。一是厘清语言运作的规律(句法),他设定语言构成一个自成一体的现实;二是提出关于意义交流的理论,其中包含想象的形式——是想象把人与人联系起来(类似外延的机制),这是延续了涂尔干神话研究和宗教分类的思路。

结构语言学与关于传播的普遍科学的梦想

二十世纪五十至七十年代,多种结构语言学(因假设整体大于局部而得名)从上述思路发展出来,扩大了语言学理论的影响。在俄罗斯形式主义学派和后来的布拉格语言学圈子当中,雅各布森将语言分析与数学式传播分析相结合,是影响的主力。像数学式的传播分析一样,他把话语看作一系列基本信息单位(组成语言的"语素")的完成形态,发现了二分原则在语言运作(语言被比作二进制信号)中的重要性。但他的分析是从终极系统出发:"与语言相比,其他象征系统都是附属或衍生。承载信息的主要传播工具是语言。"符号学被等同于语言学,语言学又被视作关于传播的普遍科学。语言的形式(语音或语法)可归于决定论的规律,所有语言都有"共同的基础"。句法在时间上的动态变化(符号间关系的转变)可以被量化描述。语义学研究符号与事物的关系,也就是研究意义与事实的关系(控制论正是基于这类研究)。语义学被认为可以由句法推导,在语言内部就可以分析:它有"语言的内在属性"。

除此以外,雅各布森还给讯息交换功能的数学模型套上语言学术语,得出一个新的传播模型。他扩大了这个模型的适用范围(从纯粹认知角度出发),将传统上被排除在外的东西,如情绪、诗歌,也包括在内。除了发出者、讯息和接收者以外,传播还需要其他元素,如人和人之间接触、存在共同的编码(语言的编码)和对语境的考量。

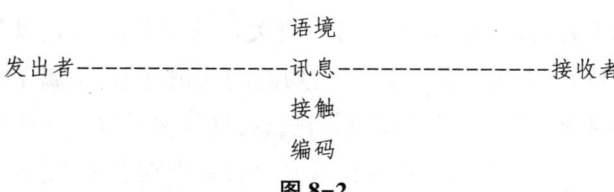

图 8-2

在雅各布森看来,传播过程中的六个要素对应六种功能。参照功能,或曰内涵功能、认知功能,指的是上下文(关于世界的话语),香农当年只考虑到这一种功能。话语中的"我"指向情绪功能,表明信息发出者的存在及其状态(讽刺、愤怒),"你"或"您"则指向接收者,指向命令模式[驱使功能:法语"Buvez!"(意为"喝!")]。客套功能,指的是话语参与方之间的关系,确认沟通渠道是否畅通("您好吗?""喂?")。元语言功能,是确认语言的规律("sophomore 这个词是什么意思?")。最后是诗意功能,指的是语言有能力通过言语风格表明自身的运用[l'affreux Alfred(可恶的阿尔弗雷德)说出来的意思不比 l'horrible Alfred(可恶的阿尔弗雷德)多,但前者的叠音让表达更具诗意。"I like Ike"(我喜欢艾克),这句口号也是如此①]。

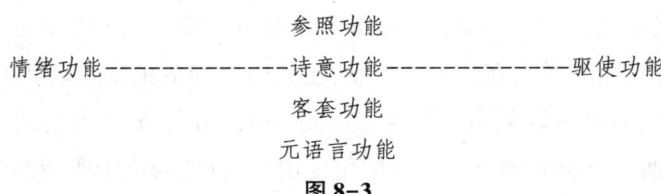

图 8-3

---

① 这些例子出自雅各布森(1963)。"我喜欢艾克"是美国历史上最令人难忘的竞选口号之一。Ike 是艾森豪威尔(Dwight Eisenhower)的绰号。1952 年,艾森豪威尔竞选总统期间,迪士尼工作室制作动画广告为其助选,动画配乐歌词为"你喜欢艾克,我喜欢艾克,大家都喜欢艾克当总统。拿出横幅敲响鼓,我们带艾克进华盛顿"("You like Ike. I like Ike. Everybody likes Ike for President. Bring out the banners; beat the drums; we'll take Ike to Washington.")。艾森豪威尔在 1952 年和 1956 年两度当选美国总统。

上述复合模型综合了卡尔·布勒(K. Bühler)的语言学成果、人类学家马林诺夫斯基(B. Malinowski)有关仪式关系的研究以及雅各布森本人的诗意理论,丰富了对传播功能的认识,但还是属于非常有限的线性传播观。它的功能选取相当随意,且颇多局限。元语言功能和诗意功能能截然分开吗?认为诗歌是语言的内在追求,是否太局限于十九世纪晦涩诗人[马拉美(S. Mallarmé)、爱伦·坡(E. A. Poe)]的观点?最大的问题是,如果把传播现象开放到它所涵盖的如此多样的种种用途,那传播的功能岂止上述六种?岂不是要把社会交流的一切形式都包括进来?

语言学模型的过度扩展在列维-施特劳斯(C. L.-Strauss)的理论中达到顶峰。他主张更为广阔的视野,将传播视作一种横向的人类学现象,不单是词语、物品和女人的交换,连经济系统、社会系统、性的系统也与语言学提供的模型一致①。这样的人类学一直停留在想法状态,因此极易受抨击,缺乏说服力,而且暗含大男子主义,但是用它研究美洲印第安人社会的神话,成果显著。继莫斯和涂尔干之后,列维-施特劳斯表明人们借助修辞手法(隐喻、换喻等)表达意思,而那些修辞手法其实是一种意义置换机制,将意义编入我们称之为叙事的结构中。俄罗斯民俗学者普罗普(V. Propp)对神话进行结构分析,揭示其逻辑(经常被否定),即将自然元素和文化元素划分为对立且互补的系统,换位对应人类生存的重大问题:生死对立变成植物与动物的对立,食品以生—熟为轴划分,世界也用高与低、男与女之类的对立来解释……西方社会倾向于从知识的角度出发,自认为优于所谓的"原始"社会,上述理论有助于调和西方社会和"原始"社会之间的对立。但是,对精确科学之严谨的迷恋导致过度系统化,以为只要观察语言就能把握想象。结构分析把神话看成脱离了人与人关系的自我封闭物,以为发现了一种整体的数学式方案,可以给出话语形成和变化的规

---

① 拉康(J. Lacan)的精神分析学也采纳语言学模型,他认为无意识像语言一样,也是建构的。

则。实际上,话语规则充满矛盾和近似,而这些完全在结构分析之外,结构分析的分类法对此无能为力,就像杰克·古迪所批评的那样。类似倾向也体现在格雷马斯(A. J. Greimas)和克罗德·布雷蒙(C. Brémond)的理论中,他们试图建立放之四海而皆准的叙事规则,无论叙事发生在何时何地,神话、寓言或当代文本都按简单标准被切割成不变序列:升华与堕落对立、将发出者(受权者,英雄追求的缘起)和接收者(英雄)连接起来的行动链等。

乔姆斯基的生成语法研究先验地没有这类问题,因为他是从很上游的包含最多的技术层面、从普遍能力如何产生这一问题出发研究语言。他研究多种口头语言,试图找出语法的常量:如此一来,语言学就彻底回到功能主义,专注于研究人皆具备的超验能力。相关研究在经验基础上开展,所以成果颇丰,但是最终既没能摆脱科学性的幻想(主体被描述为理性的、自主的,在很大程度上被比作机器),也忽视了语义学的问题——毕竟不能假设意义可以被归纳成语言形成的抽象规则,简化成个体的表现,而乔姆斯基有时让人觉得他就是这样假设的。不单是极端理性主义,乔姆斯基还对大众传媒持根本否定的观点,认为大众传媒是有组织的谎言集散地,是舆论控制和舆论操纵的发生地,不像面对面传播那样,有可能做到自然且透明。

符号学与大众传播的符号研究[①]:巴特与艾柯

二十世纪六七十年代,大众传播符号学也基于语言学模式,将能指和所指、外延和内涵的区别延伸到所有媒介(电影、电视、连环画等)和符号系统(图像、服装、食品等消费品的形象)。罗兰·巴特和翁贝托·艾柯等文学研究出身的学者认为,现象可将我们身在的社会世界

---

① 符号学(sémiologie)和符号研究(sémiotique)可以互换,但是自1969年巴黎大会以来,学界倾向于使用后者,以区别于二十世纪六十年代的符号学运动。巴特和梅兹(C. Metz)的直接继承人除外。

描述如下：它被一层由媒介承载的符号广泛覆盖，仿佛加了一层窒息表达、扼杀自由的皮肤。

巴特在《形象修辞学》(*Rhétorique de l'image*,1964)一书中解构了一则视觉广告。广告展示了一只购物网袋，装满水果和蔬菜，还有一个 Panzani 罐头，罐头通身都是意大利国旗的颜色。这一切可以解构成一套文本，内涵是乡村气息和真实品质（刚从市场上买来的新鲜产品），以及所谓"正宗的意大利"（国旗的颜色肯定了产品出处，以及对意大利式生活享受的想象）。深得消费者赞赏的这些内涵，与大超市里面（而且是法国的！）卖的工业化产品形成鲜明对比。巴特 1957 年出版的评论集《神话》(*Mythologies*)细述了广告呈现的多个层面，时而俏皮，时而政治化，成就了将媒介叙事与神话对比的理论阐释。神话的本质是使所言之物无可置疑，不是通过遮掩，而是通过使之自然化、使它看上去理所当然。比如，在殖民时期，一个穿军装的"黑小子"登上《巴黎竞赛画报》的封面，向法国国旗致敬，这样的图像传达的就是帝国主义讯息（在殖民地就像在自己家里一样），同时毫不遮掩帝国主义这一事实。这个讯息会被殖民主义的支持者照单全收，因为它完全符合那些认为殖民主义理所当然的人的期待。巴特不从操纵角度做任何阐释。"神话不遮也不掩：神话的功能是使变形，不是使消失。概念和形式之间无物潜伏：解释神话无需潜意识。"神话"窃走语言"，将政治上、经济上被迫服从布尔乔亚律令的社会阶层已经遭受的剥夺翻倍：媒体是布尔乔亚武装的左膀右臂，新闻编辑以犬儒心态传递的讯息，大众不会冷眼相看，只有神话专家（和巴特）有能力将其破解。

艾柯也认为大众产品结构性保守，喻示的要么是秩序统治下的稳定世界，要么是已经动摇但还会通过合法或非法手段重新确立的世界。他对伊恩·弗莱明(I. Fleming)的邦德系列小说的分析《詹姆斯·邦德：一种叙事组合法》(*James Bond:Une combinatoire narrative*, 1966)很有启发性。他指出了作品中的对立体系（按普罗普的方式，或按列维-施特劳斯的方式）：主人公是盎格鲁-撒克逊、白种、男性，对手是苏联人、地中海沿岸人、亚洲人、犹太人,女性角色要么是顺服的或无色情意味的盟友(钱潘妮小姐),要么被劝降成为共谋,要么是性方面被征服、终究难逃一死的对手,反正不是令人向往的角色。艾柯将大众传播与教条主义对应,与艺术对立(艺术的阐释有无限的可能性)。他认为,弗莱明应被谴责,不仅因为他反犹、支持父权主义,更因为他照着既定流程图行事。"照图构建、二元区分总是教条的,不宽容的。民主的人,就是拒绝流程图的人,承认微妙差异和区别的人。""弗莱明是反动的,像任何寓言故事源头上就反动一样。"

所以说,符号学谴责媒介发挥着复制既有秩序的功能,并且认为公众应该对此负责,因为公众骨子里摆脱不了小资产阶级的束缚,领会不到信息的内涵(公众认为信息是"自然的"),因为他们所识无多,素养不够,也无暇培养能力。在这方面,符号学重拾法兰克福学派的说法,还沿用了马克思在《德意志意识形态》(*l'idéologie allemande*)中给出的意识形态的定义:统治思想就是统治阶级的思想。符号学走向文化上的精英主义和本质主义。结构主义的文学批评[雅各布森、热内特(G. Genette)、托多罗夫(T. Todorov)、艾柯]寻找"文学性"的标准,好确定什么是真的、纯的文学(如多义性、开放的作品),结构主义的大众传播批评(巴特、艾柯)则试图找出大众叙事的内在特征(重复、二元简化)。若论细化讯息影响的机制,阿多尔诺和霍克海默当年的说法相当模糊,与之相比,符号学提出了有力的分析工具,但这个机制说到底还是观点强化机制:自带内涵意义的讯息让已发生之事看上去理所当然,意识形态对这类讯息进行编码,加以传播,是把历史(某个特定时间内的意义和权力关系)转化成自然,也就是确定的时间——空间。于是隐约出现了回归大众文化理论的拐点,因为这里面主张的观念不是直接说服,而是偏见之巩固①。

---

① 但是,意识形态如何实现统治的过程几乎未被分析。二十世纪七十年代,一些学者结合精神分析学解释无意识灌输——这就回到了令人沮丧的行为主义或弗洛伊德精神分析学,回到了神秘的万能力量。

话语的社会铭写

这种方法的隐患显而易见。借用马克思的话来形容,符号学家大多倾向于把他们自己的逻辑(想出来)当中的事物和事物的逻辑混为一谈。首先,语言的逻辑不能完全解释其他符号系统。例如,画面不可能被简化成隐秘符号的系统:画面不仅象征它所呈现的东西,它还"像"那个东西,它有一个类比的基础,所以才有"一个画面胜过千言万语"的说法。后来的绘画研究(H. Damish)和电影研究(C. Metz)不得不重提媒介自身的属性。其次,外延和内涵没有严格的分界,外延看似理所当然,阐释起来也会出现不一致。甚至,能指和所指也很难从根本上分开,虽然二分法总是让人宽心,让人以为存在着客观的现实。最近发现的索绪尔未发表的文章《关于语言的双重本质》("De l'essence double du langage")表明,语言学奠基人最终也得出了与皮尔斯相近的结论:"我们应该自问,语言学观察事物的出发点是不是整个事物,因此,说到底是不是只从某个具体的物出发,或者说,是不是从没有过其他的东西,只有我们自己那些可能无限多样的观点。"

低估公众的符号能力,或者说,不去评估公众对他们被迫承受的东西的反应,引出了书斋学者的立场问题。他们看社会只靠内部分析和内省思维。结构主义和符号学以为在一种隐藏的自然(语言里隐藏的自然)之中发现了文学性,发现了大众文化和真实文化的区分标准,结果像其他研究纯粹类别的理论一样,以失败告终。依照"浇水者被水浇"的规律,他们的研究体现了文学界那个根深蒂固的神话,即某种文化形式(他们欣赏和教授的古典文学)内在地优于其他文化形式,一部分人(知识分子)内在地优于另一部分人("大众"和利用"文化工业"骗人的工业资产阶级)。

符号学的传播者清晰地呈现了这一理论范式的内部塌陷。巴特在《文本的快感》(Le Plaisir du texte, 1973)一书中提出文学享受的理论,将读者而非符号系统置于分析的核心。他猛烈批判唯心主义文学意识形态,彻底摧毁了作者和作品的神话(与福柯同时)——正是基于这个神话,人们幻想文本可以纯粹地存在,某种文化优于其他文化,某些作品及其作者应该在课堂里被世代传授。但是,随着时间的推移,巴特渐渐放弃了符号学预设,也不再分析大众媒介——他承认自己无意欣赏之,对电影和连环画也兴趣寥寥,这在后来被证明是个障碍,让他没能通过在理论上肯定新文化形式来完善他的文学否定理论。如变色龙般变化多姿的艾柯也是符号学思潮发展过程中的关键人物。他对符号学研究和文学分析非常投入,同时又对理论范式的变化早有预见,还很乐于欣赏某些"大众文化",尽管也给过各种各样的猛烈批评。艾柯将语言学理论用于多种研究,深入发展了语言学,同时部分质疑了专家学者的阐释霸权。符号学向逻辑学、艺术史和修辞学开放,让从事意义生产分析的学科和方法多样化,也让符号这个概念爆炸式多样化,而此前它一直被认为过于僵硬,不足以囊括复杂的阐释行为。在此过程中,"大众(流行)文化"作品的阐释也被认为是开放的:艾柯本人不仅是思想型作家,能用高雅文化和大众文学谈符号学,也能用符号学谈阅读快感,还能精辟地分析乔伊斯(J. Joyce)和意大利诗歌,以及十九世纪连载小说、电视节目和蓝精灵。新的描述开辟了新的道路,既有诗意,又讲修辞,对最不被考虑的节目也不一味谴责。自二十世纪九十年代起,这类分析集中出现在法国和意大利,先是关于电影(C. Metz, G. Soulez, F. Jost, 2011, 2013),然后关于电视[纪尧姆·苏莱兹(G. Soulez)将电视新闻主播与古代的演讲者对比(2001),关于电视系列剧集的研究],最后是关于数字身份的构建。就叙述方式而言,盎格鲁-撒克逊研究传统(M. Currie, 1998)以及法语研究传统(Lits, 1997; Arquembourg, Lambert, 2005; Fleury-Vilatte, 2003)都告别了格雷马斯(A. J. Greimas)的生硬模型,向现象学和解释学潮流靠拢[通过保罗·里科尔(P. Ricoeur)的研究],以便将阐释的可塑性纳入考量。随着网络数据集获取越来越容易,数字化方法的发展又提出了定性方法和定量方法之兼容性的问题:按照达里奥·孔帕尼奥（D. Compagno,2017, 2018）的观点,对大数据的处理意味着符号学的延伸,与符号学并不矛盾,同时仍然有着符号学主要的局限性,即内在主义（immanentisme）（数字痕迹的收集本身并不能理解社会现实）。研究者是通过分析一层层的数字文件,而不是一个不可分割的整体来展开研究（Bottini, Julliard, 2017）。

艾柯还打破了控制论的发送者—接受者的关系,摒弃了封闭文本、线性机制的观点:讯息解码总是在当地发生,视接收者的认识而定。问题不在于讯息是否被送达、传递过程中是否有丢失,而在于讯息变成了什么、接收者怎样重建或共建这个讯息。艾柯二十世纪七十年代出版的《不在场的结构》（*La Structure absente*）和《符号学理论》（*Trattato de semiotica generale*）提出的这个观点意义极其重大,但这个观点依然是用编码（仿佛接收者有他自己的语言体系）在思考,而不是从社会位置的角度来思考。这个观点推动语言学/符号学朝语用学方向发展,而这也是它最后的发展,是它的尽头。

转向语用学

语用学研究语言及其使用者、话语及其语境之间的关系。有观点认为,语用学的出现,是结构语言学、生成语法学和大众传播符号学的固化模式令人失望,研究转而超越了句法和语义。语用学的起源和发展有多种表现形式,很难一概而论。其中有对分析哲学的追求[主要是在鲁道夫·卡尔纳普（R. Carnap）、戈特洛布·弗雷格（G. Frege）、伯特兰·罗素（B. Russel）的领导下],即以数学演示建立语言模型;当这样的追求以失败告终,哲学追寻又转向日常语言分析。从中可以看到一个愿望:理解实际说话人与语言之间的关系。心理学、社会学、教育学的研究构成了语用学的第二个来源:贝特森和瓦兹拉威克（P. Watzlawick）从病理学、治疗学层面分析了语言使用者与语言的关系;

布尔迪厄和巴西尔·伯恩斯坦(B. Bernstein)指出了语言的社会铭写,即不同的社会圈子被赋予不平等的语言资源并利用这些资源对抗文化统治,而这一事实从根本上否定了唯心主义语言学。还有一些语言学家如奥斯瓦尔德·杜克罗特(O. Ducrot)和修辞专家如哈依姆·佩雷尔曼(C. Perelman)质疑了从话语分析领域本身建立起来的类别。

两位学者突出体现了符号学向语用学的转变。第一位奠基人是皮尔斯,他在二十世纪初就用过这个表述(与后文将提及的第二位有所不同,虽然后者读过他的作品,受到他的影响)。皮尔斯希望建立一门关于符号的普遍科学,将思想与符号中包含的东西混为一谈,率先提出了将符号与阐释体(interprétant,符号本身的组成部分)、阐释者(interprète,经验中的个体)联系起来的理论。如今,符号学思潮普遍宣称拥护这样的理论,尤其是法国和意大利的实用符号学思潮。这种思潮尝试调和文本、电影作品的内部分析与接收者的立场与期待分析(后者出自理论提出者自己的想象)。第二位奠基人是维特根斯坦(L. Wittgenstein),他以自己的清晰洞见让语言哲学转而研究语用,在这一转向过程中发挥了标志性作用。在《逻辑哲学论》(*Tractatus Logico-Philosophicus*,1921)一书中,维特根斯坦起初是沿着罗素的思想轨迹,将语言等同于逻辑命题,将无法用逻辑言说的都归为不可言说——意义的尽头是神秘性:"对于不可言说的东西,我们必须保持沉默。"

晚期的维特根斯坦[论文收入《哲学研究》(*Investigations philosophiques*),1953]却为极限概念所扰,因为极限在某种程度上证明了逻辑程式(将某种形式科学作为理解符号交流的唯一指南)的空虚。他最终承认,个体就是多言语的,也就是说,个体的自我表达可以不借助理论设定的句法束缚。符号不存在于某种普遍的语言当中,而是存在于行为的情境当中,意义从不独立于语境而存在。关于讯息所处的环境[被称作"言语的游戏"(jeu de langage),后又被称作"生活的形式"(forme de vie)],维特根斯坦给了一张异质清单,以强调使用可以不断构成惊喜:命令或服从、描述、提出假设、用图画呈现、编故事、行动、感谢、诅咒、问候、祈祷……维特根斯坦反对一切将意义封闭起来的尝试，甚至放弃系统化，转而追寻纯描述性、非理论性的目标。约翰·奥斯汀（J. Austin）、约翰·瑟尔与维特根斯坦脉络接近，做法却相反，他们致力于理论化，想给"话语行为"做个盘点，拿出完整清单。其中，约翰·奥斯汀提议区分见证机制（régime constatif，"以言指事"的表述，提供事实、带有信息）和表演机制（régime performatif，"以言行事"或"以言成事"的表述，制造效果），并试图运用借自日常生活的语言表达来说明这一区分。见证机制尊重词语与事物的区别，表演机制则混淆现实与符号：说"我为你施洗"或者下一个命令，是在说话的同时产生了一个世界，言即是行。约翰·奥斯汀开启了对语言及其力量的综合研究，他试图把言语行为分解成无可再分解的简单元素，但也导致悖论：言语行为的机制事实上经常重叠，并且在相当程度上取决于语境，并不能被清晰区分。

界限之外：社会

上述研究虽然向对话者的关系敞开了大门，还是有局限，因为它自相矛盾地与对话者保持距离。语用哲学研究日常语言，却只是从研究者想象中的日常生活交流情境出发。符号学家埃利塞奥·韦龙（E. Verón）的批评相当中肯[《社会符号学》（*La Sémiosis sociale*），1987]："从技术角度看，研究语言行为的理论家们并无新意，他们的研究方法和符号学家们并无不同——给读者一些句子，同时加以阐释。"韦龙认为，由此必然得出如下结论："这里面没有语用，因为说话行为中的主体说的不是句子，而是话语。"同理，大众传播的符号—语用学研究将接收者纳入考量是通过想象他们的反应，想象做到了尽可能多种多样，但学者们并未真正面对接收者提出问题，甚至不曾对他们进行观察。因此，这些研究受限于两个未知因素，一是意义生产的动态（谁做什么？怎样做？为什么？），这既是组织问题（比如，在电影领域，这意味着制片、导演、演员和发行等各行业间的关系),也是个体问题(作者本人的历史和经历);二是接收的动态。符号语用学抓住意义的碎片(一段文字、一张照片、一部电影),从语境中提取出局部,虽然考虑了语境,但是仅凭碎片得不出意义的内在结构——这个观点,艾柯本人也表示赞同,他将符号学用于亚里士多德的诗学:写作有多种方式,叙述有多种结构,它们是些常量。找出常量是可能的,但是找出常量只是将形式问题平庸化,对揭示作品的意义并无用处。符号学错误地以为自己可以在叙事结构、意义、公众、社会态度和文化立场之间建立起关系。实际上,符号学建立的只是内容阐释的模型,而且符号学不是研究阐释的唯一方法。也就是说,符号学不能自诩垄断了内容的诠释,若要分析内容对公众的"效果"和作者的"意图",符号学更是无能为力。符号学实际上只是一种方法,而方法必须与方法使用者的意识形态预设结合,符号学也暗含学者对社会的判断,有着未明言的社会观。

符号学研究转向语用,实际上是一次传播的转折,不是真正意义上的经验主义转折,甚至也不是对话性质的转折。语用学两位奠基人对语言研究的实际贡献常被引用,也经常被后辈学者用作拒绝接触社会经验的借口。仿佛援引逻辑哲学的至尊维特根斯坦,就足以免谈相对不那么高贵的社会学或人类学著作,可正是后者推动了二十世纪初的"生活的形式"研究。援引皮尔斯,一则可表明原则上对语境是开放的(通过提及语用学),二则可将自身置于不同于索绪尔,但与索绪尔同样悠久的研究传统,由此表明并不拒绝符号学(皮尔斯毕竟是这一表述的最早使用者之一),可还是走不出文本内部分析——事实上,皮尔斯认为现实最根本的基础是社会,不是语言。传播行为,不论是否关乎文字,主要是交流,而不是传递,因此传播行为植根于语境、植根于"生活的形式"——这一观点,语言学直到二十世纪末才普遍接受。不过,米哈伊尔·巴赫金(M. Bakhtine,作品也以沃洛希诺夫的名字发表)的研究是围绕这一观点的。他在二十世纪二十年代就提出将传播行为等同于对话,后来**文化研究**(Cultural Studies)的英美新马克思主义学者承继他的思路,认为意识形态不仅是观点的强加,也意味着永远的交流。斯图亚特·霍尔提出意识形态的层次("编码/解码",1973),摒弃了外延与内涵的区别,这些分析经由约翰·菲斯克(J. Fiske,1978,1982)系统化。在这些学者看来,文本结构不是自我封闭的,而是生产和阐释过程以及更广泛的权力关系的一部分。从那以后,符号学汇入了福柯所说的"知识考古学"和"话语分析",文本与文本的实际使用不再分离。

总之,对符号研究而言,突破语言学,尤其是语义学和语用学的局限,则大有可为。不过,语言学强调把语言问题归入一个更大的集合,因此产生了负面影响。研究社会、研究历史,必须考量意义生产和行动问题。对社会学和历史学来说,口语和书面语言是人和人关系的要素之一,不是人类关系的模型;意义的秩序涵盖话语的秩序,而非反之;主体使用符号并对其加以阐释,不可能用凝结的符号理解主体。传播理论史有过一个符号学片段,符号最终融入了更为全面的行为分析和意义分析。

第九章

文化实践社会学
消费与接收

传播社会学研究不再固守从内部分析话语和话语行为,而是拓宽视野,将活生生的行动者及其经验纳入研究范畴。当然,这并不意味着传播研究就此进入生动的现实,进入符号学不曾涉足的鲜活数据(符号学疏离一切,不可能追究"真实"的人)。与符号学类似,社会研究和历史研究得出的模型也是阐释一切东西与文本的关系、与视听作品的关系,走不出人际关系理论,成果有限。但是,与符号学阐释模型不同,社会研究和历史研究是基于更全面的数据(购买行为、光顾频次、媒介使用者访谈、具体实践观察),研究者也有强烈的外向性。传播的社会构建需要运用多种工具,既有统计方法,也有定性分析,要把握消费、使用和接收。二十世纪下半叶,这些要素逐渐确定,消除了大众媒介长期蒙受的偏见,比如,媒介不会简单地彼此代替(图像驱逐文字);电视使用不能用"被动性"一概而论;更重要的是,这些要素逐渐确定,决定性地推动了当代文化研究走向深入,学界对传播手段、文化、权力三者间关系的理解多有变化,这期间主要是关于统治的社会学研究(布尔迪厄)与关于文化和信仰形式的社会历史研究[塞尔托(M. de Certeau)]相与争锋。

消费:布尔迪厄的文化实践等级论

　　这一次,关键推动来自法国学者对文化的社会学研究,布尔迪厄的作用尤为突出。他起初与帕斯隆(J.-C. Passeron)等人合作,后来独自开展研究。二十世纪六七十年代,这批学者的研究综合了韦伯的合法性理论、马克思的阶级斗争理论以及涂尔干、列维-施特劳斯的想象理论,且有所创新[参阅《文化实践理论概要》(*Esquisse d'une théorie de la pratique*),1970]。布尔迪厄师从列维-施特劳斯和雷蒙·阿隆,他率先将人类学视角与工业社会批判相结合,即将涂尔干的法国结构主义和韦伯的德国社会学相结合,同时融入马克思主义立场。

　　布尔迪厄的影响在于,他将社会批判理论延伸到教育领域,揭示出社会偏好的复制机制从学校就已开始:最善表达(就学业而言)、最熟稔文字、从小就受家庭藏书濡染的学生,比其他学生更成功。对他们来说,教育体制要求的编码早在家庭和朋友圈就以"隐形教育"(这一表述出自伯恩斯坦,此人对布尔迪厄有很大影响)的形式传递,大众文化"继承人"的情况则截然不同[见《继承人》(*Les Héritiers*),1964]。这一见解被推及广义文化领域,学校只是其中一环。布尔迪厄认为,文化(取其最高雅之意)是结构化想象的集合、共同象征的集合,其合法性被普遍认可,但准入编码和文化运作的所有权分配不公。文化,至少那些被认可的文化,是获取某类知识、某种愉悦感的途径,更是一套观念和作品的秩序,光辉闪耀,貌似自然而然,实则由少数强加于多数。布尔迪厄还用定量社会学(更确切地说,是人口社会学)证明自己的观点[《艺术之爱》(*L'Amour de l'art*),与 Darbel 合著,1966]:频繁光顾博物馆和图书馆,首先归因于文化继承,增加供应,哪怕免费供应,对那些一直与之保持距离的公众未必构成诱惑,因为他们不具备适当的阐释手段,不具备艺术、美学和文化能力——只有具备这些能力,才有可能欣赏杰出作品,反过来,杰出作品又令其欣赏者更显杰出。与之相应,统计数据表明普通百姓或中间阶层首先寻求的是大众媒介提供的内容(这些内容基本上不算杰出)或"中等艺术"(正在走向合法化),比如摄影[《中等艺术——论摄影的社会使用》(*Un Art moyen, Essai sur les usages sociaux de la photographie*),布尔迪厄等合著,1965]。

《区隔》(*La Distinction*,1997)一书提出了更为定性的文化实践分析,将继承而得的社会倾向("惯习",habitus)与被分成三个大类的品味(有学养、中等、大众)联系起来。区隔的核心原则是轻内容、重形式,因为形式最不属于直觉,占有形式需要的时间最长。学养阶层定义文化经典,并且永远向前逃跑,以免贬值:时间越长,诗歌、音乐和小说越成为传承者的封闭领地,其余大多数人不得入内。中间阶层表现出"良好的文化意愿",努力追随,但是步履笨拙,永远慢半拍:他们自曝其短——没受过占统治地位的口味的"教育",所以"没有好口味"。大众阶层只得服从命运的安排,满足于自身条件(收入少,闲暇少,象征能力低)限制下的消费:他们的审美沦为一种"出于必要的品味",形式服从功能,天真地只看内容,还要与他人保持一致。与所属社会阶层站在一起,才能让他们产生共同境遇感。

这种社会学理论谴责布尔乔亚知识分子符号秩序的暴力,回应了二十世纪六十年代颇为流行的反文化、真正的普罗大众文化、共同均有文化等理念的轻飘话语。在社会阶层等级化的作用之下,所有文化实践都相互关联,并无自主可言,没有哪个团体或个体超脱于外。大众文化、农民文化或无产阶级文化即便真的存在,首先体现的也是被统治。反文化不过是已封圣文化的现代版,由受过教育的青年在反叛长辈时高高举起,反叛一成功,反文化就封圣成为新教条。组建"中等艺术"的尝试确实存在,但是非常随机,而且脱不开布尔乔亚出身。真的共有文化事实上也不存在,因为,同样的作品、同样的传播工具,其使用会因阶级的道德不同、品味不同而不同:一张满是褶皱的女性的手的照片,知识分子看了往往意在审美,工人则大多只关心内容,想知道手的故事。从这个意义上说,接收理论只能局限于定位"惯习"的表达:"每个接收者都参与生产自己看到并欣赏的讯息,为之提供构成他个人经验和集体经验的一切。"[《说之所言》(*Ce que parler veut dire*),1982]

  这一理论的突出之处是将实践的意义与社会地位联系起来。它围绕社会群体展开分析,彻底摒弃技术决定论,拉扎斯菲尔德当年也是这样做的。是社会给传播关系"编码",而不是反过来——社会既是共同的象征,也是群体的特定暴力,还是暴力承受者对暴力合法性的认可。布尔迪厄从马克思主义的预设出发,这一点与阿多尔诺相同,但不像阿多尔诺那样天真地赞美启蒙,也没有阿多尔诺那种高高在上的精英主义。他用结构主义剥掉了封圣文化的神秘外衣,主张文化与媒介是毗连场域,社会统治在其中表达,而社会统治就是"语言资本"和"文化资本"的最富有者对最缺乏者(被剥夺者)的统治。他从一开始就避开实证主义和文化工业类比的双重陷阱,指出行动者的视角是其世界的组成部分,因此也是传播现象。被剥夺者被统治,未必因为他们消费的产品本身最无趣,而是因为他们消费的产品被标准制定者判定为无趣、低级、过时。科幻小说是对人类根本问题最开放的当代文学,却一直属于被统治的文学类型,因为它的形式不符合好品味的标准,好品味反对将实质置于形式之上,拒绝一切参考性质的挪用(appropriation référentielle)①。到了二十世纪,听施特劳斯圆舞曲[或者,与时俱进,听安德烈·瑞欧(A. Rieu)②照当今品味改写的古典音乐]不再是好品味,更严格要求"真"音乐的人反而认为它们特别"大众"。大众媒介的内容未必比杰出作品的内容更重复(布尔迪厄以格

---

① 以毒品、爱的战栗或家庭冲突为主题的电视系列剧,也被认为在艺术上不诚恳、不真实,因为艺术应该朝向人类"真正的"问题,应该有内在性和抽象性,艺术呈现与现实之间应该有距离感。
② 安德烈·瑞欧(1949年10月1日—),荷兰小提琴手和指挥家,擅长给被认为"高雅"和"严肃"的古典音乐融入鲜活的时代气息,使之更贴近生活和大众的欣赏趣味。他以轻松活泼的演出形式,让人们不仅轻轻松松地听音乐,也能情不自禁地和他一起参与到音乐中来。——译注

里高利素歌为例),重复的东西未必无趣。不能把公众比作流水线上的工人。公众及其消费不以某种特性为本质,而是永远处在构建过程中,这与阿多尔诺理论所言恰恰相反。

文化族群中心主义的问题

上述理论范式的问题是,它的结果是陷入循环论证,把之前摆脱掉的功能主义又请了回来。每种**惯习**都有与之对应的消费,每种消费又都对应特定阶层的讯息接收或惯习:社会世界就是一部复制差别的机器。尽管有反思,结果还是揭批。文化精英可以自由选择消费和品味,前提是始终与其他社会群体保持距离,而在社会谱系另一端,文化暴力导致选择的自由被剥夺,人们不得不服从自己的社会存在。《区隔》写道,大众媒介用定型化产品充斥市场,市场由"生产工程师"指挥,品味按计划生产,被统治者的品味被缺席。之所以出现这样的倒退,是因为文化合法性理论虽然批评"学养文化"这类思路,指出了它的历史性,还是未能免于为它所惑(见附文)。布尔迪厄想揭露教育的神秘性,想给经典作品和不朽大师祛魅,同时又为之所困——他高估了经典和大师的力量,视反叛经典者、偏离大师者为失败者或笨伯。他精辟地分析了经典文化的生产,分析了经典的消费和不消费之间的关系,盘点了文化精英虽与大众消费同样的产品,却为避免泯然众人而使用的种种诡计:用不同的方式去消费(以讽刺心态观看流行影片),进行多种消费以示其兼收并蓄(既听摇滚乐,也听古典音乐,而"大众"摇滚迷不会这样)……。他还描述了文化统治对被贬作家的策略有何影响(过度自负,但是永远有失败感),以及缺乏素养的大众如何笨拙窘迫。简而言之,他分析了意识形态如何扭曲被排除者的实践并使之承压,以及如何推崇被选中者的实践。

但是,除了学校意识形态(大众文化意识形态的另一个名称)的效果,文化实践现实的其他方面未被研究。对中等实践和大众实践,布尔迪厄完全不给意义，只从缺失、错误、被剥夺的角度看：它们被认为是空洞的，或者是有学养的文化实践的无奈替代。偶尔着眼大众的时候，他声称自己的理论渊源首先是马克思，对涂尔干和列维-施特劳斯的观点（从人类学角度看，每个社会群体都有自己的文化）置之不理；研究统治者的时候，他又反其道而行。他抛开日常实践分析的广大陆地，只盯着学校这片群岛。精英媒介消费和被统治者媒介消费的复杂性无声无息，学养阶层接收有识文化被当作不言自明。

布尔迪厄不是"继承者"，但他很早就拒绝与民众为伍（É. Maigret, 2002），他的精英主义立场未能超越文化族群中心主义的知识分子立场。如果说，对文化进行思考，必须置身于中间阶层和大众阶层之外，必须让缺席者说话——塞尔托在一篇文章（1974）中把这种思考比作唤起死者之美，那也就必须考虑人为制造出来的距离、考虑思考者从学者所居的支配地位强加于研究对象和个体的暴力。于是，思考者面临两个障碍："民粹主义"和"悲惨主义"。第一种情况下，他赞美所谓真正的文化、本能的文化、直觉的文化。第二种情况下，他揭露被统治者的符号贫困，将优越感和怜悯心合理化。帕斯隆和克罗德·格里尼翁（C. Grignon）起初认同布尔迪厄社会学，后来对他的批判立场越来越批判，二人在《学者与民众》（Le Savant et le populaire, 1989）一书中给这些方法论做了精彩总结。这部著作标志着法国社会学从此与"惯习"和社会复制观点分道扬镳：

● "大众文化"这一提法的危险在于，它想象出一种按自身规律运作、完全自治的他者文化，这种自治主义的衍生可能倒向"民粹主义"；

● 认为大众实践不一致、空洞，或者在它身上也找到合法文化的运作规律，只是此处的运作不重要、规模小，这种合法主义的衍生可能倒向"悲惨主义"。

研究者应该怎样选取视角，这个问题没有简单的解决办法。帕斯隆和格里尼翁建议采纳摇摆振荡原则，一边是承认大众文化受到的约束，另一边是发现它内容的丰富性。这一原则，说到底，就是既要说明,又要理解。"大众文化"这一表述词难达意,因为它模糊,它遮蔽了它之组成所包含的暴力,只有在它终于让我们对实践不持"悲惨主义"态度的情况下,它才适合使用(也可参阅 Hall,1981)。把"大众是匀质的、无定形的"的预设放到一边,就可以展开经验研究,从而展现远超预想的丰富实践,并揭示其中的逻辑。

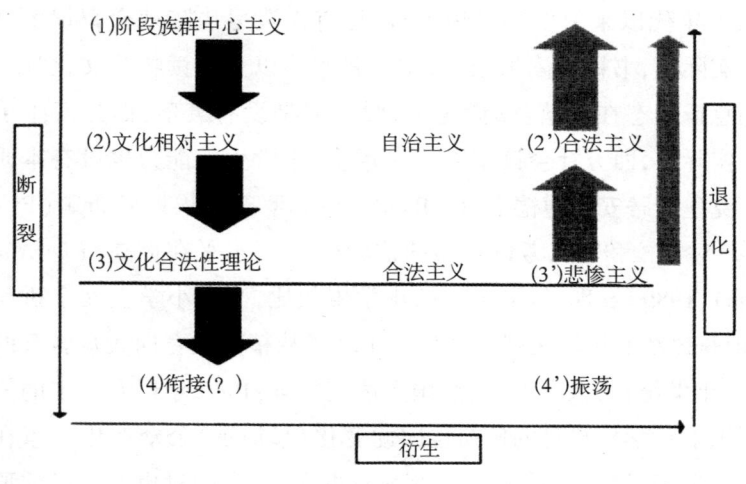

图 9-1
出处:格里尼翁和帕斯隆,《智者与民众》,1989。

当代文化变迁

文化实践统计,特别是法国文化部二十世纪七十年代以来的统计,展现的图景非常复杂,其复杂性体现在五个方面。第一,文化活动的等级确实存在,而且几乎不随时间而改变,证实了文化合法性的社会学观察。2018 年,受过高等教育的人比其他人看舞蹈演出多三倍、听古典音乐会多十三倍、看戏剧演出多四倍。阅读、学历和社会等级,这三者相关:工人和雇员每年读书二十本以上的不到 8%,每年至少去图书馆一次的只有 19%,而在管理层这两个数字分别为 24% 和 37%。奥利维耶·多纳(O. Donnat)多次指出,二十世纪下半叶开始的文化民主化运动(为的是鼓励人们参观名胜、欣赏那些特别值得欣赏的经典作品)实际上没有效果。但是,被推崇的文化活动吸引的参与者渐渐增多,父母和青少年子女的文化实践关系缓和,文化传递的宿命性质前所未有地减少了。

第二个引人注目的事实是书籍阅读量降低。此一现象自二十世纪八十年代以来引发许多惊呼,甚至有人泼墨痛陈社会智识水准下滑。实际上,书籍阅读量减少,主要是表明以文字读物为文化唯一入口的意识形态在衰落:阅读走下神坛,但是没有衰落,而是发生了位移。实际上,西方社会读书的人在增多,小学生的能力也没有本质变化。克里斯蒂安·博德洛(C. Baudelot)和罗歇·埃斯塔布莱(R. Establet)对学校和军队考试成绩的比较研究[《水平在提高》(*Le Niveau Monte*),1989]发现,与世纪初的小学生相比,当代小学生文字拼写稍差,但是语法和逻辑更强。学校还实现了从精英教育向大众教育的过渡(二十世纪初,只有1%的法国人读完中学,1940年还有一半的法国人不识字),学校自身的使命也因此变化:起初是"公众教化",重在启蒙和塑造国民精神,后来学校教育不再占主导,同时也不像以前那样受尊重,因此经历了许多冲击。阅读减少还有调查过程中的主观因素:二十世纪七八十年代的受访者会往高虚报自己的阅读消费,如今不读书听起来不再吓人,读书少的人说实话不像以前那样不情愿,读书多的人自我评价不如从前,反而可能低报自己的阅读实践。

最后,阅读量减少主要是重度阅读者①和青年阅读者的消费减少所致(Lombardo, Wolff, 2020),这表明阅读的地位变了。就在不久前,阅读还是一项主要的文化活动,居于社会复制战略的中心,如今已成为相对寻常的行为,与学业成功的关系也弱了,而且形态多种多样。人口的四分之一至二分之一基本不读书或很少读书,他们望书生畏[克里斯蒂安·博德洛等人:《可他们仍在阅读……》(*Et Pourtant Ils Lisent...*),1999],日益远离书籍(Donnat, 2009),去阅读其他内容,承载

---

① 最近几十年大学生重新转向理工科肯定对此也有很大影响。

内容的物理材料也日益多样(手稿、新闻杂志、电子文本等),在私人空间和公共空间皆是如此(图书馆、多媒体数据库等公共空间的注册人次大幅增加),生产和消费的区分不再被严格遵守——正如罗杰·沙尔捷(R. Chartier)所言。对大众文化或学者文化的爱好者、网站创建者和大学生来说,书写、出版和阅读不再泾渭分明:书籍不再是"文化事实的全部",阅读实践不再表明区隔(Bessard-Banquy,2012)。

第三,上述界限日益模糊,是业余爱好者的文化实践蓬勃发展的表现之一,而业余爱好者文化实践的发展,正是当代文化实践复杂性的第三个方面。在法国,2018 年,39%的人口自称某类文化的业余爱好者,2008 年这一数字曾高达 50%。年轻人和青少年积极参与越来越数字化的音乐、摄影、图画、手艺之类的活动,重新定义自己的文化实践,也使得收藏品的物质形式更加多样。近三分之一的法国人拥有收藏,其中 10%从事绘画,11%从事写作(Donnat,1998)。显然,不单是公共或私营机构拥有艺术,电子技术(录音录影、计算机)的扩散有利于家庭拥有艺术,光顾"中等艺术"不能再被视作简单的文化替代,而是真正跨越所有阶层的意义追寻。

第四,视听传播是一个多世纪以来最惊人的现象。2019 年,法国人人均每天开着电视听三小时四十八分钟,美国人接近四小时(Mediametrie)。用全年总量算,西方社会听电视的时间和上班的时间一样多!不过,文字阅读与音像消费并无明显竞争,仅极少数人群例外。花在荧屏前、收音机旁的时间(2019 年法国人人均每天 2 小时 47 分钟),以及花在 Hi-Fi 音乐频道上的时间,是随着工作时长缩短、退休、中等和高等教育的发展而来的。电视消费如此存在,如此可观,让人不禁反思电视的功能、效果和社会用途。只有四分之一的观众打开电视的时候知道自己想看什么,电视开着,爱看不看,随便听听,是普遍情况,因此公众常被说成是被动跌入电视的陷阱、被画面的力量欺骗。但电视应被视作一种文化实践(见附文),频道浏览这样的行为自有其意义。电视组成一个共享仪式的全国性甚至国际性群体,再无其他文化活动像电视消费这样趋同：98%的家庭拥有至少一台电视机，电视的内容是企业（仅次于工作）和学校的第二大话题。电视被赋予维持社会联系的关键功能，这一点在2020年全球新冠疫情特殊情况导致的封城期间得到证实：法国人每天听电视3小时58分钟，首次超过美国——美国封城更宽松，流媒体竞争更激烈。电视消费当然不平等，很小一部分人口消费过量，他们年龄更大，多来自底层，多为女性。10%的观众听了30%的量，30%的观众听了60%的量，10%的观众听得最少，只占总量的1%。尽管如此，电视消费大户，或曰"大众"，即便文化上被统治，也不应被视作与其他人截然不同的异类。统计数字足以驳倒此类假设：大众比精英更挑剔（学历高的巴黎人是打开电视最不知道自己要看什么的人），更期待节目多样化（什么都消费）。如果说电视新闻、新闻报道、纪录片、文化节目有特定观众群，那是因为这些节目被那些经常看电视的人观看了。电视看得不那么多的人，并不集中关注重点节目。学历高的人看电影和体育节目比一般大众看得还多些！还有，正如受众调查时常揭示的那样[例如索尼娅·利文斯通（S. Livingstone）在全欧洲范围开展的调查，2001]，关于儿童与电视的关系，最常见的陈词滥调事实上不成立。最低龄的电视爱好者看电视的时间实际上不是很长，他们重视电视（因为同龄人都在看，电视是话题的来源），但态度并非千人一面：4至14岁这个年龄段的电视消费相对较少（2019年是1小时28分钟，根据法国一家媒体收视率监测公司Mediametrie的调查）；12至19岁这个年龄段更喜欢看电影、上网和跟朋友外出。

  第五，消费的数字化、全球化和青少年化，是当下文化的特征。这三"化"相辅相成，因为国际媒介的进入必然与代际竞争同时发生：通常是年轻人通过数字化渠道，在本地为外国产品欢呼。与成年人的文化相比，年轻人发明的文化社会层面更匀质、国家来源更混杂、历史层面更源于广播和线上音乐收听（Glevarec, 2005, 2013）。如多米尼克·帕斯吉耶（D. Pasquier）所言，这种文化是个体学习和集体学习的源泉,年轻人从中获得画面和文字的解码能力以及人际实践的技巧。是年轻人的文化向成年人的文化扩散,而非反之。计算机游戏和网络首先是由年轻人掌握,与文化继承的效果恰恰相反(见第十六章)。Y世代和Z世代强化既有趋势,逐渐带来重要变化,他们远离经典文化场所,优先重视社交媒体、视频游戏的使用和每日访问线上游戏(2020年,15至24岁年龄段的年轻人每天花两个多小时玩社交媒体、发即时信息,其他人是40分钟左右,全民平均上网时间是4个小时)。婴儿潮那一代人在各个年龄段都非常投入书籍阅读、博物馆参观、文化遗产游览以及电影和演出等走出家门的文化活动,这些文化实践在衰退,而数字一代的文化实践在爆发,新的景象已然在即。经典文化设施肯定受到威胁,但是不平等程度会有改观,因为在法国,历来是非常投入文化的合法形式(阅读、戏剧、古典音乐会)的城市人(或者说巴黎人)与文化被剥夺的人口对立,而新景象呈现了"民主化成为主题以来的特征"(Lombardo,Wolff,2020)。

"从排他到兼收"

"大众"文化活动多样化、消费普遍化,表明个体更少在乎文化实践的所谓高下之分,尽管最具歧视性的实践,如歌剧、舞蹈,仍是最高学历者继承的特权。我们从差异化制度走向混杂制度,多纳称之为"从排他到兼收"(Donnat,1994)。一些学者尝试用更加复杂的文化等级模型解释这一变化。理查德·彼得森提出"杂食者"与"独食者"的区分(R. Peterson,1992)。前者出自高的阶层,对大众文化相关活动更开放,进行各种实践,培养品味多样性,也据此维持自己的与众不同;后者出自民众阶层,选择更排他,且局限于大众媒介,不具备参与编码游戏的能力。兼收型实践的发展,不是民主化机制的结果,而是文化合法性位移使然,菲利普·库朗容称之为终极区隔(P. Coulangeon,2003,2004,2011,2021)。不过,这类纯纵向模型遇到其他一些研究的挑战,后者发现"杂食者"又可分成很多类,不能归成特征鲜明的一个类。大规模变化正在发生,纵向模型的思路明显不足。肯·范·埃杰克(K. van Eijck)和维姆·克纳尔斯特(W. Knulst, 2005)指出,变化实际上发生在代与代之间,年青一代越来越转向各类媒介化文化,而老一代固守"经典"文化:媒介化文化被更多参与,未必要用文化势利的假说来解释。

在《个体文化》(*La Culture des individus*, 2004)一书中,贝尔纳·拉伊尔(B. Lahire)用法国人文化品味的统计数据佐证"绝大多数人在合法文化与非法文化之间摇摆"的观点。个体常与被预设为同质的**惯习**有异,而不是与之相符。不过,拉伊尔只是对文化合法性模型做了修改,未对模型本身提出疑问。如果说,个体的选择不根据统治者强加的文化合法性(其信仰由教育机构和文化场所接受并灌输)向外发送,也不在个体间传递,那是因为实际上有多种合法性同时存在并相互竞争。大众媒介(因其"众")成为新的封圣场所,与教育机构和文化场所(因其稀缺、高贵)形成对立。此外,情境对文化活动的作用(环境诱发、义务……)、社交化场所(同龄群体的影响)的多样性,也使再生产游戏更加复杂。拉伊尔希望丰富文化合法论,终为这一理论本身所限。埃尔维·格莱瓦雷克(H. Glevarec)在《文化合法性经典模式的终结》(*La fin du modèle classique de la légitimité culturelle*, 2005)一书中指出,将作品和类别先验地分组以确定同调或不同调,就像拉伊尔所做的那样,是彻头彻尾的合法主义。谁来决定作品的价值是高是低?许给研究者高高在上的地位,说唱音乐合法性低、摇滚乐合法性中等,由研究者来盖棺定论,这不仅难以服众,而且已被统计数据证伪:调查发现,高等阶层实际上超爱消费摇滚和说唱!

文化实践已经变化,理论模型必须修改:文化活动不能被简化成合法性问题,它们实际上是经验的寻求和获得(Shulze, 1992; Glevarec, 2021),相对于社会,它们是自主的(取**文化研究**之意,见下章),而且不同实践基本不可比较(Frow, 1995)。格莱瓦雷克依据音乐领域的统计结果和定性分析,建议从拉伊尔提出的"合法性秩序的多样性"转向"合法性秩序的异质性",后者基于一种新的宽容。如果说,个体总是在评判高下、划分等级,那他们也是更倾向于在类型集合(香颂①、摇滚乐、说唱、古典音乐等)内部判断高下,而不是在集合之间划分等级:"多个价值体系共存,哪一个都不可能占主导。"因为有作品的多样性和他人的品味,他们得以相对脱离符号暴力机制。这一变化归因于诸多因素:社会阶层异质性不断增加(流动性、移民、就业/失业、家庭形式多样化),政府将先前的"中等艺术"合法化,学术标准的渗透性降低,以及"社会控制"放松——高等阶层不再觉得非作高等状不可,大众阶层也不再觉得有必要因为喜欢了被认为不合法的东西而有负罪感。

这个过程也可以用意识形态的根本走向来解释,即格莱瓦雷克所说的"文化公正"体制或"多样性"体制(2005,2013)得到了认可。当代社会的文化日益多元,视差别如水火的思维方式完全不可取,避免等级化问题的做法纷纷出现,开放和尊重受到推崇,不单是在高等阶层和年轻一代当中,而是在所有社会阶层。经济和社会的不平等并未消失,但是"不再像过去一样一定要通过符号统治的形式"。如果说文化合法性始终在发挥作用,有时还很暴力,那也是包藏在一种多样性的文化里,发生在"后合法性",而不是"合法性"或"非合法性"的制度下(É. Maigret, 2012)。

从消费到接收

文化实践统计给人很多启发,但是只在社会形态学范畴内为光顾和购买行为提供一些有限的说明。这类统计用稳定的属性定义社会

---

① 香颂(chanson),意为歌曲,源于拉丁文 cantio。香颂源于中世纪的法国,是法国世俗歌曲的泛称。如今在法国,香颂往往特指雅克·布雷尔(J. Brel)、伊迪丝·琵雅芙(E. Piaf)等著名歌手的作品,区别于其他法国流行音乐。——译注

团体和研究对象,其力量和弱点皆源于此,结果往往一面将实践活动本质化,一面将象征物的类型也本质化。仿佛找到人口的社会变量(性别、年龄、宗教信仰、社会归属、地区、受教育程度、收入)与媒介的关系,就足以描述媒介内容(按照"类别"、文字类型、内容丰富不丰富分门别类)和实践行为("大众的""有文化素养的"等)。可是,媒介内容和实践行为如此多样、如此粗疏的分类怎么可能将其全部概括。将不同类型的图书的读者列成图表,就会发现"品味"并不受到严格的图书类型的限制。有人爱读警匪故事、间谍小说,也爱读历史作品(主要是年长男性),有人爱读言情小说、警匪故事,也爱读纪实与感悟类作品(以女性为主)。连类型本身,相对同质的公众也会给出不一致的选择:艺术类书籍会被人(居家闲适女性是典型)归入高雅文学类,也会被人(有"文学造诣"的工程师)归入科技作品类。

作品跨阶层流通,并不受到所谓品味的限制。历史学家早有证明,由莎士比亚戏剧改编而成的通俗剧一度备受文盲追捧[发生在十九世纪的美国,劳伦斯·莱文(L. Levine)对此做过研究,1988]。至于十七世纪至十九世纪中期的特鲁瓦蓝色图书馆系列①,那是面向最广泛大众读者的文学作品集,而罗杰·沙尔捷指出,那些书纸张劣质,印刷粗糙,价格低廉,内容不过是摘抄已出版的图书;换言之,书中文字本身不是"大众"文学,而是来自各种类型、各个时代、各种文学。这些事例表明,不能把社会群体想成纯粹由其所用之物造就,也不能用单一的参照标准把文学作品("大众的"也好,"非大众的"也罢)分成内容丰富或不丰富。

放到定性层面,文化合法论的自相矛盾、定量研究方法的捉襟见肘就更明显了。关于艺术和阅读的社会学分析长期以为公众类型与作品类型一一对应,二十世纪七十年代以来的研究证明其实不然。皮

---

① 这些面向大众的小册子最早由法国东部城市特鲁瓦的印刷商尼古拉·奥多(N. Alter, 1565—1636年)制作,后来被许多印刷商效法。这类小册子售价非常低廉,内容涉及方方面面,封面通常是蓝色,因此被称为"蓝色图书馆"。——译注

埃尔-米歇尔·门格(P.-M. Menger)一项著名研究[《投机的耳朵——当代音乐的消费与感知》(*L'oreille spéculative, Consommation et perception de la musique contemporaine*),1986]是关于高素养的音乐听众对梅西安(O. Messiaen)或布列兹(P. Boulez)作品的阐释,我们从中得知,许多人定期去音乐厅听这些作品的演奏会,不是为了愉悦,而是出于"文化消费的义务"。这样的消费显然相当被动,还让人产生挫折感,因为这二位明显不符合古典音乐迷标榜的品味。当被问及音乐偏好,有个人居然答道:"音乐应该好记,我听的音乐最好记得住,听完音乐会自己还能哼唱。"要知道,这些当代音乐作品最突出的特征就是无调性和解构!公众和作品的社会等级越高,审美趣味就越精致,美学品鉴能力就越强,越接近专业水准,这种说法完全不能成立[①]。恶性循环(文化资本最足的人选最好的作品,选最好的作品又表明他们是最有文化的人)使得错误逻辑被人普遍当真。我们看到,有学养的消费者的言辞表述肯定比其他人的言辞表述更有学养,但这往往是一张面具,掩盖的事实是他们并不具备真正杰出的审美经验。文化资本,即品味的社会化和个体内化,或多或少决定消费,但是不决定接收。接收也不反映业余爱好者的实践活动(如戏剧票友),他们基本出自受过教育的公众,但是表现出有别于这些公众的特征,这些特征形成于长期面对强加严苛关系的文化形式,用埃马纽埃尔·佩德勒的韦伯风格的表述,他们是"皈依者",如果是歌剧爱好者,用克劳迪奥·本泽克里(C. Benzecry)的表述,他们是"粉丝"。

接收研究的脉络

"接收"这一概念出自技术用语,但是撇清了控制论和行为主义的含义。尧斯和沃尔夫冈·伊瑟尔(W. Iser)引领的德国康斯坦茨(Con-

---

① 帕斯隆的研究合集《社会学推理》(*Le Raisonnement sociologique*,1992)列举了绘画和文学阐释领域的许多事例。

stance)文学流派针对批判理论提出"接收的审美",从那以后,接收概念就成了大众研究所有问题必经的路口。二十世纪七十年代,尧斯将愉悦引入作品阅读模式(将文学放入日常场域),提出文本期待(作品风格自身的苛求)与读者个人视域(其个体及社会境况)相遇的说法,带出了一次重大的理论变革。他将文学去神圣化,把文学放进传播和对话的场域(同一时期艾柯的符号学研究亦有此意),对古典文学分析、阅读实践研究和文化艺术社会学产生很大影响。沿着这一思路,后来的学者继续研究读者群、听众群和博物馆参观者,发现了他们给作品的多种多样的阐释[①]。

不过,康斯坦茨学派只是思想源头之一,且局限于仅在文学领域应用,未就社会关系展开理论研究。克劳斯·布伦·詹森(K. B. Jensen)和罗森格伦(K. E. Rosengren,1900)认为:"公众研究有至少五条脉络。"最初的核心是拉扎斯菲尔德的有限效果论、由此衍生的使用与满足理论,这两条脉络围绕大众媒介展开研究,但是有很重的功能主义色彩。文学分析,在欧洲大陆往往与社会学分析融会贯通,将文学本质上更优越的信仰逐出学院堡垒,但是未对"流行文化"和"大众文化"等其他文化形式真正开放。接收研究,尤其是下一章介绍的**文化研究**,是最后一块历史构成,也是最重要的新发展,因为它将大众媒介研究和边缘文化研究包括在内。所以说,接收不是一个理论性质的客体,而是经验的场域,不同思路的研究者总会有新发现,如果他们认同以下基本预设:

● 看音乐演出、听广播、看电视、阅读不能简化成商品消费,那些内容不是具备客观特性和统一效果的商品;

● 应该分析使用者或接收者怎样谈论自己的实践,找出对同一对象的不同理解和把握;

● 与媒介、媒介内容的关系,是媒介和媒介内容的使用者在媒介

[①] Michel Picard(1987),Martine Poulain(1988),Bernadette Seibel(1995),Jacques Leehardt,Pierre Josza(1982)。

和媒介内容定义的界限内进行的社会或身份谈判。

米歇尔·德·塞尔托和接收问题

关于阅读、聆听和观看表演之后的阐释行为,塞尔托的一部著作浓缩了这个问题的方方面面,表述也最为雅致。塞尔托的大学经历与众不同,因此独立于当时主导法国的批判思潮(想了解他的学术历程,以及他与社会学研究、历史研究和**文化研究**的关系,可参阅麦格雷,2000)。他是痴迷于古典神秘主义(十六至十七世纪)的耶稣会会士,渐渐对被统治秩序排挤的宗教人群(苦行者、隐修者、巫师)萌生兴趣,对精英写作的族群中心主义影响提出疑问,由此形成了独特的历史视角。有关这类人群的知识通常来自权威司法机构的报告、教会文献或同时代作家的著作,而这些文字与这类人群自身的话语相去甚远。治史者有必要重建这类人群的话语,同时保持距离意识,明白自己的书写也是将暴力强加于这类人群的文化。再往后,塞尔托的关注点转向十八世纪和十九世纪,转而研究法国大革命时期的农民,然后是流行读物的读者群体,最后是当代的文化实践,尤其是与大众媒介有关的文化实践。二十世纪七十年代,塞尔托指出,精英判断的统治立场无非两种——悲惨主义和民粹主义,大众问题和所谓媒介效果问题从此不再突出。他的解答贯通了维特根斯坦的语用学、艾柯的符号学、霍加特的工人阶级研究(见下章)和年鉴学派的历史观,提出了一种让实践者赋予实践以实质内容的暗喻表述,即"实践的艺术"(arts de faire)。同一时期,其他学者[戈夫曼、图雷纳、吉登斯(A. Giddens)]关于实践行为也有新的发现。

在《日常生活的发明》(*L' Invention du quotidien*,1980)第一卷的著名篇章《阅读是一种盗猎》中,塞尔托按照马克思主义的教训,指出意义生产者和意义消费者之间的不平等关系:把话说出来、把字写下来、把产品放到市场上的人,对消费这些东西的人(不论是为闲暇而阅读的人,还是专业学者)拥有权力,即强加意义,同时也强加意义之承载和传递形式的权力。但这一权力关系始终在冲突,没有一方会轻易获胜。随着世俗化进程的发展,休闲娱乐渐渐从国家权力中脱离,被统治阶层的自主性不断增强。意义生产者好比土地(文本)的所有者,控制着土地的获取和使用。消费者("接收者"这一表述后来才流行,塞尔托不曾使用)好比盗猎者,零敲碎打地窃取完全非法的东西,用以构建属于自己的日常生活:在文本中挑选元素,用自己的方式阅读文本,让文本和与之无关的东西发生关联。所有者制定战略,采取控制行动,让被统治者掉进陷阱——这一切必须在他们的土地上,也就是在意识形态领域内进行;盗猎者自有其抵抗战术和游击战术(偶尔"暴动"成功)。挪用理论可以解释,与作为参照的阅读(预设文本有它自己的意义,符合作者、工业和学校的要求)相比,被统治者的阅读并非未加适配。每个人都在组建或者部分复制自己的社会文化,用的是完全不一样的东西。"读者是园丁,花园是一个个微缩、拼贴的世界……巴特在司汤达(Stendhal)的文本里读出普鲁斯特(M. Proust);电视观众在新闻报道里看见自己童年的风景。"读者也是游牧民,从一片土地游荡到另一片土地,不阅读或者不只阅读他们理应阅读的文本。他们有偏好,但是不能用他们的选择来定义他们,文化实践统计对此已有充分证明(二十世纪七十年代以降,法国文化部进行大规模调查,部分是受塞尔托思想的启发)。游牧状态的意义,即"冒犯的缺席"(impertinente absence),也因社会阶层而异——有学养者更倾向于自由选择、兼收并蓄,普通民众主要是"权且利用",但是也一样富有意义。

表9-1 塞尔托的"权且利用"

行动者	地点	行动	行为的层次	缺席的类型
拥有者	被占有的土地	战略	空间	游牧主义=兼收并蓄
盗猎者	移动	战术	时间	游牧主义=权且利用

上述接收理论实际上融合了四层意思。弱者,像其他行动者一样,也可以熟练甚至巧妙行事,就像人跳绳不假思索(康德所言"实践的艺术"也是这个意思),因为战术是普遍存在的基本能力。以每日新闻和黄金时段之间的广告时段为例(塞尔托没有举这个例子),这个空间由电视台和广告商控制,电视观众无法改变电视内容(他们不能进入意义生产的战略),但是总能发展出临时转移战术:快速浏览不同频道、收拾桌子、聊天,以避开广告本身或从广告当中脱身而出的方式(讽刺、遗忘、部分参与)沉浸在某些广告当中。这是第一层意思。

公众能力的表达随社会和身份的不同而不同。年长者更喜欢跟随线性叙述,不像年轻人那样喜欢搜台换台,他们也不像年轻人那样关注广告,而年轻人对审美因素和某些广告戏仿更感兴趣。不同公众的不同选择都是挪用,都出自打上了社会、性别、代际和个体因素烙印的品味。这是第二层意思。

任何行为都有政治、论战的层面,谈论"盗猎"战术,就是谈论对统治权力的抵抗。面对电视的权力、电视承载的意识形态、市场,电视观众的行为可被视作"微自由"。这是第三层意思。

最后一层意思(第四层)实现了与社会决定论的彻底决裂。面对某种内容(此处是广告),某个人或某部分公众会怎么做,要做此类预测或者对此完整理解,全无规律可循。塞尔托说过,现象是混乱的——数学意义上的那种混乱,行为如此复杂、如此充满变量,不可能简化成若干公式。行为人永远在与变化相遇,轨道随时可能改变。"结构上一切皆相似,但是,细节一入场,就会改变结构的运作和平衡。"(《实践的艺术》)事实上,最日常的行为也充满神秘感,也包含细小的乌托邦目标。通俗地讲,个体可以逃避、体验、学习和发现。这一直觉先于时代,将是此后几十年社会学理论的核心问题(见第十五章)。

小　结

从分析媒介消费,到分析讯息接收,社会学和历史学终于让"大众的"文化实践有了内容——"盗猎"这个比方完美地表达了这个意思。但是,讯息接收分析要站稳脚跟,还缺一个因素。因为接收理论是作为批判理论的对立面提出的,而批判理论首先强调的是个体抵抗媒介编码讯息的能力,所以接收理论还是未能独立于马克思主义和结构主义的统治观,只是把它反过来说:权力集中于上层,权力是一体的,但下层可以抵抗(所以有了歌颂日常小反抗的典型的知识分子辩护)。塞尔托意识到这个问题,他说过自己赞美民众实践是为了治愈理论痼疾,是一种反精英主义的书写技巧,他提出盗猎式阅读的四层意思,大众实践从此不容简化。不过,我们从他的著作中可以看出对福柯观点(规范个体的体制化权力、个体的抵抗战术,二者之间的对立)的借鉴,而后者让他未能看到,媒介实践就是文化,就是所有层次的社会冲突一起表达的复杂场所,而不仅仅是抵抗。

电视与文化对立?
走出学院派文化定义

常有言论将大众传播经验与艺术作品经验对立。在西方社会,文化定义实际上是从美学追求、个性、价值等级等观念出发,将文化预设为最广义的文化当中能有的最好的东西。电视就是一堆不加区别的、庸常的、工业的画面,令人被动,让人及时行乐,倘若制作特别节目,或开辟专门频道(如 Arte),或许还能成为服务于文化民主化的工具。随着思想史研究、节目内容和电视观众行为分析不断深入,这种二元对立的说法已经无法立足。

学养文化的发明

"有学养的文化"(culture cultivée)这种提法在社会上深深扎根,

几乎让人以为它是个自然而然的概念。实际上,这个定义也是历史建构的,先是浪漫主义者宣扬的作品逻辑,在十八世纪得到为艺术而艺术的唯美主义者支持,在十九世纪被福楼拜、马拉美等作家维护,最后在二十世纪被文化政策采纳、合理化并放大。这个概念假设作者在创作行为中绝对独立于社会,可是,不论哪个时代,这样的假设基本上都是神话。这个概念还要求公众具备某种非常特殊的鉴赏力,阿兰·维亚拉(A. Viala)的经典作品教育研究(1985)对此有很好的分析。管辖读者实践的标准,首先是一种排斥快感的快感伦理。文学,按照语言学标准,也就是写得好的标准,必须在形式上有追求:从作品中获得的愉悦,应该不断主动让位于推动作品的修辞元素(作者用了哪些比喻来达成这个效果?)、让位于真相(作者让我们知道了什么?),还要让位于据说有精神净化作用的道德效果(文以载道)。文本评论要求反复阅读,一句一句拆解,一字一字品读,这样就钝化了最初的快感。

  与作品的关系随着时间的推移而改变,但对形式的追求始终存在,在当代艺术领域,道德方面的目标逐渐淡化,对纯粹认知快感的追求却更受重视[见雷蒙德·穆兰(R. Moulin)的研究]。这就显出形式和美学训练之利,但是取消了即时快感,不依照培训去进行理解的读者得到的快感被认为是异样的,结果将大量个体排除在外。后来的文化政策,延伸了让世俗化如福音般传播的伟大使命(学校一直是践行这一使命的工具,负责"文化"民主化、发展那些被认为应该发展的能力)。法国前文化部部长安德烈·马尔罗(A. Malraux)说过:"第三共和国在教育领域的作为,应在文化领域复制。每个法国小孩都有权享受绘画、戏剧、电影,就像有权认字读书一样。"(1966年10月27日)这种家长主义思想渗入若弗尔·杜马泽迪耶(J. Dumazedier)等学者的法国人文主义社会学研究(饱受布尔迪厄抨击),他们与二十世纪六十年代揭批大众媒介的思潮大胆决裂,但也还是支持政府控制电视,认为那是学养文化终得普及的机遇。

文化的复合特征

大学生和教员数量增多、文学人士结成自主群体、书写被国家当作使人更理性的建制来推动，这些因素使得书写的价值被过度推崇。某些形式的书写文化(这里指的是人类学意义上的普遍的文化)被看作高于其他形式的文化，值得摆上神坛的文字产品被集合起来用于重建"理想的"文学史，这种认识还被套用于其他传播形式(雕塑、绘画等)。但是，古希腊研究指出，《伊利亚特》和《奥德赛》这两部文学史上的扛鼎之作诞生之初是口头创作与有关社群庆祝仪式的即兴创作，不是文字书写。人类学家弗洛伦丝·杜邦(F. Dupont)在《〈荷马史诗〉与〈达拉斯〉》(*Homère et Dallas*, 1991)一书中指出族群中心主义常见的错误："最恼人的是，有学者毕生致力于重建古代文化史，重塑其不同，却要眼看着这些新人文主义者滥用荷马、滥用卢克莱修(Lucrèce)，引他们为自己学说的奠基人。如此误读实在是大不敬。古代诗人不应被这拨鼓吹所谓精神、理性和圣贤书的激进之徒用作保票，人文主义奉为西方文化源头的古代诗人尤其不应被如此摆弄。""早就应该承认，我们的书本文化和古迹文化不能合法自称声音文化、事件文化。"我们的"学养文化"不是铁板一块，那些将经典简化的人没有认识到这一点。对不同时代的艺术生产及认知的研究(有关文艺复兴时期，参阅 M. Baxandall)也表明，用苦修逻辑思考书写和艺术自主，不能涵盖文化的全部逻辑。

电视作为文化或"媒介文化"

电视远非当代文化令人尴尬的副产品，而是当代文化的支柱之一，这样的观点看来已经不再荒谬。这个"吟游"媒介[约翰·菲斯克(J. Fiske)和约翰·哈特利(J. Hartley)的说法]重建了口头文化传统，它的产品(系列剧之类)普遍被贬低，其叙事却在不停地重复、不断地被改写，就像吟游诗人面对公众时所做的那样。弗洛伦丝·杜邦认为，《豪门恩怨》就是现代版的《奥德赛》，她给这两个看似风马牛不相及的作品找到了许多共同点。

电视主要是一种关系型媒介[多米尼克·梅尔(D. Mehl)的说法],是一种新的参与型文化。观众积极参与内容,在口头交流过程中,在意义共建的想象中(通过虚构故事、游戏和脱口秀),赋予电视生命。在民主社会,电视服务于最大多数人的日常交流,是一种"大公众文化",每个人相对于它的自我定位不尽相同,却有着共同的参照(E. Morin,D. Wolton)。受教育程度、品味和可选供应等因素的影响,重度消费电视的公众往往远离文化产品和服务,对他们来说,电视可用作"万能用途媒介"(all purpose medium,出自 D. McQuail),成为进入所有传播的入口。"万用媒介"可以用来做一切事(信息、各种形式的娱乐、社会辩论),终将取代其他一切文化形式(M. Souchon)。在青少年和音乐这两个层面,按照实证主义学者舒斯特曼(R. Shusterman)的分析,电视还可以被看作是一种生活的艺术。舒斯特曼对说唱音乐做过研究,认为说唱音乐是一种不割裂艺术表达和肢体愉悦的文化。

最后,必须指出,电视不仅仅是日常审美。它属于信息传递(特别是新闻),也离不开作品逻辑(从"为艺术而艺术"的观念看):既有区隔逻辑,也有文化遗产创造逻辑,还有优先突出创新经验的作品(电影、动画片、系列剧、音乐演出)中的流(flux)逻辑。后者包括《双峰》(*Twin Peaks*)的超现实主义、《囚徒》(*Prisonnier*)的自我满足、《使女的故事》(*The Handmaid's Tale*)的女性主义反乌托邦、《火线》(*The Wire*)的纪录片风格,还有《神探科伦坡》(*Colombo*)、《艾莉的异想世界》(*Ally McBeal*)和《权力的游戏》(*Game of Thrones*)。由此可见,这个时代和这种媒介的美学还在生产,如戴维·索伯恩(D. Thorburn)和艾柯所言,电视混合了手工艺技巧、口头文化、神话结构、形式创新、自我满足、讽刺和互文性,简而言之,混合了古往今来能够产生意义和文化的大多数方式。电视多元且可调和,是"媒介文化"的原型,是政治和美学媒介化的新形式,这种新形式不再主要依赖分等级的文化,也不再割裂艺术与传播(É. Maigret,É. Macé,2005)。

超越文化冲突：学校何为？

许多人隐约接受电视文化的存在，虽然大家还是认为电视庸俗且低品质，并与之保持距离(这可能是他们的真实观点，也可能出于对文化人标准的妥协)。当前，教学理念似乎在衰落，学校应该迎难而上，重新定义自己的使命。首先还是要避免非黑即白。学校教育已经做过精英文化的传声筒，现在不应成为日常实践和大众文化(再说，哪一种大众文化?)的传声筒。学校正在寻找中间道路，争取既向当代文化开放，也传授传统能力——那也是我们的文化。

第十章

文化研究
从批判理论到接收研究

二十世纪七十至九十年代以来，英美**文化研究**蓬勃发展。这一思潮综合了大众媒介研究的已有成果，既有批判眼光，关注文化统治，又全面研究媒介文化的使用，就权力/文化的关系问题给出了新的理论解答。它自觉摆脱精英视角，将文学和人类学的研究传统与参与式社会观察相结合，非常注重定性分析。它彻底破除文化形式孰优孰劣的陋见，放开来研究丰富的大众文化实践，堪称思想史上一次重要进步。

穷人的文化：走向大众阶层的民族志

文化研究跨越学科，横扫欧美，盛况空前，其起源应追溯至英国伯明翰大学文学教授霍加特那部介乎自传和人类学论文之间的著作——《穷人的文化》(1957)。霍加特出身英国工人阶级，生活条件异常艰苦，靠奖学金上大学，社会地位上升过程中的每一步都亲历过贫困优等生的屈辱和笨拙，以及与原生阶层的疏离。当工人世界被普遍认为已被大众媒介异化、不可能形成真正的文化时，霍加特始终与之保持紧密联系，并用人类学家知情且投入的眼光加以审视。

他首先指出，满是离奇或煽情故事的大众媒介虽被广泛阅读，却未被照单全收。大众媒介属于"间接关注"[attention oblique,帕斯隆的法语译法是"漫不经心的消费"(consommation nonchalante)],没人全神贯注紧跟内容,大家都带着点儿讽刺、不在乎、挑衅,都"善于取舍"。很多人就是随便翻翻,还没开始看,就想知道结局,广告插播时段没人傻等,大家有一搭没一搭跟着这个给人乐子的东西,并不拿它当真。这些观点和使用与满足理论、认知过滤理论的观点基本一致,不同点在于,霍加特全面展示了文化实践的意义。他描述了工人阶级文化的组成部分,认为工人文化与象征性地摆脱艰苦工作条件的愿望密切相关,偏爱生机与活力、充裕和激情以及机会游戏。家庭价值至高无上,因为家庭是抵挡外部威胁的庇护所。社会关系围绕"他们—我们"的对立来建构,比方说,工作和医学就是距离很远的两件事。大众媒介被用来给一天天过日子添加快乐、强化家庭和社群归属感。大众媒介言说着一个情境构成的应许世界,但它们更重要的作用是引起话题,丰富社群自身的活动。霍加特做出上述分析时,电视尚未普及,但我们知道他的分析对理解日后大众对电视媒介的使用多有帮助:在工人家里,电视机雄踞饭厅中央,总是开着,声音满屋都能听到,可以充当谈资,但是,电视内容不被取笑的时候,没人盯着电视认真看①。

斯图亚特·霍尔的新马克思主义

霍加特的分析与爱德华·汤普森(E. Thompson)、雷蒙·威廉姆斯(R. Williams)的观点不谋而合。英国历史学家汤普森反对同时代马克思主义者所持的悲惨无产阶级观,威廉姆斯和霍加特一样出身工

---

① 关于电视在工人阶层的成功,奥利维尔·施瓦茨(O. Schwartz,1990)、皮埃尔·尚巴(P. Chambat)和阿兰·埃伦伯格(A. Ehrenberg,1988)、多米尼克·布里耶(D. Boullier,1988,2004)的法语著作均给出了与霍加特相当接近的分析。

人阶层,一样对马克思主义文化理论作出了精彩批评①。这样一批学者问世,成就了一种远离法兰克福学派理论、自称属于新左派的思路。1964年,霍加特创建当代文化研究中心(Centre for Contemporary Cultural Studies),新学派(**"文化研究"**)由此得名,并在伯明翰发展壮大。霍加特忙于参加英国公营电视、联合国教科文组织的工作,于二十世纪七十年代将中心交给斯图亚特·霍尔领导。霍尔的经历也很独特,长期身在异乡的非我族类感,对他产生了很大影响。他是牙买加(英殖民地)人,必然面临肤色问题②,用他自己的话说,他知道"英国茶里的糖"是什么滋味。霍尔靠奖学金在英国立足,是"来自海外的知识分子",又站了马克思主义的队,但是拒绝知识分子的主宰。他渴望社会变化,但是,与其他许多激进学者不同,他不喜欢权威和精英主义。霍尔给英国马克思主义带来了期盼已久的理论革命。霍尔认为,正如《德意志意识形态》所指出的那样,资产阶级统治既体现在劳动领域,也体现在文化方面;统治阶级的意识形态是借助一整套编码通过教育和媒介传递的——巴特、艾柯的符号学对此非常理解。

不过,受葛兰西(A. Gramsci)著作和马克思主义历史观的影响,霍尔给意识形态补充了人类学视角:当意识形态被普遍认为不过是利益的面具、幻象的面纱,意识形态就是一套意义和实践的制度,这些意义和实践表达的不只是让人上当的诡计或战略,也是某个社会群体的价值观。他将冲突概念引入所有社会阶层。统治者的世界并不统一,而是充满矛盾,它靠的是不同阶级分块的临时结盟。媒介属于"领导阶级",是领导阶级内部异议的回响,而且媒介有它自己的自主运作。媒介有复制社会意识形态及其统治结构的倾向,但这只是一个系统化的

---

① 霍加特与威廉姆斯在思想上的接近如此明显,以至于有一种广为流传的说法,认为这两位奠基人可以合并成"雷蒙·霍加特"。应该指出,威廉姆斯并没有加入霍加特创建的中心,两位学者当然有所不同。
② 关于这位学者的学术经历,戴维·莫利(D. Morley)和周光兴的《斯图亚特·霍尔:文化研究的关键对话》(*Stuart Hall:Critical Dialogues in Cultural Studies*,1996)以及霍尔本人的半自传(2017)有许多介绍。

倾向。统治阶级的意识形态想将自己呈现为自然的、普世的,也就是说,以"霸权"形式强加于人,但它实际上充满矛盾,处在"不稳定平衡"的状态(葛兰西语)。从历史的角度讲,统治阶级的意识形态是变化的,还要面对阶级斗争,而大众阶层对立和抵抗的能力就是阶级斗争的体现。应该像霍加特、汤普森所指出的那样,重新赋予工人世界以行动者的尊严,而且不应局限于工人世界:被统治的社会各部分都在参与文化博弈,都在运用与大众媒介的关系,或以大众媒介为手段表达自身。

编码/解码模型

霍尔把文化视作冲突空间,摒弃了媒介化讯息生产时刻与接收时刻一致的观点。若二者一致,则无传播可言!受巴赫金[或沃洛希诺夫(V. N. Voloshinov)]的语言分析和巴特、艾柯"更正后"的符号理论(公众不是软蜡,不会让意识形态讯息随意刻印)的启发,面对媒介提出的编码,霍尔给出三种接收或解码立场[《编码/解码》(*Codage/décodage*),1973]:

霸权模式(le mode hégémonique) 即讯息接收者的解码与讯息发出者的编码一致。"当电视观众不加限制地直接吸收电视新闻的内涵意义,完全根据编码时使用的编码来解码",即霸权模式。二十世纪六十年代符号学预设的情况,在某种程度上就是这种模式:观众被想象成将讯息照单全收、狂吞猛咽(当时的符号学还认为,公众甚至主动期待平均标准和强加的编码)。即便在这种情况下,讯息内部也不是没有冲突和矛盾,因为讯息传递的意识形态是统治者内部竞争的产物,也是统治者与其"意义代理人"(媒介组织)相互对抗的产物。

协商模式(le mode négocié) 部分改变提取出来的意义。接收者接收讯息中承载的对现实的定义,但会根据本地情况加以调整,限制定义的范围,甚至反对部分定义。比如,工人可能同意(讯息给出的)停发工资的理由（为了国家利益），但还是决定罢工，为的是维护自身利益。

对立模式（le mode oppositionnel）引入与编码不同的参照，为的是反对编码。接收者用自己支持的意识形态反对讯息包含的意思背后的意识形态。继续用霍尔列举的停发工资案例（二十世纪七十年代典型的时代背景），电视观众用"阶级利益"替换媒介说辞中的"国家利益"："他用自己偏爱的编码分解讯息，将讯息重组成另外的参照系。"

讯息没有理由按照编码自动解码。不过，霍尔认为，编码与解码巧合，仍是主体情形，因为权力无处不在。将统治者的意思和希望得到偏爱的理解强加于人，就是霸权。但这还只是文字表述。戴维·莫利的调查从经验层面基本证实了霍尔的模型。通过"全国范围"的公众调查，莫利询问了同一个电视新闻节目的29组观众，找出了节目理解差异的分水岭：理解确实随社交圈、年龄和性别的不同而不同。莫利做出讯息接收的复杂图表，将讯息的辨认、理解、阐释和应答混为一谈，也将编码/解码模型置于险境。左派思想家起初反感拉扎斯菲尔德的研究成果，如今又将拉氏重新挖出，詹姆斯·卡雷说这是"把轮子重又发明一遍"[《修正的十年——八十年代的大众传播研究》(*La décennie des révisions. La recherche en communication de masse des années 80*)，1992]。可情况并非如此简单。莫利是社会学家，深入研究过吉登斯、伯恩斯坦、布尔迪厄、塞尔托的思想，他提出的观点是：个体既有得自继承的倾向(dispositions)，也有发明和产出新的行动的能力。他提出"意识形态—对话"的概念，而拉扎斯菲尔德当年没有这样做。随着女性主义研究的发展（参阅 Van Zoonen, 1994），莫利放弃了只以社会阶层为中心的阐释：权力不仅关乎阶级斗争，也与年龄、性别角色等因素有关，权力在社会体系中的分配是相对的。受弗兰克·帕金(F. Parkin)的社会阶层研究的启发，霍尔提出了基于统治价值体系（资产阶级）、从属价值体系（中间各派各群体）和激进价值体系（颠覆者）的模型，暗含经典三分法。只不过，意义谈判的问题不只关乎社会阶层。

尽管有上述困难，二十世纪八十年代初英国学者关于传播问题还是有综合性的研究成果：每一个个体都根据自己的喜好来选择意义、选择表达意义的形式——这一观点过于天真；大众文化乏善可陈，且使人贫乏——这一观点也应被彻底否定，因为媒介和公众之间不是直接的、自动的关系，也就是说，不是异化和洗脑的关系。"流行"文化，或者说"大众"文化，既不是摆脱了阶级束缚的艺术表达，也不是统治的结果。它是一种协商关系，但是对统治者更有利。

文化研究在美国

英美**文化研究**之不同首先体现在量：与英国相比，美国的教研人员多得惊人。在英国，除了伯明翰大学和莫利任教的伦敦大学金史密斯学院以外，**文化研究**基本设在相对边缘的院系，如综合理工（不是法国精英名校性质的综合理工，而是大专技师级别），而且八十年代以后教研职位仅有缓慢增加，还是迫于学生压力，并非校方主动。美国则不同，有整个院系以**文化研究**为名，还有专门的**文化研究**课程。

美国**文化研究**的盛况源自两方面的反思意愿。首先，美国**文化研究**以学科重建（或反学科的重建）为己任，主张摒弃以结构主义、本质主义和精英立场为特征的经典学科体系。它认为，经典学科体系之下，文学研究只研究已被圣化的作品，电影研究只面向有学养的电影爱好者，社会科学忽视当下的媒介现实，因此有必要全面刷新教学和研究。其次，美国**文化研究**呈现为一种反对精英白种人权力（WASP[①]）的社会运动，与女性主义思潮并肩作战，将少数族裔、同性恋者等弱势团体的反抗运动纳入自身。它与蓬勃发展的社群事实相遇，对被认为受了压迫的身份兴趣浓厚：美国大学里，单是研究非洲裔

---

① WASP 是 White Anglo-Saxon Protestant 的缩写，即"白人盎格鲁-撒克逊新教徒"，指的是祖先为盎格鲁-撒克逊新教徒的白种人，他们被认为是美国社会中势力最强大、最富有的人，长期占据政坛高位、社会上层，并能获得各方面顶级的资源。——译注

美国人文化史、亚裔美国人文化史,就可以冠名**文化研究**系。二十世纪八十年代出现了**文学研究、英语研究、电影研究、媒体研究、社会性别研究、同性恋和酷儿研究、黑人和族裔研究**等,**文化研究**成了学科和领域的碰撞点和兑换币。结果,**文化研究**可以指称各种对象、各种理论、各种立场、各种实践,其中一些并不符合这一表述提出者的初衷。

理论新立场:对精英主义的激进批判

美国**文化研究**早有根源[实证主义研究传统,赖特·米尔斯和赫伯特·甘斯(H. Gans)的社会学、麦克卢汉和詹姆斯·卡雷的著作、约翰·卡威尔蒂(J. Cawelti)的《流行文化学报》(*Journal of Popular Culture*)],且独辟蹊径,理论和方法的应用在许多方面推陈出新。知识动力显然来自英国,对"次文化"开放、向学院经典开炮,也来自英国。文学教授安东尼·伊斯特霍普(A. Easthope)认为,文学的客体应该"解体";理查德·戴尔(R. Dyer)很早就阐述了对好莱坞伟大神话的同性恋理解,将**同性恋研究**和**电影研究**结合到一起;安吉拉·麦克罗比(A. McRobbie)和夏洛特·布伦斯登(C. Brunsdon)致力于女性研究;马丁·巴克(M. Barker)研究连环画;不一而足。不少美国学者曾去伯明翰朝圣,其中包括研究知识分子及知识分子与大众关系问题的专家安德鲁·罗斯(A. Ross)、二十世纪九十年代运动的代言人劳伦斯·格罗斯伯格(L. Grossberg)。

但是,美国**文化研究**更强调方法论上与以往决裂。它明确表示不想以"中立"方式、"以他人之名"研究大众文化及其使用,它要从内部出发。它以批判知识精英及其效果的事业自居,立场激进,通过对学者的社会地位和体制地位(以往的学者据此对它所构组的研究客体,尤其是民众,行使暴力)进行自我分析,认为学者强加定义的效果是永无止境的"镜渊"。既然不能以他人之名言说,那就要切实消灭与大众和少数族裔的距离,甚至取消所谓价值中立的社会学距离。这一事业颇有益处，因为它批判了阿多尔诺的批判理论，同时又不沦为简单的知识分子式的忏悔或失语。就这一点而言，典型代表当数约翰·菲斯克。菲斯克为电视文化辩护，既是大学学者，又是电视迷——他追看电视系列剧《星球大战》[《理解流行文化》(Understanding Popular Culture)，1989]。他的传人之一亨利·詹金斯(H. Jenkins)以双性恋身份研究这部剧的双性恋解读——不少**同性恋文化**研究者、**酷儿文化**研究者以这种方式出柜。詹金斯的著作《文本偷猎者：电视迷和参与型文化》(Textual Poachers. Television Fans and Participatory Culture, 1992)从塞尔托的盗猎理论中汲取灵感，对作品类型和粉丝加以分析并且提出：公众不仅是接收者，也是文本生产者；不仅有战术，也有战略。

因为对媒介领域一切有意义的东西感兴趣，美国**文化研究**打破禁锢，将以往被认为最没价值的文化，如中间阶层、中等阶级的文化，也当作研究对象……应该承认，英国**文化研究**对自己认为不那么本真的大众文化相当漠然，在他们眼中，真大众文化就是工人阶级(男性)文化。《穷人的文化》(研究电视及其大众使用的极佳入门读物)对新出现的大众媒介也持批判态度，谴责它摧毁了由旧大众媒介(报纸)维系的传统工人文化，这表明，面对中等阶级、个人主义的新文化，霍加特也未能免于抨击它可能腐蚀家庭团结。霍加特的工人主义立场被不少人继承，比如，迪克·赫伯迪格(D. Hebdige)的《次文化：风格的意义》(Subculture. The Meaning of Style, 1979)认为朋克"次文化"是工人的反叛，霍尔和托尼·杰弗逊(T. Jefferson)指导的光头党、拉斯塔法里宗教和政治运动参与者(Rasta)[1]摇滚乐手研究合集《通过仪式来抵抗：英国战后青春次文化》(Resistance Through Rituals. Youth Subculture in Post-War Britain, 1976)也属此类案例。布伦斯登指出，社会性别研究在伯明翰处于边缘地位，并对此表示惋惜。还有人指出，牙买加裔

---

[1] Rasta，拉斯塔法里(Rastafari)宗教和政治运动的参与者。该运动始于20世纪30年代的牙买加，被全球许多团体采用，结合了新教基督教、神秘主义和泛非政治意识。——译注

的霍尔直到二十世纪九十年代①才开始探讨在英联邦身为黑人意味着什么……

二十世纪七十年代被讽为"小资"的东西,霍加特和霍尔都没有认真研究。他们虽然拒绝将大众神秘化,但是对马克思主义格外蔑视的世界还是持一定程度的否定态度。美国学者对粉丝文化则有许多研究。这些文化很多样,不只属于一个社会阶层,最显见的表现还是出自中间阶层。电视是共有的中等文化,因其共享而成为被研究的中心问题,电视剧[如二十世纪八十年代的《达拉斯》(Dallas)和《豪门恩怨》(Dynasty)]也成为引发辩论的由头。族裔少数群体、性少数群体的禁忌被打破,所有不在阶级对立系统里的问题都有人著书论述,比如唐娜·哈拉维(D. Haralway)、康斯坦斯·潘利(C. Penley)、安德鲁·罗斯、贝尔·胡克斯(B. Hooks)等。他们研究的对象五花八门:边缘或非边缘的身体行为(穿刺、文身等)、色情、电子游戏、网络科技等。美国**文化研究**描述的世界远比布尔迪厄、塔尔德、卡茨和拉扎斯菲尔德设想的纵向模型更平等主义,差别和身份表达也更尖锐。

多义和意义的普遍协商

实践理论这边,美国**文化研究**用巴特最后一部著作《文本的快感》(*Plaisir du texte*)和塞尔托提出的阐释自主性原则,将"编码/解码"模型发展到极致。意识形态是权力强加,要么承受、要么协商和/或批判,与霍尔和莫利不同的是,美国**文化研究**的重点是意义的协商,甚至批判。大众实践就是抵抗战术(因为内容本质上是多义的),包含着快感,强化了身份。为了说明阐释可能出现的多义,菲斯克举了约翰·兰博[J. Rambo,史泰龙(S. Stallone)饰]的例子。这部影片谴责越战老兵回到美国以后如何受迫害,讲述老兵如何用游击战手法进行报复,影片上映时,为之倾倒的人包括里根总统(R. Reagan)……还有,澳洲土著!

---

① 应该指出的是,吉尔罗伊(P. Gilroy)已经开始思考民族和"种族"身份的问题。

不必做讯息接收分析,也可猜出,是男子气和民族主义内容打动了美国总统,何况里根当时特别期待美国把越战负罪感这一页翻过去,为国家恢复征服者形象。至于澳洲土著如何理解这部影片,菲斯克援引了澳大利亚学者埃里克·麦克尔斯(E. Michaels)的研究。麦克尔斯指出,澳洲土著对影片里面美国人的事情不感兴趣,但是对那个笨拙的西班牙裔美国人非常认同:他无法融入西方白人主导的文化,无法用统治文化的语言表达自我,一直被警察追捕,最后不得不退守丛林,回归自然。电影叙事被他们当作自身境遇的比喻:土著被迫使用英国人的语言,成为青少年犯罪率最高、也最受压制的群体,与自然(丛林)保持着深刻关联。菲斯克的著作举出了很多同样惊人的案例:"午夜灯"(Midnight Oil)乐队的《燃烧的床》(Beds are Burning)在澳大利亚工人当中很流行,但后者喜欢的是硬摇滚曲调,不是亲土著人的歌词,因为歌词不符合他们的种族主义偏见。布鲁斯·斯普林斯廷(B. Springsteen)的《生于美国》(Born in the USA)对进步主义者而言,是失落的美国梦,对保守派来说,则是一首民族主义新曲。麦当娜(M. Ciccone)对男人来说是性幻想,对青少年则意味着解放梦。至于牛仔裤这种服装,社会用途更是多种多样……

詹尼丝·拉德威(J. Radway)的经历在同时代学者当中也比较典型。女性主义者兼文学专家的她,决定研究加拿大禾林出版公司(Harlequin)的言情小说系列,以表明女性读者在阅读过程中经历的意识形态统治。她联络了中西部一座城市的小说迷,用类似符号学的视角对她们加以分析,但她的人类学研究与揭批派学者大相径庭。她接触的女书迷多为中等阶层的家庭妇女,她们在俱乐部里换书看,然后交流看法。在《阅读言情小说》(Reading the Romance,1984)一书中,拉德威介绍了她逐渐感到的震惊。文本分析表明,言情小说的内容是不断重复的父权叙事,总在强调女性社会地位低下:年轻漂亮的女孩与家境优越、事业有成的男子一见倾心,男方起初不能接受,两人最后还是喜结良缘。小说里的女主一成不变处于被动地位,服从男权秩序

(小说开篇就是男性将女性暴力占有,这类情节并不罕见),她们被欲求纯粹是因为有容貌资本,她们渴望婚姻,而婚姻只是更加坐实男性的优越感和她们自己忍辱受屈的境遇。但是,女性读者的小说理解与上述文本研究发现既有共同之处,也有很大冲突。她们认为,这些小说是给男人和男人天性的绝佳教训,因为小说表明男人在朝着女性立场发展。这些小说里面有关男权和浪漫爱情的陈词滥调,无疑强化了女性的社会地位低下,但是,女性读者之所以认同,是因为她们觉得性支配场面(她们日常生活中经常亲历)是为了让情节显得真实,而故事最后总是朝着完全相反的方向发展。

表 10-1　禾林言情小说的两种阅读(根据詹尼丝·拉德威,1984)

"符号学"叙事	女性读者叙事
相遇 一个年轻漂亮但是家境贫寒的女孩,遇到一个事业有成的有钱男子。男性的社会优越性。爱情掩盖了统治。	相遇 一个年轻貌美但是家境贫寒的女孩,遇到一个事业有成的有钱男子。男性的社会优越性。爱情伴随着统治。
破裂 男子粗暴对待女孩:社会统治也体现为身体统治。	破裂 男子粗暴对待女孩:社会统治也体现为身体统治。
分手 女孩努力接受地位低下的事实。	分手 男子努力朝女性价值观转变。
和好 男性获胜,因为女孩接受了之前的暴力,婚姻将丈夫的优越地位神圣化。	和好 女性获胜,因为男人承认了情感,放弃了暴力。

女性读者认为,女主想自主,不惜与男主对着干,最后终于让自己作为女性的固有身份得到承认:小说结局总是男主接受女主,洒泪给出爱的表白。如果不把女性表现为地位低下,结局让男性向传统上被认为"女性化"的方向转变,就会显得不真实、不到位[①]。拉德威起初

---

① 关于禾林小说的最新内容,见布鲁诺·佩基尼奥(B. Péquignot)《恋爱关系:现代感伤小说社会学分析》(*La Relation amoureuse. Analyse sociologique du roman sentimental moderne*, 1991)。

认为,女性读者这种惊人立场说到底是父权意识形态作祟——她们无法改变生活,只好幻想胜利,有这些幻想更加阻止她们在现实中采取行动。1992年此书再版时,拉德威对**文化研究**领域的整体成果有所了解,她在序言中提出新的说法,认为与言情小说的接触传递或影响了某一类女性主义。言情小说鲜有革命者,但它们让一些女性自觉面对自身处境,于反观之中设想新的出路。简而言之,言情小说也促进社会变化。取自媒介世界的意义协商,也是一种冲突的经验,其中有进步主义的部分。

"符号民主"和"后现代主义"的困难

就方法论而言,"文化"事业走向极致,会非常危险。谈论身份非常稳定的群体,按照稳定的身份来解码,会导致本质主义、"文化主义"。倘若既保留学者的肉身,又自认为属于某种文化并赞赏之,则"民粹主义"不远矣。有可能出现的情况是,出于良好意愿,自以为是对他人开放,于是号称为"人民"说话,更有可能的情况是萌生出典型的知识分子幻想,使自己的阐释、想象出来的人民、自己在研究的人民,三者分不清。霍尔曾经批评这类"腹语术"是误入歧途,他始终与之保持距离。

有些学者把"权力"问题从文本转给读者(读者最后被视作意义生产者),从某种意义上说,这是在两个相反又互补的方向上向前逃跑。单方面推崇"流行文化",会走向为行动者的自由辩护。菲斯克给塞尔托的"盗猎理论"和"受众抵抗战术"来了个无政府主义版本,提出"符号游击队员"的说法,认为价值的自由市场已然在望,媒介使用者总能从中挑选适合自己的东西,即"符号民主"的超文本[①]。不过,

---

[①] 霍勒斯·纽科姆(H. Newcomb)和保罗·伊尔施(P. Hirsch)的文化论坛的比方(1987)和这些言论很接近。关于公众波动性的辩论,可参阅达尼埃尔·达扬(D. Dayan,1992)的观点。

许多批评者,特别是戴维·莫利指出,走到这个方向,是把市场机制当作大众文化的唯一合理性,在超自由主义范畴内,每个人都可以为自己消费大众文化这个或那个产品找到辩护的理由。另一方面,**文化研究**在美国成功,也因为它搭上了结构主义灰烬中诞生的另一种思潮——"后现代"哲学以及由法国理论家们[利奥塔(J.-F. Lyotard)、鲍德里亚(J. Baudrillard)、福柯、德里达(J. Derrida)]滋养的相当有争议的"解构主义"。倘若一切皆由话语构建,则一切皆可解构,事物并无本质,凡事不过镜渊里的再现之再现,身份和信仰也都成为易变的碎片(L. Grossberg),真实无非是我们所持的话语。文化实践是易变的,这样的直觉很有意义,因为它反对将身份固化的文化主义:在同一个体、同一群体内部,逻辑也有多样性,也可能对立。对某些人来说,这显然是一种关于身份不一致性、流动性、游移状态的理论。但是,孤立地谈论公众的阐释力如何强大、身份如何灵活可变,最后又会成为并无意义的浅见——澳大利亚学者米根·莫里斯(M. Morris)、约翰·弗劳(J. Frow)就做过这样的批评。

解构理论引出超现实理论、仿真理论,霍尔则用相对具体的社会阐释予以反驳:问题不在于"后现代性",而在于怎样定义现代性之中、因现代性而来的新经验[这些新经验的表述往往借助"异乡人""游牧人"(离散主题)"文化混合""文化杂交"之类的比方]。大众文化越来越杂交,愈发全球化,身份及其与大众文化的关系问题进入新的语境,澳大利亚学者和亚洲学者的**文化研究**关注的正是这一点。他们重点关注身份问题、社科分类和现代性的后殖民去中心化,让**文化研究**的关注更接近当代个人主义及其经验的社会学研究,同时参照了法国学者的思想成果,这一次主要是社会学方面(见第十五章)。

构建主义进一步发展:酷儿、后殖民、交叉的转折

总之,**文化研究**带来意义协商或复调传播的新模型,超越"高贵/

统治文化"与"大众/被统治文化"的极端对立（文化社会学研究已经表明,这一对立完全不得要领）。**文化研究**用葛兰西的理论让马克思主义有了转折,重申了如下观点:在广义的文化中,在具体的大众传播里,权力关系确实存在,可能产生统治与被统治的效果,但是,正如霍尔所言,这个效果"并不一定"。媒介传递的信息从来就不同质,即便信息发出者的本意可能是实现完全同质:没有具体情境下的结盟制度,统治者不可能占据统治者的位置,而"具体情境下的结盟制度",这个定义本身就表明它是不稳定的。记者、编剧、制片、媒介老板、广告商、工业利益之间的冲突式互动导致媒介多义。更重要的是,一层又一层群体的社会经验（因阶级、性别、种族、族群等关系而产生）不完全是遭遇文化暴力,而是反过来也参与各种各样的次文化和反文化的表达,这些表达进而继续影响大众传播,爵士乐、朋克、嘻哈,以及男同性恋、女同性恋文化,都是例证。大众传播研究著作本身,也记录着使用和阐释在制作者和传播者本意之外扩散、支持、或确认、或反驳、或超越的新型构建,**文化研究**转向人类学时对此已有领会。为了克服纯文化主义并突破泛滥的后现代主义的困境,研究回到了有关现代性塑形经验的理论。

比文化转折更具构建性、参照性,影响也更广泛的另一个转折,也推动研究停止在本质主义和后现代主义之间无果的摇摆中。构建主义不是要抛开现实参照,而是不再把现实参照置于阐释过程之外。其中最彻底的理论,出自朱迪丝·巴特勒（J. Butler,1990）、伊芙·科索夫斯基（E. Kosofsky,1991）和特瑞莎·德劳拉提斯（T. de Lauretis,1987）的酷儿研究（Queer Studies）。这一分支专门分析最劣势的少数群体——女同性恋（queer 在英语中有奇异、古怪之意,有时表示侮辱）,后来渐渐成为社会科学理论整体转变的熔炉之一。受福柯"身份政治"理论影响的巴特勒把身份认知理论推到了极端。她认为,整个身份认知过程,所有人类行为就是一整套**表演**（performances,按照德里达、奥斯汀的定义）。既然言就是行,那社会现实就是一套随时间凝固并冷却的标签游戏。男/女不是自然所为,不是天赐天定,而是一系列的历史操作,研究者要做的,是根据社会性别区分的生理证据对这些历史操作加以分辨和定位。"'性别',这个看似'生'得不能再'生'的说法,其实一直是'熟'的。"社会性别分类(男/女)和性分类(异性恋/同性恋)是纯粹的历史构建,这些历史构建生产出事件并以事件为自我参照。造成二分法的,是父权压迫,不是自然。巴特勒提议,深入差别被制造出来的过程,以便揭露和批判差别,从而拓展了身份关系的可能性和大众媒介再现的可能性。但是,与后现代主义不同,她提出的解构是通过侵蚀(éclipse),也就是说,通过"反对"[contra,按照普雷西亚多(B. Preciado)的意思],而不是通过"后"(post,按照鲍德里亚的意思)。反身份很难操作,因为不可能从一个充满意义的世界抽身而出,溜进一个摆脱一切意义、全然没有约束的平滑世界。沿用福柯"自我的技术"(technologies du soi)、"性别的技术"(technologies de sexe)的说法,这一思路被称作"社会性别的技术"(technologies du genre),可服务于身份的部分解构,把身份令人屈从的力量放到括号里,而不是将其彻底取消。

酷儿知识应用到媒介文化,引出的思路之一是抛开文化高尚不高尚的标签预设。表演(performance)这个概念,为人们摆出的造型(不论形象、肢体,还是语言)提供了新的分析工具。传播的实际情况不能用显见且稳定的方法定义,要做的是描述,同时明白定义会产生权力作用。视觉元素被分析成思想、再现和约束的不同类别,要根据作者和观众分别掌握的信息来阐释,而不是自带意义、自成一体的符号系统。色情(Williams, 1989, 2004; Bourcier, 2001, 2005; Paasonen, 2007; Cervulle, Rees-Roberts, 2010; Vörös, 2020)被视作一个统一的客体,可分解出大众[克林顿/莱温斯基(M. Lewinsky)事件]、前卫、异性恋、同性恋等形式……法国人批评年轻女孩戴面纱(Guénif-Souilamas, Macé, 2004)被解读成反城乡接合部身份污名化的战术,而不单单是、不真的是高尚的世俗平等主义。有些预设概念妨碍真正理解那些被分析的文化,这种新思路有助于进一步摆脱预设概念。在这方面,**酷儿研究**接近**次层研究**(Subaltern Studies)和**后殖民研究**(Postcolonial Studies),后者以向少数派观点(尤其是非西方观点)开放为己任,直接承继了吉尔罗伊、霍尔、霍米·巴巴(H. Bhabha)、萨义德(E. Said)、斯皮瓦克(G. C. Spivak)等先驱者的思想。这些学者都认为,反本质主义可以让那些被历史忽视的行动者重获尊严,也有助于理解不同身份实现和谐的过程,以及少数团体之间的情感矛盾。正如吉尔罗伊所言,身为黑人,是社会和历史制造出来的状态,是统治的表现,同时也是一种文化,一种"基于对自身经验的前后一致的(虽然不总是稳定的)亲历情感的"身份,这个身份并非自然,也不自发,但是确实促成了某些实践活动,比如嘻哈这种被称作黑人音乐的实践活动。

以上诸多事实并不意味着**文化研究**放弃了批判。反霸权(霸权基于具体情境下的结盟制度)主张虽然不是总有,但是一直在。比如,针对撒切尔主义和新自由主义,霍尔做过长期分析(2008),针对种族主义也是如此(Dyer,1997)。因此,**文化研究**将自己表现为一种"激进的语境主义"(contextualisme radial)或"情境主义"[conjoncturalisme,如劳伦斯·格罗斯伯格(2010)所言],此前霍尔也有过这样的说法。这些研究者总是将自己的工作(比如关于种族的研究)置于历史背景中(比如二十世纪八十年代和九十年代的英国社会变化与殖民主义轨迹有关),而不对所用类别(如"种族")做普遍化处理。他们每一次都指出情境,将与时间和空间交织在一起的话语、技术、权力关系作为一次"凝结"或一次"衔接"来表述,为此进行了多维的复杂分析。

这种方法与女权主义思潮交汇,预示了后来一些关于社会性别关系的研究。那些研究主张将分析的变量多元化,例如,雷温·康奈尔(R. Connell)提出的四种男性特征模型(2014)交叉了社会性别、种族和阶级,由金伯莱·克伦肖(K. Crenshaw,1989/1994)发起的交叉研究自二十一世纪以来在学术和行动领域被广泛采用,见证了知识与行动的彼此渗透。后者与前述方法有一点不同:它对解构和历史性极其严苛,对情境和经验不容任何混淆。交叉的好处是,可以集合各种主张,去谴责多种压迫的组合,而不停留在传统的白人女性主义(是白人女性主义促进了交叉分析的发展以及这一表述的成功)。只是,这个概念来自法律、政治学以及关于黑人妇女地位的辩论,它邀请我们考量各种标签和污名化游戏,却会给人一种假象,即将基本变量(性别、种族、阶级)简单组合,就能得到近乎功能总和的分析。情境主义的**文化研究**则认为,除了在历史的混乱中产生的变量,不存在其他任何可以个性化的变量和衔接。不过,因其对非白人话语开放,科研实践也很开放(Cervulle,Quemener,2018),交叉研究的潮流还是参与了对指定身份的克服,显示出后殖民主义在溢出,在**酷儿研究**中也是如此,比如,萨姆·布尔西耶(M.-H./S. Boucier)提出的"有色酷儿"运动。

文化研究:多少种范式?

随着情感研究(Affect Studies)的发展,**文化研究**从吉勒·德勒兹(G. Deleuze)、费利克斯·瓜塔里(F. Guattari)获得唯物主义和现象学的启发,方法更加多样,即不再只抓住再现,而是抓住身体是什么,去感受、去体验、去接受影响,强度有高有低,而且不但研究与语言的关系,也研究与非人类的关系。萨拉·艾哈迈德(Ahmed S.,2006)的著作很好地分析了对感觉的关注、对物质活动的关注[见梅莉莎·格雷格(M. Gregg)、格雷戈里·塞格沃思(G. Siegworth)的汇编文集],劳伦斯·格罗斯伯格(1992)则就流行音乐与媒体和文化情境的关系的难题进行了开创性的研究,同时也清晰地揭露了这些模型的三重局限性(2015,2020):决定论倾向、自相矛盾地简化到只有语言符号层面、政治上理论性不足(关于该学者,参阅麦格雷,2016)。以个体情感和共同情感为中心,可以丰富看待分歧的视角(Quemener,2018),但是,要做到这一点,需要收集的不只是语言元素,在向宏观社会层面过渡的时候也要警惕,避免事后才发现是让情绪在集体层面传染。

显然，思路和转向如此之多，**文化研究**的统一性问题不可避免。用范式来解读，可以归纳出五套理论（É. Maigret, 2013）——文化的、结构主义的、葛兰西-霍尔式、福柯式、德勒兹式。按照霍尔后来就此问题撰写的著名文章里的重新解释，则可以简化为两套理论的冲突，一套是"文化的"，承自威廉姆斯和霍加特，德勒兹的论点也可加入其中，另一套是"结构主义的"，承自人类学和"欧陆"马克思主义学者。从这样的分类可以看出，一边是批判观点，另一边是关注实践的主观和意义层面，**文化研究**就在这二者间摇摆。

为什么文化研究在法国和意大利无声无息？

文化研究先是在英语国家，继而在北欧，后来又在亚洲一些国家取得了实实在在的成功，在法国和意大利却长期缺席。这可能是"68年影响"之故。受"68年"社会运动影响，法、意两国不仅社会更悲观，还出现了抗拒建制权力的强大社会运动；媒介，无论究其新闻使命还是究其文化使命，（出于精英主义）都被归入建制权力。法国大众传播研究中心（CECMAS），尤其是乔治·弗里德曼（G. Freidmann）和埃德加·莫兰的重要研究，一直既批判文化工业，也捍卫新兴文化（罗兰·巴特程度稍轻，他一直与媒介文化保持距离），但是，二十世纪七十年代以后，随着法兰克福学派研究成果的回归（也可以说是发现），这些研究逐渐消逝。法、意两国以内容研究为中心的符号学取得巨大成功，法国的文化社会学很有影响，而这一款文化社会学对大众媒介研究抱持敌意（以布尔迪厄为代表），使得较为宽容的态度很长时间得不到认可，甚至一出现就被贴上"民粹主义"标签。不平等问题是最基本的问题，年龄、性别、种族等问题则被置于次要地位，这说明"共和主义"想象无处不在，故而少数族裔/次层文化之类的概念（恰恰是**文化研究**的核心概念）明确地不受欢迎。

塞尔托曾于二十世纪七八十年代调查法国人的文化活动，对有关使用和阅读的研究产生了影响，称得上法国"文化"研究的唯一代表。

英语国家的**文化研究**学者大量借鉴了这位法国学者,不过,不同流派大量从事的使用研究并不完全契合这位学者的立场,也不完全契合他所做的那些远比接收问题更复杂、更宽泛的研究工作。在意大利,艾柯是广义文化研究的传播者,他的研究对各种表达形式都开放,符号学研究非常精彩,但是规范性太强,也就是说,毫不重视面向大众。重新发现大众文化,用不具污名化的意义看待它,有赖法国历史学家的研究(承自埃德加·莫兰),或者说有赖他们的立场表达。二十世纪八十年代,让-路易·米西卡(J.-L. Missika)和多米尼克·沃尔顿合著的《房间里的疯女人》(*La folle du logis*)以及沃尔顿的《大众礼赞》(*Eloge du grand public*)邀请学界超越对电视及其观众的谴责,但这些著述与其说是文化分析,不如说是将大众媒介当作打造民主社会的工具。在法国和意大利,巴特、艾柯和梅兹的符号学徒孙[比如福斯托·科隆博(F. Colombo)的研究]打破了学科、视角及客体之间的藩篱。达尼埃尔·达扬(D. Dayan)承前启后的研究也不可或缺,使文本交流得以重建。信息与传播学思潮对自己与**文化研究**的接近性进行了探索(Jenneret, Ollivier, 2004)。社会学(关于文化、社会运动)和哲学改弦易辙(Marie-Hélène/Sam Bourcier, Elsa Dorlin, Éric Macé, Éric Maigret, Raphaëlle Moine, Geneviève Sellier ...),清晰地将目光转向大众媒介、身份、社会性别以及后殖民。在意大利,运动开始于乔万尼·切萨雷奥(G. Cesareo,他与斯图亚特·霍尔接近)领导的杂志*IKON*,以及萨尔瓦多·阿布鲁泽塞(S. Abruzzese)的研究。

第十一章

传播从业者的社会学分析
记者是做什么的？

新闻与娱乐生产的黑箱里究竟在发生什么？对拉斯韦尔模型中的信息发送者(也就是信息源头位置那个"谁")展开研究,有无可能？是否为人所乐见？答案当然是肯定的,但是传播研究等了几十年才认识到这一点。为媒介施于民众的"效果"忧心忡忡的知识分子鄙视大众媒介,认为它庸俗且不义；视"文化工业"为统治阶级意识形态传声筒的批判理论很有影响；直到二十世纪六十年代都是拉扎斯菲尔德学派主导的传播行业本身只重视研究受众和公众,极少关注信息生产者……以上种种因素,让人对研究传播从业者兴趣寥寥,仅个别创新者略有尝试①。

可是,在生产领域里探索真的会有惊人发现。揭示记者和娱乐内容作者在政治上、经济上的依赖性/独立性,同时不忽视他们职业生涯、意识形态和工作能力上的多样性,有助于理解文化与权力的关系。传播从业者研究绝对不至于得出结论,说社会已经多元,人人皆能言其所想,众"声"平等,均被聆听,但它至少还是表明,我们的社会确实

---

① 多米尼克·帕斯吉耶有关电视编剧的著作(1995)和他的《传播社会学》文集(*Sociologie de la communication*, 1997)提到莱奥·罗斯腾(L. Rosten)有关驻外记者的研究以及霍腾斯·鲍德梅克(H. Powdermaker)的好莱坞研究。

存在多种形式的表达,远非媒介压迫普遍存在的漫画式情形。

功能主义社会学研究:关于"做新闻"

对受众的兴趣迅速催生了营销行业,对从业者的兴趣则姗姗来迟,最终促成的是一种几乎工业化的新闻社会学——研究者只关注记者,因为记者占据民主进程的中心位置,而且接近知识界。在这种情况下,受拉扎斯菲尔德和默顿(R. Merton)的启发、对自由职业者展开的功能主义社会学研究在很大程度上成为参照框架,就不足为奇了①。这些研究往往与记者行业自身寻求合法性的期待不谋而合。它给记者职业下了一个近乎自然的定义,认为该职业满足社会某一特定需求。记者有明确的形象,属于同一参照组,有学识、有能力为社群扮演双重角色,既是中立、公正的知情者,又是权力的抗衡者,前者让世界透明,后者坚定捍卫公众利益。拿真实情况比对这个理论模型,看看记者的作为是否与之相符!这个模型的问题在于,它给新闻的定义是物化的、自然主义的,仿佛新闻是将兀自存在的现实简单复原,不含阐释之争、观点之辩。

二十世纪六十年代以来,英美研究尝试从更倾向于人类学的角度**理解新闻制作**(newsmaking)机制,但是功能主义遗风犹存。从个别变量对新闻制作的影响,到大规模调查作为组织和机构的媒介如何将新闻结构化,丹尼斯·麦奎尔对这些研究如何一步步发展做了很好的综述。戴维·M. 怀特(D. M. White)研究地方报纸对通讯社电讯的选取,是他第一个将"守门人"一词(借自卢因)用于记者。在他看来,主观的品味和构思,也就是个体经验,在很大程度上决定了记者的新闻选取——这就不是非个人和纯客观的标准了。不过,这家或那家报纸

---

① 杰克·M. 麦克劳德(J. M. McLeod)和瑟尔·E. 霍利(S. E. Hawley)(1964)在二十世纪六十年代尤其主张功能主义方法。克洛德·迪巴(C. Dubar)所做的有关从业者社会学研究的介绍(1991)很有参考价值。

的新闻选取各有一定之规,这又质疑了新闻首先取决于个体期待的说法。组织束缚确实存在,美国学者称之为"科层套路",导致新闻媒体有时如羊群般盲从。某类事件总是被优先报道,因为它们被认为特别有戏剧性,或者记者刚好拥有报道所需的技术手段。所有新问题、突发问题,只要容易放进背景,相关资料可以被迅速收集(24小时为一个周期),结论相对清晰而不是模棱两可,也就是说,事先就知道会符合公众的期待,都会得到优先报道。社会政治牵扯复杂的、需要长期调查的事件,则会被搁置。舒德森的《作为公共知识的新闻》(*News as Public Knowledge*)[选自《新闻的力量》(*The Power of News*),1995]指出,美国媒体通常有四种"偏见":偏爱负面事件和戏剧性事件(1),用有距离的(2)、技术性的(3)方式,首先依赖官方消息源(4)。

赫伯特·甘斯(H. Gans)的《决定什么是新闻》(*Deciding What's News*,1979)和盖伊·塔奇曼(G. Tuchman)的《做新闻》(*Making News*,1978)——该领域公认的两部杰作[1]指出,新闻行业追求操作标准化,不仅是出于经济效益的考虑,也有维系组织稳定性的原因。受德国现象学和戈夫曼社会学的启发,塔奇曼特别提出时间观念对新闻制作的重要性。做新闻,像编一张网去捕捉事件,也就是说,在通常被认为不可控、不可解的持续世界里抓"典型"。记者依靠重复出现或可预见的事件,因为这类事件不超出他们进行干预的物质可能性范围,组织上更可控。哈维·莫洛奇(H. Molotch)和马利兰·莱斯特(M. Lester)提出两个标准(1974)——被发现的新闻本身有无目的性、信息原作者及推销者有无身份,据此将媒体构建的事件分为四种类型:日常事件(统计上占绝大多数,由组织者策划传播,如体育节目);丑闻(由媒体蓄意构建,其传播会损害事件当事人的利益,如水门事件、疯牛病);事故

---

[1] 还有许多同名作品,如伯纳德·罗什科(B. Roshco)的《做新闻》(*Newsmaking*,1975),彼得·戈尔丁(P. Golding)、菲利普·埃利奥特(P. Elliot)合著的《制作新闻》(*Making the News*,1979),杰克·菲什曼(J. Fishman)的《制造新闻》(*Manufacturing News*,1981)以及斯坦利·科恩(S. Cohen)和乔克·扬(J. Young)编撰的《新闻的制作》(*The Manufacture of News*,1973)等。

(事件当事人不希望传播,如工厂突然爆炸);巧合(比如,政治人物公开场合失言,可能是无心,也可能是故意那样表达)。如此一来,内容构建与记者行为、与记者在整个组织系统里的位置就有了相关性。

回归批判:记者及其环境

新闻制作研究起初是功能主义的赞美,后来与马克思主义和批判思潮汇合。研究者注意到新闻实践受到的束缚,进而全面研究媒体与制度、经济机构、意识形态定位及其再现之间的关系。我们以为符合需要、自然而然、在组织里面最易于生产的,其实是意识形态选择或制度内部力量角逐的结果。哪怕是在危急情况下,在战争之类的暴力事件期间,某些操作(如直播)信息格外丰富,或者让那些已经拥有许多发言机会的强者(政府军,而不是反对派)优先发言,都不是自然而然的事情:疯狂追求即时性,是因为西方世界过度迷恋实时新闻,媒体竞争激烈;强者被给予最多报道,反映出权威/精英给媒体的压力或者二者的期待不谋而合。记者有做新闻的特质和逻辑,但他们也出自特定社会经济阶层,有自己的文化归属,所有这些都会在他们的话语中生产和再生产。菲利普·施莱辛格(P. Schlesinger,1992)建议放下媒体中心主义(médiacentrisme),将新闻实践放在使之发生的更大范畴内加以研究。但是,影响通过哪些渠道流动?通常有三个层面:组织互动、经济结构和社会文化影响。

与阶层和圈子的互动

媒体与消息源(尤其是政界)、广告商和主管者的关系难以描述。大多数学者认为记者受了影响,但是没人给出过说得通的理论模型。比如,广告商打赢了具有历史意义的节目争夺战,他们参与塑造媒体,并且在媒体内部站稳脚跟:著名的"肥皂剧"(soap operas)就是在二十世纪五十年代由渴望吸引女性观众的洗涤用品生产商投资并塑造的;

大型报刊往往属于工业集团,工业集团必然关注自身利益……但是,广告商的权力受到诸多因素的限制。首先,广告之外,媒体有别的收入来源——法国政治讽刺周刊《绑鸭报》的收入全部来自发行,Canal+、HBO等收费电视台也有很大的言论自由。其次,全国性大型媒体有威望,有政治威信,经济状况良好,可能因此保证更大的独立性。最后,媒介活动极具偶然性,连节目制作方和采编团队都不能完全掌控,广告商的影响当然也受制衡。媒体的本质是不断生产新内容去激发公众兴趣,公众才是节目最终的、真正的裁判。新闻生产过程中,各个参与方始终在交流,以决定能带来收益的方向,虚构作品的作者和记者深入创作或见证过程,在他们面前,广告商应该知道如何让自己隐身。英国学者杰里米·滕斯托尔(J. Tunstall)的重要研究用具体案例阐述了上述观点。

媒体与主管者的关系(甘斯的研究相当深入),应该用多方协商的概念,而不是单方主宰的概念加以分析。采编团队会被施压,这是事实,但压力因人因时而异。报道方针可能由上方一次性决定,方针的执行却因时而变,随具体情形、记者占有事件和观点的能力高下而产生差别——编辑部里也有分歧。此外,经济结构的影响也引出多个概念问题(见后文)。

有关消息源及其影响的辩论成于二十世纪七十年代的英国传媒社会学研究。这一思路与美国功能主义传统相对,主张批判思维,同时受到莱奥·罗斯腾、埃弗里特·休斯(E. Hughes)的人类学方向研究的影响[1]。滕斯托尔访谈了两百多名记者,写成《工作中的记者》(*Journalists at Work*)一书。他侧重研究引导式采访的技巧,提出了记者与线人之间结构化互动的模型。二者基于各自利益,为了收集信息或传递信息,既有合作,又有斗争。甘斯认为,这种互动是在一种不平

---

[1] 有关这一研究思路的资料包括詹姆斯·柯伦(J. Curran)、菲利普·施莱辛格的论述,与英国文化研究同期,可在由霍华德·通伯(H. Tumber)主编、向滕斯托尔致敬的著作(2000)中找到。

衡的关系中进行的。记者的世界对社会多样性的反应较弱,很少主动让线人多样化,也很少真正从更深层次看待他们处理的话题。既然记者依赖的是已知的、反复出现的、刻板定型的消息源,这些消息源就会从中获益,是他们真正享受着媒体的权力,即删节或删除不可接受物的权力。莫洛奇和莱斯特认为,越能提供符合媒体期待的话语(比如,让话语适配已有信息流),越能进入媒体。推销者在"日常事件"这一类别中介入,成功机会最大,其他事件更多变化,所以不易控制[1]。二十世纪九十年代,欧美研究都关注一个反过来的现象:记者对消息源(包括政界)行使权力。大众媒体以其受众和威望取得不可思议的成功,视听传媒市场放开,"传媒权力"(médiacratie)成型,这些因素促成了媒体对当选者的反作用力。当选者被放在时事聚光灯下,被怂恿到舆论广场上亮相(想想那十年间的媒体私刑案例,首先就是莱温斯基事件,汤普森对此有研究,2001)。有些社会学研究关注"被大获全胜的传播搅拌的政治人物"(Wolton,1997),尽管这种现象只在局部反转了媒体与消息源的关系(Charon,Mercier,2003),也见证着公共权力的扩展。

市　场

　　关于经济结构及其对新闻实践的影响,目前没有达成任何共识。最接近新古典主义的学者(通常是美国人)认为,市场供应越多样,记者言论的可能性就越多,公众接触多种信息的机会也越多;反过来,当新闻被公共垄断,信息就会受到限制。新闻公共服务的支持者(通常是欧洲人)反驳道,新闻不只是为了满足某些口味和利益,新闻始终是公共产品,可帮助社群构建政治实体:当市场原子化,恶性竞争会导致新闻越来越劣质并分散,自由体制下,寡头垄断信息,将使新闻最终走

---

[1] 这个观点有些知名反例。对某些战争(比如海湾战争)的报道,可能是随机事件,但并未导致官方消息源撤出,而是恰恰相反(Ferro,1991;Woltin,1991;Mathien,2001;Charon,Mercier,2004)。有时,事件越出乎预料,记者越失语,会大量求助权威或专家。

向贫乏。如今,学界普遍认为这两种观点其实是互补的,欧美理论分野也不再泾渭分明,但是,这些分析仍不足以解释现实情形中的巨大差异。法国电视和广播由公营主导,明显阻碍言论多元化,以至于私有化决定竟是一位社会党的总统[密特朗(F. Mitterrand)]做出。如今,电视市场和互联网存在过度集中或经济碎片化的现象,私营电视集团控制许多频道、主宰节目内容,新闻网站内容重复、乏善可陈。在新闻界、网络巨头(GAFAM①)、广告商的三方博弈中,信息多元化因网络平台和数字社交媒体的巨量扩散而加强,也因信息聚合和算法推荐而削弱,后者志在收入最大化,而非内容最大化,倘若没有国家激励政策,最终会导致内容单一(Rebillard,2012)。其他情况下,竞争激化可能对创新产生负面影响,但熊彼特(J. Schumpeter)(创新型破坏)类型的垄断寡头可能倚仗其规模优势,做出大胆决策,进行重大的长期风险投资。全国性、全球性传媒集团的出现,有时意味着记者可能被赋予更大的自主权,因为可以从本地利益抽身而出。此外,管理如此巨大的机构,需要建立非个人化的标准(以满足受众需要为核心),不能继续采取家族式手段(老板视媒体为自家财产)。现代公共服务发挥着市场不能保证的作用(即便在美国,也有议会电视台)。非营利性融资(介于基金会和传统股份公司之间)为读者、记者和"众筹者"筹集媒体资金,用"中立、透明、公民的"制度取代公共资助制度,看来很有吸引力,但是丝毫不能保证记者的品质和独立性,当然也不能确保大媒体的财务可持续性。托克维尔说过,言论模式及组织模式多元是必要的,可以为言论狭隘和劣质的问题解毒,这一观点始终有力,但是并没有为舆论民主国家提供继续进步的钥匙。媒体经济学不满足于在新闻和文化领域简单套用新古典主义模型,也不想用陈旧琐碎的社会批判思维推导出媒体经济的观点(新闻日益"工业化"、品质越来越低劣等),未来研究的中心问题之一将是市场结构与新闻"质量"之间是否存在具体关联(见 Le Floch、Sonnac,2000)。

---

① GAFAM 指的是五大网络巨头:谷歌、苹果、脸书、亚马逊和微软。——译注

社会归属和文化编码传递

许多学者研究过记者的社会出身:他们大多出自中上阶层,因此受到的指责不无道理。记者常被指最关心的是不够大众的话题,要么是因为他们故意排斥"人民",更常见的说法是他们不是真的了解"人民"。但是,从这些发现推导不出任何结论。舒德森希望扩大社会对媒体的访问和使用,以增加内容的多样性,他认为社会同情心从来就不是完全不可能的。精英永远绝对自我封闭的观点并不成立。左派学者指出,媒体对进步主义想法敏感度低(有统计数据为证),右派学者则指出,从全国范围看,记者聘用往往青睐(左翼)自由分子,并且谴责媒体针对保守派领袖(尤其是其中的反动者)发起的攻势(这两个事实也有七八十年代的社会学研究为证,直至二十一世纪初依然中肯)。赫伯特·甘斯的研究显示,记者一般兼有保守派和进步派的观点,因为他们认同资本主义有序社会的主导价值观,同时又大多认为自己民主且温和。"中等阶层"(classe moyenne)归属限制了他们的世界观,他们对建制的忠诚有目共睹,但也正因如此,才保证了他们的言论自由和操作空间。

在更宏观社会学的层面,乔姆斯基、爱德华·赫曼(E. Herman)、赫伯特·阿特休尔(J. H. Altschull)提出了社会统治阶级的结构性影响的问题。他们认为,记者与统治阶级利益之间存在着广泛的、永久的有机联系。按照马克思主义的观点,媒体是为资本家服务的,无疑是资本家观点及其文化的传声筒。这种推理过程有待商榷。实际上,从二十世纪七十年代起,马克思主义者就已经转向研究文化范式传递的问题、媒体首选的表达框架的问题,而不是"内容永远直接出自统治阶级利益,以后者为必须遵从的秩序"的问题。霍尔在《管控危机》(*Policing the Crisis, Mugging, the State and Law and Order*, 1978)这部文集中提出了强势话语的结构效应导致同质复制的论点。因为强势者第一个进入新闻、点评事件,也因为他们掌握着合法的象征编码,所以他们可将所涉问题的"第一定义"强加于记者,而记者只能囿于其中。甘斯和滕斯托尔也提出过类似结构性影响的概念。

同一时期,布尔迪厄[与吕克·伯尔坦斯基(L. Boltanski)一起,1976]更清晰地讲述了电视辩论组织者掌握的现实问题定义权。法国共产党总书记乔治·马歇(G. Marchais)和右翼政治领袖雅克·希拉克(J. Chirac)对阵显然对后者有利,因为后者与主持辩论的记者毕业于同一所学校(法国国立行政学院),而乔治·马歇讲话更贴近百姓,不加修饰,不是技术官僚风格。布尔迪厄由此认为,媒体的新闻和辩论被来自社会阶层和名牌大学的文化框架无形引导。当然,也有许多人反驳这一观点。说乔治·马歇在媒体世界处于弱势,其实是惊人之语,因为他很得一部分人的心,其中一些人欣赏的正是他的表达方式,他还为法共赢得了更多选票,比其他欧洲国家的共产党多。有些公众对占"统治"地位的定义不感兴趣,他们喜欢马歇,认为他善于沟通,至少是自有一套,记者不欣赏他,还是经常请他做嘉宾,因为承认他重要,或者有代表性。通过这个例子可以看出,结构主义方法严重低估了新闻领域的多重目标,忽视了公众的反应能力,从极其偶然的文化现象推出了整体性的结论。

后来,霍尔的**文化研究**不再认为占统治地位的资产阶级和传播其说法的媒体是高度统一的,承认民众也有处置的可能性,同时也不放弃权力的概念。与之相比,布尔迪厄对媒体的看法更为生硬。他以前的论文细腻地指出了信息生产的双重特征——既有标准化,也有创新,但他二十世纪末发表的《关于电视/新闻操纵》(Sur la télévision/L'emprise du journalism)只提记者与权力暗地里合谋、记者职业遭受的不可承受之压,而且他做分析完全不带实地研究。他说记者只是"必要的傀儡",不是在多种关系空间中发展出自己的战略的行动者,可后者才符合他《实践理论概要》(Esquisse d'une théorie de la pratique)中的理论立场。《关于电视/新闻操纵》这本小书很有教育意义,因为它一方面指向真实现象,另一方面又倒向马克思主义漫画风格:布尔迪厄退回法兰克福学派的观点,着实令人费解,毕竟他曾是(左翼当中)批判理论最重要的批判者之一(是他的《区隔》一书驳斥了阿多尔诺的工业化比喻)。

多重目标的问题

关于新闻的意识形态构建,已有研究得出的结论自相矛盾,差强人意。在大多数情况下,媒体确实是跟从者,就这一点而言,媒体是保守的。但是,当异议群体终于让自己的声音(在媒体内外)被听到,媒体又会成为异议群体的跟从者。二十世纪六十年代初,越战之初,西方媒体支持美国出兵,当民众反战呼声日益高涨,西方媒体转而反对军事干预[Hallin,《未经审查的战争》(*The Uncensored War*),《媒体与越南》(*The Media and Vietnam*),1986]。同样,二十世纪九十年代,报纸对失业者的抗议和农业人口的窘境几乎不闻不问,二十一世纪初却突然大量报道反全球化运动和左翼农会组织诉求[法国人若泽·博韦(J. Bové)、美国人洛丽·沃勒奇(L. Wallach)和印度人万达娜·希瓦(S. Vandana)等争议典型频频见报]。这类报道对抗议组织的作用有正有负,既能使之迅速膨胀,也能令其迅速瓦解。托德·吉特林在《全世界都在看》(*The Whole World is Watching*,1980)一书中分析了竞相揭开越战黑幕的团体之间的关系。无论如何,媒体必然负面报道社会运动的说法禁不起经验的检验。

记者本人的政治介入有弹性,对社会力量给予的支持有多样性,也使他们追求的目标表现为多重。分析这一现象,先要回头解释组织的逻辑。为了应对世界的复杂性,也根据他们自己的社会定位,做新闻的男男女女采取了一种近乎自相矛盾的态度——将特殊事件程式化,或者用滕斯托尔的说法,"将非日常之事套路化",这样的态度掩盖了当下的不稳定,让人以为新闻实践恒久不变、已成现实的情况最值得关注。为了应对不稳定性,记者又不得不创新、不得不制造风险、面对新的行动者、对他们捕捉到的深刻趋势保持兴趣、担当多种角色——就像媒介生产的所有行动者永远在创造"套路原型"(prototype)那样:每日新出的报纸,都跟昨天的报纸很像,因为某些方面已经标准化,但内容必须更新,必须照着大家的感知来反映这个世界,否则迟早会被挑剔的读者惩罚。就算编辑部、指挥者和消息源将一切完美掌握,也难免出现失控、不稳定和无法左右的时刻。所以,研究者要注意的是,不能接受记者自我塑造的意识形态(立场中立、可获得未经丝毫加工的事实、是最最初始的第一发现者)。盖伊·塔奇曼认为正是这种意识形态在新闻领域的影响最大。研究者还要弄清楚,在实践中显现的混乱是像数学一样有规律可循,还是各方交易谈妥之后的失序。英国的新闻研究者施莱辛格写过一篇内容丰富的文章(1992),反驳了滕斯托尔和霍尔的观点。他建议像布尔迪厄研究利益和战略一样,对消息源与记者之间的互动开展深入的社会学研究,这样才能把握记者的实践和记者的话语,摆脱决定论,也摆脱记者本人意识形态的相对主义(他们总是因为举棋不定、因为没有足够的时间去真正理解而苦恼)。

施莱辛格的建议,法国学者埃里克·内韦(E. Neveu)早就提出过,后来又被英美学者罗德尼·本森(R. Benson)重提,本来可以拉近大西洋两岸的社会学研究,提出有关新闻的系统理论,但它遭遇了布尔迪厄本人一谈媒介问题就出现的决定论倾向,还因场域的概念(champ)严重受限。场域概念不能反映人的所有行为。这个概念的实际用途在于把信息进程中的行动方看成是相互关联的,通过竞争机制(同行对同行),也基于共同利益(同行对场域之外的人,如政治人物),对许多情况有了更好的认识。比如,每天早上,所有新闻都播报相同的内容,这些内容被新闻界认为是读者兴趣的中心,事实上未必如此,每家媒体都想方设法与别家略有不同(布尔迪厄批评这是"信息的循环传播")。只是,场域概念基于新闻行业匀质且僵化的假设,而这类假设早就被严重质疑(行动方受惯习的潜意识驱使,利益被简化成单方面的"经济"定义,不得场域之门而入的人永远被排除在外);场域概念还忽视了一个重要事实,即同一场域内部也存在相互冲突的逻辑、与主导实践相对立的逻辑。如此说来,在这个交汇点有必要记住,一方面是滕斯托尔提出的新闻事件和新闻实践的非决定性(滕斯托尔其实关注行动方之间关系的模型,并且对工业的权力持批判态度),另一方面是霍尔的贡献(受葛兰西影响,他的马克思主义结构主义色彩不那么重),他认为不同的声音可以在媒体内部自我表达,而布尔迪厄非常反对这一观点。

在组织层面和认知层面之外,角色的多重性还可以用政治哲学(Muhlmann,2004)或诠释社会学加以分析,因为新闻记者会在具体的历史情境遇到特定形式的束缚[Lemieux,《坏媒体》(*Mauvaise presse*),2000]。记者们自称意见论坛,接近法律证据却并不屈从于规则,他们将公共空间用于反对政府,他们的身份认同和职业伦理因此"不可把握"(insaisissable)。记者们立场多元甚至对立,源头当然是民主社会的根本价值和角色的多元性。雅克·勒伯艾可(J. Le Bohec,1997)认为,"民主"一词可以指共同参与同一进程、不同项目之间的竞争、人人均被代表、言论过程有规章制度、权力受制约。与之对应,新闻媒体可自我认定为集会广场、各派(或各党)表达意见的场所、公共服务、言论自由的场所、反权力的场所。这就要求对具体事项表明是支持还是反对、尊重各方观点、记者站在客观立场、对已建制的利益保持警惕。新闻活动不是统治观点的简单复制,也不是像镜子一样忠实反映世界,而是一个谈判的过程,过程之中某些人会比另一些人更有分量,但是人人都可以参照多元价值保全自己的体面。新闻行动方之间的利益游戏有多个层面,因此,他们之间的关系在具体情形之下有不同的表现:记者们私底下与政治人物交好,到了公众面前,可能会对他们做挑衅状,在同行之间,则对他们极尽嘲讽……地方记者与民选官员关系密切,说明他们相处融洽,也说明二者就是媒体和消息源相互依存、至关重要的简单关系。

形态学与身份冲突：

从记者证到事实核查员，记者是什么？

英美经验主义新闻研究的长处在于将生产与生产者联系起来，危险在于可能用功能主义理论将新闻生产理想化。"欧陆社会学"主要是对生产者的身份和经历感兴趣①，往往把内容研究留给分析符号的专家，后者致力于描述同一新闻在不同媒介的变体（Veron，1981）、话语风格、不同媒介的局限［如帕特里克·沙罗多（P. Charaudeau），1997，意大利符号学家保罗·法布里（P. Fabbri）、詹弗兰科·贝泰蒂尼（G. Bettetini）、弗朗西斯科·卡塞蒂（F. Casetti）……］、词汇使用（Bonnafous，1991）以及专门对电视设施进行的政治学研究（Mercier，1996）。欧陆社会学一直不如英美学派包罗万象，如今也开始将网络和社交媒体数据的自动处理、框架理论（见第十三章）、信息发布战略的探索三者结合，试图拉近话语分析和生产与接收的社会学研究（Compagno，Mercier，Mesangeau，Chelghoum，2017）。

关于记者的社会出身异质性及其在新闻实践中的体现，欧陆派与英美派的结论一致。让-玛丽·夏隆（J.-M. Charon）、雷米·里费尔（R. Rieffel）的研究呈现了一个世纪以来记者对自己职业的界定，这一场漫长的身份寻求，结果只是随着记者证这一象征物的发放，在想象中收了场。媒体世界长期分为政治新闻与综合新闻（普遍以为在扮演权力对立面的角色）、视听新闻（新闻和娱乐截然分开）、专业新闻（自以为有教育作用）和本地新闻（更明确地服务社群）。新闻行业原本就已四分五裂，而且日趋不稳定（A. Accardo 等人主编，1995，1998，主要是关于女性从业者；Damian - Gaillard，Montanola，Saitta，2021；Charon，Pigeolat，2021），从二十世纪八十年代起，尽管入行需要各种培训，行业也已建制化，还是目睹了本行业与传播行业的边界模糊化［如广告商、传播策划，雅克·瓦尔特（J. Walter）做过这方面的研究

---

① 应该关注职业社会学者（Siracusa，2001）和历史学者热罗姆·布尔东（J. Bourdon，1994）的研究。

(1995)，让-巴普蒂斯特·勒加夫尔（J.-B. Legavre）也写过"传播者"（2011）]，并且面临"网络从业者"的发展（Charon, Lefloch, 2011; Dagiral, Parasie, 2010），因此身份越发模糊，合法性似已丧失。新闻行业的发展轨迹明显是趋向衰落，但是记者的巨大胜利不容置疑，要理解这一点，必须走出对这个行业的功能主义定义的死胡同。抛开能力问题、技巧问题，这个群体的定义还包含抱负，显然记者们已经成功地将自己塑造成一个构建上和生产上始终具有不确定性的群体，并且很有影响力。继吕克·伯尔坦斯基对管理者展开研究之后，德尼·吕埃朗（D. Ruellan）提出"模糊专业主义"（professionnalisme du flou）的说法，重申不确定性在一定条件下是有利的，因为它让人得以从每一种类型中获益，不必拘泥于某一种特性。对那些自称正在记录当下、书写历史的人来说，如果他们表现出相关品质（有批判精神、能找到专家），符合第四权力的地位，用更晚近的说法，符合正义化身的形象，同时又与娱乐公众保持密切联系，表现出将受众和现象明星化的欲望，就像电视新闻主播那样，那么，记者身份已经模糊的说法就不是一种误解。定义的波动影响记者在公众当中的形象，也参与行业内部斗争。例如，当代事实核查的兴起，包括对公众人物话语的事后控制，可以说是回归消息源（《时代》杂志早在二十世纪二十年代就有记者专门负责核查），何况在布什（G. W. Bush）和特朗普任内，自伊拉克大规模杀伤性武器事件以来，蓄意的谎言越来越多了。从某种程度上说，这是一项重新合法化的事业，一次再平衡甚至重新控制政治人物和记者之间权力的尝试。对这种实践的重视，也包括对新一代的肯定，这些网络时代招募入行的新手安营扎寨履行控制职责，一点点啃掉政治记者的地盘（Bigot, 2018）。事实核查员大多二三十岁，刚从学校毕业，有一定的理想主义倾向，掌握全新的技能组合（善于识别可靠来源，随时在线，有反应能力），这些因素鼓励他们打破与政治圈子默许相容的惯例，解除了与消息源的相互依赖。他们动摇了新闻界的内部等级制度，可能招来同事的愤怒，同时还会被政治行动者推搡，如果后者真的有能力去适应新的真实性要求(这些要求也很容易规避,通过含糊回答、拒绝回答、摆对立姿态、诉诸民粹主义等)。

参与溢出但公众缺席

经典新闻分析有一点做得很不错,即将行业和新闻这两个概念去本质化,把它们看作构建或妥协,同时又不把它们放进什么新民主文化的框架,不把它们当成超出新闻和娱乐的社会冲突再现。对新闻质量问题(也就是新闻构建问题)的思考,一般都非常局限于消息源的影响、记者的导向、自给自足的意识形态结构,与世界的关系也被看作与外部环境交流。新闻仍然被认为是一个天然就自我满足的空间,而不是一个定期自主化以完成其民主使命的空间,结果导致趋势、限制与固有特性的混淆。施莱辛格(1978)认为,专业主义醒目的缺失是公众,在生产者再现和决策的过程中,公众一直缺席。然而,众多现象明显溢出经典理论范式,首先是娱乐和新闻的突围(新闻与娱乐合体,infotainment)。这一现象反映了公众的商业压力,这种压力往往被当成绝对威胁,会导致产品从有品质堕落成无聊物,以至于新闻的格式越来越短,越来越冷嘲热讽,越来越融合,越来越采用辩论式。诚然,新闻业历史上的"事实"与"评论"之分已成过去。蒂埃里·瓦蒂纳(T. Watine,2005)一项统计研究显示,在魁北克,严格意义上的信息新闻只占纸媒版面的32%、电视节目的26%、广播节目的50%。现在是硬新闻、嘉宾与公众交流、评论、记者点评等栏目共存,旧的"配置模式"早已不再(Lochard,1996)。这样的演变说明犬儒主义已经普遍化,同时也表明,接收者被当成值得尊重的行动者,记者的理想主义特权被抛弃(我们知道他们所谓的中立性面临的压力),曾经的幕后也已开放……新闻娱乐化只是新闻发展的方向之一,新闻的公众使命和教化作用依然不可否认(Brants,1998/2003)。而且,极端情况(比如,采编团队全然弃道义于不顾,或者媒体所有者让媒体沦为竞选工具,刊登有偏向的"社论")除外,只要遵守对不同情境进行比较的规则,并且提供有历史感的视角,就能用有限且混合的格式生产高质量新闻,哪怕只是两分钟的电视报道。娱乐上升不等于新闻没落,而是表明,通过公共辩论和理解世界的各种手段,大众媒体越来越渗入一切社会问题。

在线新闻与新闻制作

继24小时新闻频道之后,网络新闻强势发展,更加凸显了先前已有的趋势,同时也澄清了一些问题。**新闻制作**的常规工作未因互联网而消解,反而加强了,时不时还有疯狂爆发。网络媒体发文压力越来越大,像报纸那样按期出版的概念消失,代之以永不间断的实时更新,新闻实践出现某种闭门化、分散化的趋势,越来越多地忙于受其他媒体或通讯社文章启发的编辑工作,与该行业宣称的调查性新闻报道相去甚远,正如巴勃罗·博奇科夫斯基(P. Boczkowski, 2004)所指出的那样:调查性报道还是有必要的,但是在大多数情况下,不是记者在找新闻,而是新闻在找记者①。

在线参与(公民不再满足于自己的评论被考虑,而是通过博客或数字社交媒体主动生产、编辑和传播信息)的突然出现,打乱了新闻业作为新闻选择者的范式(Mercier, Pignard-Cheynel, 2017),同时揭示了这种一直以来的定位模式的矛盾。数字时代的用户有能力转发、绕过、挑战、开辟另类空间,虽然他们可能会将自己锁定在自我参照的循环中(见第十三章),也还是增加了新闻、虚假信息、谣言和娱乐之间的类型混合。致力于保持批判性和距离感的记者更新了身份和工作质量的定义,正在调整自己的做法,将自己汇入社会数字流,他们选择了强化新闻和假新闻之间的区别,这是让他们的客观姿态和工作质量重

---

① 出自埃里克·马塞(É. Macé, 2005)的精彩表述。

获价值的第一步。正如舒德森(2018)所言,受新形势影响的记者能从四个层面获益,只要他们努力抓住机会:

- 与其他公民一样,记者也应摆脱对消息源和机构的过度迷恋,加强批判能力建设;
- 在新的公共空间发表言论要求有透明度,这能激励记者公布自己的社会定位,帮助他们提高自己一直以来对世界的肤浅认识;
- 对假新闻的广泛关注使得查证、报告和写作的新方法合法化,主观的、有社会基础的调查成为必需的;
- 公众期望值更高,教育水平也有提高,这会提升新闻质量。新闻一方面更有可能参与解释和谴责陈规定型观念(性别歧视和种族主义),另一方面可以表现出"事实性"新闻中没有的"社会同情"。

照安德鲁·查德威克(A. Chadwick,2017)的说法,记者是"混合媒介系统"的组成部分,在这个系统中,媒体和关系的新旧两大体系至少会有过渡性短暂共存。环境中满是新媒体、新格式、新介入者、新互动,会让他们的任务更加复杂:公民随时用智能手机发布,公共人物直接用数字工具对大众发言,还有算法和网络机器人要面对。在这个极具挑战性的过渡阶段,由于没有新的参照系,整个国家都有可能分裂,就像美国或英国在脱欧期间那样,去媒介化(脱媒)现象、再媒介化(复媒)现象均有发生,每种现象都各有赢家和输家。特朗普竞选和当选,是通过推特与他的追随者建立联系,通过"撞门"(gatecrashing)、"看门"(gatewatching,信息监测)、最后通过把自己作为一个普遍的媒体问题强加给守门人的能力,获得了传播力量。在进步的一面,"黑命贵"(#BlackLivesMatter)既是一个标签,也是一次网络化社会运动,一个混合行动方针,对更广泛的信息领域都有影响。因此,新闻面对的是多层次战略和普遍媒介化进程,新闻实践对此已有回应,实践本身正在走向融合,报道与见证合体,与受众建立关系,新旧媒介全都用,在网上跟踪受众……

　　有关新闻业的经典分析仍然成立,不是因为这个行业未因媒体—公民生态系统的扩张而改变,而是因为后者让信息制造过程的内在矛盾愈加突出。尽管数字化如此发展集中了民主社会所有的意义问题,专业新闻人依旧很少,他们的产品只是社会关系讨论中一个非常狭窄的渠道。如此非同寻常的矛盾,表明了他们找新闻的专业难度,从更全面的角度来看,也表明他们身份的不确定性。

第十二章

从行业到生产逻辑
标准化与创新的矛盾

新闻研究疏于重视媒介与其他领域的整体互动,尤其是与商业和传播压力之下的公众互动。有鉴于此,对生产娱乐和文化的从业者展开社会学研究,可谓另类,或者说是一种延伸。通过仔细分析文化产业从业者定位之艰难或矛盾,他们未竟的追求、承担的压抑以及取得的成功,这些研究(开创者是埃德加·莫兰)指出了文化产业对民众之想象的根本依赖,以及由此给文化生产带来的根本变化,也阐明了文化工业与民众的关系,指出意义生产者通常身处这样一种境地:必须调和艺术理想与组织束缚,体察并塑造需求和舆论。至少部分适应"公众"发出的"需求",可能表现为无望地追逐受众神话,不过也促成了新的文化形式,它们的不平等程度比以往社会低得多。

埃德加·莫兰:标准化与创新之间的张力

关于文化产业的辩论,先由法兰克福学派猛烈抛出,二十世纪六十年代随埃德加·莫兰的《时代精神》(*L'Esprit du temps*,1962)一书而深入更新,埃里克·马塞对这部著作有过精辟解读(2001)。莫兰生在地中海地区一个犹太家庭,是左翼作家、人文主义无神论者。他推崇马克思主义,但是从不排斥动画片和好莱坞电影——他小时候住在巴黎梅尼尔蒙当(Ménilmontant)居民区,常去附近影院看那类影片。莫兰与霍加特同期开始研究新文化带来的全球变化,其初衷并非出于忧虑。这种新文化按照工业制造的标准生产,面向社会大众,即面向"社会内部结构(阶级、家庭等)之下以及之外的个体所组成的庞大聚居体"。谈及生产者,莫兰借鉴阿多尔诺和霍克海默的语汇,谈及被生产出来的内容或想象,他借鉴宗教人类学的语汇,这使得他被归入批判理论或复魅社会学门徒的阵营,可实际上莫兰的观点从内部颠覆了这两种理论。他认为,既非建制(国家、教会等)亦非精英设计,而是通过市场运作产生的文化,为民族、宗教和艺术增添了新的形式;这种文化的诞生,不像阿多尔诺以为的那样在上述领域取代此前已有,而是托克维尔所说的民主化行动。当条件趋于均等(比如,对休闲的普遍追求),市场做出回应,参与构建了史所未见的全新公众——"大众"。大众的出现,并不意味着社会藩篱消失,而是让各种身份、各种差别相互关联。"工业化的文化,是唯一一个让社会各阶层展开交流的重要场所。"不论何种身份,不论何种社会位置,人们分享共同参照,这使工业化的文化获得了"人类历史上首个普世文化"的地位。

文化产业之所以成功,不是因为神化做法使人迷迷糊糊,主要是因为它擅长取悦,擅长通过足够丰富、符合社会"现实"的作品引起人们的兴趣。莫兰沿用拉扎斯菲尔德的研究成果,并从组织层面、文化层面加以补充。如果说,市场导向劣质和平庸化,因为标准化的逐利逻辑占了上风,市场运作与生俱来的不稳定性则禁止市面上的产品分毫不差地完全重复。为了生存和发展,企业必须创新,必须提供新奇产品,必须承担风险。"文化创造不可能全部整合进工业化生产体系。"确实,言情小说可能围绕同样的总裁来生产("心可以放进罐头"),但是,叙事无创新,不发现新问题,不采用新表述,畅销就不会持久。文化产业是"工业—科层—垄断—集中化—标准化"和"工业—科层—垄断—集中化—创新"这两条路径永远的竞技场,前者约束创造力,减省创意,满足于沿用已经成功的套路,后者必须给创作者自由,寄望于他们的努力最终冠以新的成功。这样的内在角力和根本冲突,在电影、音乐等文化领域并不鲜见,文化产业不应被简化为循规蹈矩的空间。

为了立足,"大众文化"不仅要吸纳作品形式之新,也要考量社会关系之新——社会关系永远在发展变化,大众文化必须吸纳社会关系的多样性,自不待言。所以说,大众文化是多义的、含混的、同步的、可逆的。它集统一性和多样性于一身,在相互冲突(矛盾的)、内在也包含矛盾的(暧昧的)文本中自我呈现。① 女性公众不可能不注意到,视听产品既有女性主义内容,又有多半是父权的主张,被她们消费的,是既反女权又讲女权的作品(**文化研究**学者,如詹尼丝·拉德威,经常指出这一点)。当代文化被不同的人群挪用,多义(不论有心,还是无意)是其显而易见的特征。同步(syncrétique)或曰折中(éclectique)的特征,是为了赢得最大多数的受众,是因为意在同时面向异质群体。这一特征出自体裁、叙事惯例、主题(民俗的、大都市的等)、目标受众(成人媒体越来越青少年化,儿童报刊也越来越向成人开放)的不可思议的混合,以及打通差别的方式的不可思议的混合。这一特征意味着反映在复杂社会里察觉到的种种问题,这就表明,大众文化对女性和青年有解放性的一面,它为某些问题提供有趣的解答,对那些跟着走的人来说,解答又会不停地再度成为问题。内容的可逆性,或曰演变性,表明内容依赖社会上已经显现的冲突:在民主化社会里,不论是工作场合或家庭内部的妥协,还是媒介的再现,没有什么是一成不变的。

莫兰的社会学研究从组织方法入手,最终得出了关于想象(所谓现代神话)的宏观社会学。莫兰的"时代精神"概念有德国时代精神(zeitgeist)的浪漫主义和社群主义色彩,有批评指出,他的宏观社会学是一种天真的整体论。实际上,莫兰提出的概念更为复杂,也更有活

---

① 诺埃尔·伯奇(N. Burch,2000)的说法是"双重言说"(double speak)。他以《星河战队》(*Starship Troopers*)为例——这部电影是反军事的,同时也可以被看作是一部战争片。

力。莫兰的思想接近韦伯的《新教伦理与资本主义精神》，他提出构建想象的双重运动——既"根据新出现的个体需求"，也根据"引发某些实践的模型"，这又接近涂尔干的主张。如多米尼克·梅尔所言（D. Mehl,1992），媒介既可用作反映社会的镜子，也可用作面向世界的窗户，媒介使学习成为可能。"时代精神"取决于共同框架的生产和稳定化，这些框架应与社会当中最频繁、最重要的机制和经验产生足够的共振，"时代精神"同时也维护并鼓励后者。"时代精神"是一种人所共知、但不共有的想象，辩论也会因它而起。在莫兰笔下，二十世纪三十至六十年代时代精神的主要特点是享乐主义兴起、追求自我实现、打破传统禁欲伦理，到六十年代末，随着"幸福危机"的出现，虚构作品揭示出个人主义的消极面相，上述想象受到质疑。莫兰对当代想象的分析有些步骤语焉不详，且倾向于过高估计想象的凝聚力[至少应该指出，每个时代都有多种精神共存，有多个相互冲突的公共领域同时存在。长期研究美剧女主角的塞利娜·莫兰（C. Morin, 2017）就指出女性主义政策在多个层面的挪用]，但是，莫兰开启了关于社会整体互动的研究，正是这些互动在媒介生产出一个个结构化的内容集，他还指出了这些内容集的可塑性：现代神话具有极强的演变性，与公众的关系是双向的，因此不同于制度化的宗教神话[实际上有"神圣的解体"（décomposition du sacré）和彻底告别神圣（non-retour au sacré）]，也不同于巴特的符号学神话，后者只服务于揭露小资产阶级的局限性，不具备与大众文化对话的能力。

关于传播的政治经济学：从文化产业到创新产业

贯穿大众媒介的矛盾被强调，也是关于传播的政治经济研究脉络发展的必然结果。二十世纪六十年代，美国学者赫伯特·席勒（H. Schiller）、乔姆斯基、爱德华·赫尔曼（E. Herman）、罗伯特·麦克切斯尼（R. McChesney）著书立说，批判美国的文化霸权主义，在欧洲也有英国学者滕斯托尔、尼古拉·加纳姆(N. Garnham)以及法国学者贝尔纳·米耶杰(B. Miège)、阿尔芒·马特拉(A. Mattelart)等学者出版著作。这一思潮没有一定之名,称不上严格意义上的媒介经济学,只是批驳某些现象(比如,生产手段过度集中于美国),主要研究组织事实和经济事实,视角首先是批判谴责。但是,到了二十世纪八十年代,通过细化对互动的研究,走进文化工业的黑箱,这一思潮的欧洲版本有了更全面的视野("文化产业"这一名词从单数变成复数),学界普遍认同"文化产业"与其说是一种无形的现实,不如说是一个比喻(Mattelart,2001;Mosco,2009)。市场当然是被美国企业主导,但主导不是因为当局心怀马基雅维利计划,也不是因为产品取得了结构性的成功。主导首先在于,大西洋彼岸的影视公司耐心发展才华,控制成本,因此获得输出能力,其次在于它们的机会主义:二十世纪八九十年代,电视频道自由化,全球节目需求突然暴涨,最初只有已立足的公司才能满足这些需求(见附文)。照滕斯托尔的说法,如果坚持霸权主义之说,那么,法国、英国的文化政策也是霸权主义。如今,还应添上埃及、印度、日本、巴西、德国,但凡确立了雄心勃勃的影视发展制度的国家,都该列入霸权名单。全球产品日益多样化,新的强大出口实体出现,霸权主义概念随之相对化(但是,主导依然是个绝对概念),如戴维·赫斯蒙德霍(D. Hesmondhalgh,2002)所言,不稳定、创新和多样性才是文化现象的核心。赫斯蒙德霍认为,作者首先是"符号创造者"。从这里开始,关于传播的政治经济研究走向**文化研究**,后者也主张对文化进行唯物主义分析[在雷蒙·威廉姆斯(R. Williams)的影响下],特别植根于"复杂性"和"可反驳性"的范式,并且也引入文本和使用。尽管政治经济研究和**文化研究**历史上有过冲突(Maigret, Rebillard, 2015),赫斯蒙德霍(2015)坚决主张拉近这两种思路。

  传播政治经济学后来自称集合了用以识别结构性束缚和矛盾的工具,梳理出一部详尽的偏描述而非规范的行业史。"数字崇高"的兴起(Mosco,2004,2014)将一切重新洗牌,超级批判视角复活,马克思主义工具再次被单维应用,在克里斯蒂安·富克斯(C. Fuchs, 2016, 2017,2021)笔下尤为突出。随着"点击劳工"组成的无产阶级子群体队伍逐渐壮大,对新型殖民主义的声讨又逢其时。"点击劳工"为谷歌、亚马逊等平台或算法工作,在流水线上完成点击、点赞、评论、视频分类等原子化任务,默默无闻,报酬很低。这类"众包"(crowdsourcing)[安东尼奥·卡西利(A. Casilli,2017)有过很好的记录,卡登(D. Cardon)和卡西利(2015)有过讨论]可能发展出从事非法活动的"点击农场"。与那些参与性质的网民免费劳动(发布内容、公示偏好、传播信息——最终成为数据,为平台所用)相比,它是否应被视作一种阴暗的对应物?有观点(Tiziana Terranova,2000)认为,这两种现象类似,完全可以归入让人"免费劳动"的资本主义剥削机制,也有观点(Fuchs)认为,这是为政府服务、从事监视的资本主义,这两种观点难以成立,都只是对文化进程关系的粗疏论述。经验研究表明,与社交媒体相关的实践是复杂的、随机的,也可以看作是让使用者这一侧发挥主动性和表现力,它不但是工作,也是阐释和行动的模式,比如,"点击劳工"会集体动员反对不公,甚至反对平台本身。另一方面,研究工业政策,也应研究它们在何处失败,研究数据收集的不完整性,而数据从不忠实反映社会和个体心理的多样性。美国学者达拉斯·史密斯(D. Smythe)在二十世纪八十年代提出"公众是一种商品"的论点,启发了人们对免费劳动的激进解读。赫斯蒙德霍(2010)认为,这是一种"还原主义兼功能主义"观点,"完全低估了资本主义内部的矛盾和冲突"。邱林川(J. L. Qiu)、梅莉莎·格雷格和凯特·克劳福德(K. Crawford,2014)重申,工作是个多维概念,邀请学者在宣布某活动令人异化或使人解放之前,应该先研究活动本身:身体的参与度如何?专业资本的动员程度如何?责任如何?可见度如何?职业病如何?社会化程度如何?对文化价值的认可度如何?凡此种种,不一而足。对发达国家的居民来说,数字工作在很大程度上被看作是一种休闲活动。对于发展中国家的中上层人口来说,当数字工作复制就业市场传统的社会统治和性别分工(女性劳动一直被隐形)时,数字工作可能意味着向上流动的机会。

另一路可以自称"传播政治经济学"的研究更常被称作"文化经济学",因为其兴趣在于已经神圣化的作品和活动。这些研究最初是由探索文化和媒介的"正统"经济学家们提出,他们从很不一样的预设出发,得出了与政治经济学学者相同的结论,如今被文化社会经济学再度采纳。鲍莫尔(W. Baumol)和鲍恩(W. Bowen,1966)首先分析了新古典主义模型的一系列矛盾。文化不是刻板印象中那种繁荣的、永远在赢的经济,文化是被风险和风险战略深刻塑造的。美国制片厂的历史,是一部定期破产和并购的历史(那些收购者——二十世纪八十年代的日本人、二十一世纪初的法国人,也受此影响)。文化就业市场最不鼓舞人心。渴望在"古典"音乐领域有所作为的人,只有五百分之一的机会成为艺术家,"流行"音乐领域的成功率更是低到几千分之一(Towse,2001)。入门之后,薪水期望值并不高。文化工作的特点是永远在学习、职业变化大,因为"就业市场对人要求非常高,还要有功能上的灵活性"(Menger,1997)。所以,入门培训与最终能力关系不大。文化实践数字化也不改变上述基本情况。参与式融资或众筹,个体先在社交媒体上取得成功,这些数字化发展扩大了文化职业的体制外准入(Creton, Kitsopanidou,2016),同时也使竞争更激烈,要求更多样且往往难以付出的专业投资[已经数不清的任务之外,还要加上与"社群"维持关系——樊尚·鲁泽(V. Rouzé),雅各布·马休(J. Matthews),2018,特别是在"微型明星"成为影响者的时代——爱丽丝·马威克(A. Marwick),达娜·博伊德(D. Boyd),2011],而且大部分情况下并不能抛开工业化体制,特别是在如今已经专业化的平台内部,对提高内容的丰富性也并无效果(Cariou, Lyubareva, Rochelandet, 2017)。

艺术家(更广义地讲,符号创造者)往往受过很多教育,却接受远远低于同等教育阶层平均水平的收入,他们承担了高随机性事业的巨大财务风险,当然也有可能一夜暴富。固定成本高,市场巨大,且公众只关注某几部电影或某几首曲目,由此产生的规模经济使成名艺术家(明星)的收入非同寻常(Rosen,1981)。雇主和公众对他们趋之若鹜,既出于迷恋,也因为安全。莫兰早就说过:"明星是文化工业最好的抗风险措施。"但是,除非一次次放弃已经成功的东西,收益实际上是不可预测的,因为相对于需求,供应的弹性大得太多。表现出才华和创造性是关键因素,但是无法定义,因此不可能用工业化方法复制。所以,如皮埃尔-米歇尔·门格(1998)所言,总体而言,极端不确定性笼罩文化领域,在"商业性的"文化领域、"工业化"的文化领域甚至比在"艺术和实验"的文化领域更为突出。比如,"古典"音乐的需求可能小于"流行"音乐,但是相对稳定,不会像后者那样,广大乐迷喜欢的作品都要经受突然风靡、被公众遗忘又回归的过程。所以,与阿多尔诺的观点相反,应该将大众媒介看作一个很不稳定的世界,一心追求风险最小化,注定不断投资,多做实验,多提供作品,以争取成功。谈论大众化商业化作品的成功,有必要放下循规蹈矩之说,转而谈论创新甚至创造力,否则就是因果倒置。二十世纪末,文化产业的概念,包括其复数形式,让位给了创新工业(industries créatives)的概念,当然也有反对之声。学术话语试图闭口不谈大众媒介原则上的非法性和平庸性,结果遇上这些新自由主义话语的表述(管理层面的,国家层面的),后者肯定信息和传播领域的活跃行业的发展,以及创造性参与工作的观点(Hesmondhalgh,2002;Caves,2000;Garnham,2005)[1],同时并不忽视工作包含的心理折磨和社会苦难(Vachet,2022)。

霍华德·贝克尔:生产即合作

研究者分时期、分行业对媒体经济的核心特征进行研究,试图找

---

[1] 艺术领域的弹性增加,先于其他大多数经济领域,其中的矛盾也很明显:可否得出结论说,艺术职业的逻辑为整个社会所遵循,并且/或者只是市场普遍现状的前沿(Christopherson,Storper,1989;Storper,1989;Menger,2003,2005)?

出生产结构和劳动力市场运作的趋势[见帕特里斯·弗里希(P. Flichy)和多米尼克·帕斯吉耶(D. Pasquier)的总结(1997)以及保罗·E. 希尔施(P. M. Hirsch)的开创性著作(1972)],比如,固定成本和规模经济的重要性,劳动市场不稳定性增加,从稳定受薪过渡到打零工,缺少创作者培训中心(这类中心让行业等级化),营销迅速发展……这些分析还欠缺长期视野——每个媒介都在经历周期性的(Peterson, Berger, 1975)、混乱的转变,有了长期视野,对转变的分析就能避免实体化。例如,创作者处境困难、独立性丧失,但时不时必须被赋予自由,二者构成某种平衡。全世界的电影业都由制片人、发行商和导演轮流主导,有的国家采取干预机制,力量关系更加复杂(Bonnell, 1989; Dagnaud, 2006),有的国家电影和电视纠缠不清,需要更仔细研究(Chaniac, 2003; Chaniac, Jezéquel, 1998; Creton, 2003, 2020)。每次音乐新潮(朋克、说唱、垃圾摇滚)都始于文化产业给予年轻作者创新和实验的自由,然后才是增加控制,才出现更加刻板的套路(Guibert, 2006)。"涅槃"乐队的创新融入替代品,来自纽约贫民区的说唱音乐也一样。因此,要理解某个特定时刻的生产,就要研究所有者、行动者、管理者、营销者、创作者、技术人员、发行者的全链条。技术当然不能忽视,不过,不应认为技术必定比其他因素更具"颠覆性"。阿曼达·洛兹(A. Lotz, 2009, 2017, 2021)在探讨数字技术带来的变化时,指出了一个根本因素:非线性发行。非线性发行让观众或听众以为自己是唯一的控制者,实际上推荐算法也设置消费。但洛兹提醒我们,一个多世纪以来,媒介创新无不始于突破,她同时也强调实践及其附加功能之间的连续性(Netflix起初就是在线视频俱乐部,MP3格式是录音带复制的增强版)以及产业的持久性(当技术创新发生,文化产业会更新自身配置)。比如,当艺术家以自己通过数字社交媒体获得的名气为资本,"名气"定义的边界外扩,音乐标签并未因此被消灭,好莱坞明星体系仍因最大牌明星的签名而延续(Djavadzadeh, 2020)。

全链条研究可从统治社会学(如布尔迪厄的理论)着手。布尔迪厄在分析文学场域、后来是新闻场域时揭示了生产的内部运作规律，但他一方面排除了与公众互动的可能性，另一方面排除了某些几乎不可避免的演变的多变性（比如，电视空间对知识分子关闭、审美眼光的自主化等）①。布尔迪厄的分析，与霍华德·贝克尔主张的社会现实非决定论颇多吻合。贝克尔和布尔迪厄都主张将行动者语境化（避开了孤独天才与世隔绝的浪漫想象），不认为生产者和接收者之间存在鸿沟。身为芝加哥社会学派传人、爵士乐钢琴师，贝克尔从内部认识"流行"音乐的形成，并观察过使之存在的圈子[《局外人》（*Outsiders*），1963]。他在《艺术的世界》（*Les Mondes de l'art*, 1982）一书中提出，作品生产的过程是集体行动的过程，行动者被召唤进来投身合作，建立规范。生产者或所有者、材料制作者、创作者、技术人员、行政人员、中介者，还有被援引、被参照的古往今来的作者，以及作品针对的受众，共同组成行动网络。作为集体行动的成果，作品包含各种互动（往往相互矛盾）的物质痕迹和认知痕迹，个体和团体的技巧、通行做法、认知类型在互动中的交流或交锋……因此，从作品中可以读出使之诞生的种种规范。每个艺术世界与塑造它的惯例一起演变，方向未必与其他艺术世界一致，某种"艺术"获得文化认可，某种"工艺"或"亚文化"遭蔑视，反映的是动员行动的成或败，不是那个世界的本质。

正如丹尼斯·麦奎尔所言（1992），政治经济学试图通过研究创作者遭受的束缚来理解文化形式，尽管它不能假设组织结构和内容类型之间存在简单的对等，因为生产结构不决定艺术或信息的形式。"互动主义"社会学则认为，懂得遵循惯例、在惯例中游刃有余或将其强加于人的行动者，更有谈判能力。比如，著作权、版权和商标的相关法律制度以不同方式影响创作者对其作品的认知，但是，法律虽然给出种种有约束力的立场，本身却并无话语类型偏好，如兼顾法律研究和**文**

---

① 不同行业、不同国家的多样性充分表明，过于笼统的描述是有局限性的：法国公共电视的发展不曾求助于"知识分子"，也不曾受他们鄙视，后来经历了私营部门的激烈竞争（在意大利更是如此），英国公共电视则受益于知识界的支持，并且比以往更占主导。艺术自主性也是一样，法国或美国的漫画、欧洲或美国的电影、视觉艺术等，各有各的表现。

化研究的简·盖恩斯(J. Gaines,1991)所言,法律是一种嵌入更广泛的规范中的规范:法律文本的存在不容忽视,但是,在不同的行业、不同的时间,法律可以有不同的解释。新事物(比如,收费电视以及后来的网络平台)的影响也可从同样的角度加以审视。收费电视频道不像竞争对手那样依赖受众,会给创作者更多自由,因为结构影响内容。但是,不能因此断定免费电视就没有更新(二十世纪九十年代推出了许多新剧,如《监狱风云》《老友记》《甜心俏佳人》《急诊室》,哪些是免费频道推出的?哪些是收费频道推出的?):遭受巨大束缚,也能创造"高质量"作品。因此,艺术身份这个变量、作者看待自己与作品关系的方式,看起来至少和被强加给他们的束缚一样发挥着决定作用。

大众媒介时代艺术身份面临的挑战

媒介社会学可能满足于认同失望的当代创作者的信条,将过去的艺术活动理想化,在这种时候,艺术史和艺术社会学可为媒介社会学研究提供帮助。很难假设观点完美对应,然后将这些研究对接起来,法国的多米尼克·帕斯吉耶、萨比娜·沙尔翁-德梅尔赛(S. Chalvon-Demersay)、美国的理查德·彼得森这样去做了,由此得以不将讨论局限于创作自由的话题。如帕斯吉耶和沙尔翁-德梅尔赛所指出,强大束缚的存在是过去几个世纪的艺术的最突出特征,我们这个时代亦然①。文艺复兴时期的所有绘画都是委托创作,共同创作甚至匿名创

---

① 意大利作家亚利山德罗·巴里科(A. Baricco)认为,财务束缚相对而言不算定义作品的标准。他以贝多芬唱片的购买为例——假设贝多芬是一位"纯粹"的创作人:"据我所知,贝多芬为钱作曲,而且,从贝多芬到现在的唱片公司,再到正在为你演奏的钢琴家,你买的东西都是由一些想得到很多东西的人构建的,他们想得到的东西也包括:钱……贝多芬是一个品牌。法国印象派是一个品牌。卡夫卡(F. Kafka)是一个品牌。莎士比亚(W. Shakespeare)也是一个。翁贝托·埃科(E. Umberto)也是。还有《共和报》、米老鼠、尤文图斯俱乐部。这里面有许多个世界。它们的意义远不止于它们是那个东西[《下一个:关于全球化和未来世界的小册子》(*Next. Petit livre sur la globalisation et le monde à venir*),Albin Michel,2002]。

作不是例外,而是常规。

作者和作品的浪漫主义意识形态的发展,是一个重大变化,这种意识形态当然有助于心理满足和社会成功,但是抹杀了创造的集体性和异质性,以及传统铭写的丰富性。从这个角度看,当代艺术的位置令人吃惊,因为它是一个创作者备受重视的特殊场所,而创作者对市场逻辑和公共委托的依赖达到了前所未有的程度[正如艺术社会学者海尼希(N. Heinich)、门格和穆兰所指出]。与之对称,影视创作者回归过去的集体生产(尤其在美国),同时也寻求与主体性更盛的社会和谐相处。这一张力的演变[夏娃·基亚佩罗(È. Chiapello, 1998)从管理的角度给出了很好的解释],以及行业在组织上、形态上的束缚,都成为分析的对象。这一张力的演变影响了电视导演(他们在导演的梦想和工匠的梦想之间纠结——Corset, 1984; Bourdon, 1993),影响了视听制作人(他们必须调和作者的创作灵感、作品的制作成本和他们自己的艺术主张——Dagnaud, 2006; Glevarec; 2001; Tunstall, 1993),"传染了管理逻辑"(Chalvon-Demersay, 1997),也影响了电视主持人(他们是家庭主义的、霍加特式的人物,深受广大受众喜爱,却得不到技术人员和导演的欣赏——Chalvon-Demersay, Pasquier, 1990)。

帕斯吉耶对法国电视编剧的调查堪称样板。这一调查同时运用互动主义、政治经济学和社会学的成果,揭示出身份冲突有时可能带来不良后果。像所有其他职业一样,编剧职业也以"障碍"(barrière)和"水平"(niveau)的微妙游戏[借用埃德蒙·戈布洛(E. Goblot)的词汇,1925]为特征,也就是说,既寻求基于技术和/或艺术标准的共同身份认同,也有设置准入、对行业既区隔又保护的意愿。但是,这个群体未能成功地集体定义自身,也未能形成有力的组织:编剧没有工会,只有公会(不像记者和导演),享受不到公众的认可(不像主持人),但他们可以凭借作者的身份,获得知识产权相关法律的承认(像视觉艺术家那样,但是与电影编剧不同,后者受版权保护)。

先后出现过三波编剧:老作者——他们经历过公共垄断时代,坚持以作品为中心；新一代——在二十世纪八十年代入行，往往接受过犯罪小说创作培训；第三波，也是规模最大的一波，在九十年代引入法语作品配额时入行，由来自多种背景（视听技术员、演员、导演）的年轻作者组成。人员、想法和做法不同，与导演和制片人的关系也不同，由此可以推出一系列矛盾。年轻作者要求成立让人放心的行业组织，用类似在美国观察到的方法（按照写作工作坊的格式）让写作方法合理化，老一代则坚持维护作者地位——美国人实际上对他们那一代的作者地位艳羡不已。这里有一个惊人的交叉寻觅："很大一部分法国编剧希望获得美国同行那样的行业保护，美国编剧则试图获得法国式的道德权利。"然而，"作品"精神在法国如此深入，也解释了某些年轻编剧的不自在。他们将灵感用于创作单本的虚构故事（电视电影），一写室内剧就变成为了赚钱，因为室内剧被认为是工业化的（"别费太大劲，又不是莎士比亚"，一位作者如此解释）。结果，法国电视类型等级森严，对系列剧的偏见很深，而且等级制原本就对电视编剧和制作人抱有偏见，后者生产系列剧，社会信誉越发被贬低。然而，美国人在这方面的创造力充分证明，系列剧这一类型代表着一种完全不同的表达形式。美国人的创作互助化、合理化更获肯定，有时导致创作得更差（主观性丧失），有时创作得更好（介入者增多，因此有主观批判视角）。二十年后的今天，学界仍持这样的观点，尽管关注点更多落在"创造力""人才争夺"（但是，是在发行商的控制之下，Boudon, Sonet, 2017）以及编剧知名度通过社交网络得到提高（Gay, 2020）的现象上。

听命于受众？

大众媒介只在与众多异质人群的假想互动中自我设计，为"大众"工作，意味着为大众所认可，可是，在艺术项目仍是为个人的社会里，为"大众"工作也意味着媒介身份并不自在。随着测量目标受众反应的量化工具的普及,这一矛盾达到顶点。无论是主要依靠广告收入维持运作的私营媒体,还是合法性部分来自受众人数的公共媒体,公众逻辑都使得节目安排受收视率指挥,进而走向一致。受众测量的发展史,首先是广告商、广告客户和民调机构的成功史,也是公共权力的成功史,付出代价的是制片人和创作者,因为标准化日益普遍,都在追求最小公分母[帕特里克·尚帕涅(P. Champagne)的视角,1994]。二十世纪五十年代以来,变化更趋复杂,以上说法应加以斟酌(Chalvon-Demersay,1998;Bourdon,1993;Méadel,2010)。在美国,受众测量的胜利反映了广告客户的撤退,因为,之前别无他法再现公众,广告客户起初是根据自己的期待安排节目(比如,洗涤用品制造商为下午时段的家庭妇女观众指定肥皂剧)。在欧洲,电视受众的引入标志着超越之前的静态再现:电视观众即消费者,从此被视作独立行为人,不再像学生那样等着受教育,而是具备潜在威胁性。走进量化魔法,将期待简化,当然会导致走偏。收视率独裁使电视频道牺牲长远,只顾眼前,对大胆的节目的裁定往往不利,理由是已经选择的节目收视率今天高,自然意味着明天也不会低。照顾多数的经济逻辑,其实基于十分片面的公众再现——受众概念是事后测量某些节目引出的反应,因此是测量已有供应,不是测量潜在需求,结果是对真实需求的性质和强度一无所知。在这个意义上,受众独裁并不存在,存在的只是想象出来的需求被强加。

吉特林深入美国电视的台前幕后进行族裔研究,从经验层面论证了上述说法。他在《黄金时段内幕》(*Inside Prime Time*,1983)一书中指出,美国电视运作就像"复印艺术",节目选择基本上是负面的、盲从的:避开可能令多数人不悦的,保留所谓大家都能接受的类别和主题,再不停地加以复制。电视因此倾向于只为硬核观众服务,将其他观众排除在外,变化只能循序渐进。比如,二十世纪七十年代以前,同性恋根本不会在电视系列剧中出现,理由是,如果出现,会吓到观众。但是,某个制片人大胆尝试,也可能获得高收视率,然后被普遍模仿(如真人秀的惊人复制)。电视台做的测试①可以提供定性分析,补充印证了上述发现。测试结果很少改变行动者的观点,但是制片人和发行商会将其工具化,以此向创作者强加观点。这是行业谈判以及决策(改变某个桥段,弱化某个主题等)合法化的内部工具,主要是为生产方针服务,不是为了直观评估公众期待。

然而,数据的使用不能简单归结为纯粹的不了解公众。吉特林只描述了视听行业循规蹈矩的一面,他的结论说到底似乎是模糊的,因为结论中也提到,某些创新策略、重视好的受众效果会带来变化。其他学者对视听行业的研究,如沙尔翁-德梅尔赛(1998)、雷吉娜·沙尼亚克(R. Chaniac,2003),基本上强调追逐受众的双面性。即便从技术角度看并不科学,数据还是可以作为业内人士与公众交流的工具。即便数据有许多缺陷,首先是为了解决生产的内部矛盾,受众测试有时还是能透出受众反应,就像广告测试一样②。通过测量来追逐受众是一种神话,结果可能增加对需求多样性的理解:在大众媒介中起作用的种种张力,不会在将一切定量的腐蚀液中消失。用数字表示的公众,不是确定的现实,而是创作行为者链条上一个谈判元素,首先被生产主管用收视率概念工具化,同时也允许大众欣赏的出现,并且让创作者有可能捍卫创作的领地。大型媒介坚持实证主义,运用更多指标(小/大消费者、收视稳定性等)、更多定性分析和社会测量,发展出一套"节目安排的艺术",作为"复印的艺术"的补充,如此操作没有错。作为"反向普查""穷人的选票"(出自米歇尔·苏颂),受众测试预测不了什么,但是,当电视不甘沦为封闭花瓶,主动面向公众期待,尤其

---

① 这种测试请上百人(大致代表各年龄段和各种受教育水平)坐在一起看剧集试播(或一部未上映的电影),然后问问题,听他们谈看法。
② 像广告商一样,电视行业人士实际上从来测不出产品未来可能的结果,但是可以从测试中吸取教训。广告界一个著名案例证明了这一点:二十世纪八十年代,法国 Bic 公司推出一款在烟铺销售的一次性廉价香水,产品推出之前未做用户测试,理由是测试不可能反映创新的影响,结果一败涂地。研究发现,消费者认为廉价和烟铺是降级的象征,而香水是极有奢侈品内涵的产品。系列销售测试当然测不出产品未来能否成功,但是或许能考察消费者不愿购买的原因何在……

是广大消费者的期待时,受众测量就是一个重要工具。这是在回应一种真正的"按需电视"(télévision de la demande,D. Mehl),一种能将公众亲历世界(J. Fiske)以"临时顺应"(conformisme provisoire,É. Macé)模式整合起来的电视,至少是以一种消极方式在最低程度上建立起一种"民主的独裁"。综艺、真人秀或足球赛,受众如此之多,而有些人不认为这些节目也是选择,也包含口味偏好,只认为它们是被动人群无差别的给啥看啥,对他们来说,"民主的独裁"之说无法接受。

由网络搜索引擎和社交媒体提出的受众兴趣的直接和间接测量(点赞、点击),加上源于营销的新方法,有时似乎让受众评估重回此前早已被抛开的被动性。有了互联网,受众终于不再被视作只因节目而聚集的无形群众,而是被视作积极使用者。这种神话,让人设想大众媒介与数字媒体之间存在重大断裂,将带出全新的历史,其实,从收听稳定性指标,到放映厅试播测试,再到反应测量指标,设施和认识深化过程之间有着基本的连续性。正如菲利普·纳波利(P. Napoli,2011)所言:"在这个略显混乱的局面背后,是一个稳步发展的过程,即对公众的理解更加理性化。"

小　结

对创意产业的探讨,让学界发现了许多矛盾,其中重要的一点是,对受众的考量存在对立观点。不仅生产和接收之间有矛盾,生产行为和接收行为内部也有矛盾。将不同行动者孤立起来,分别展开社会学研究,不利用大众媒介之外建立的联系,就难以把握矛盾的根源。这样的探讨将是有限的,因为它只是关于交叉的期待,不涉及历史的动力。本书第三部分将把媒介放回社会,融入文化,不是像控制论那样基于功能好让人宽心,而是民主地进入多元阐释的冲突。

文化霸权主义的问题

关于美剧《达拉斯》(Dallas)

电视系列剧是思考文化霸权主义的理想用具,因为在产出国以外大量发行的大多是美剧。二十世纪八十年代以来,不少学者研究《达拉斯》——可能是有史以来最受欢迎的系列剧。卡茨和塔马尔·利贝斯(T. Liebes)的跨国调查《意义输出——〈达拉斯〉的跨文化阅读》(*The Export of Meaning, Cross-Cultural Readings of Dallas*,1990)以丰富的资料指出了文化强加之说的模糊性。该调查对比了不同观众群观看相同剧集之后的反应(为方便起见,也为节约成本,访谈主要在以色列进行):

- 以色列籍阿拉伯人;
- 以色列籍犹太人,基布兹成员;
- 以色列籍犹太人,来自苏联,新移民;
- 在美国接受提问的美国人;
- 在日本接受提问的日本人。

访谈对象用录影带观看几集电视剧,一个与他们国籍相同、社会状况相似的调查员提出几个具体问题,然后让访谈对象自由讨论(半引导式访谈/参与式观察)。为了避免发生矛盾、脱离访谈方向,每组成员的社会背景大致相同。访谈发现,不同文化背景的人群对《达拉斯》的解码都是从同样的叙事素材出发,即所谓"重大"主题(财富争夺、家庭矛盾、爱情故事等),对主人公 JR 都有同样的愤慨,对某些人物的美都表示惊艳,对编剧的某些套路也都表示不屑。有趣的是,各组观众的差别在于给各个主题分配的重要性不同、对几大类话语的使用频率不同(卡茨和利贝斯借鉴雅各布森和巴特的灵感,把话语分成四大类,以此作为分析框架)。

卡茨和利贝斯的阅读类型

- "游戏"类:有距离地提到剧情和角色。

- "真实"类:将剧情与日常生活对应。
- 元语言批判:从制作角度进行分析。
- 意识形态批判:因意识形态而排斥内容。

"传统主义"组(阿拉伯人、基布兹以色列人)最频繁使用"游戏"类话语,比别人更多地看到《达拉斯》里面围绕父权威望、兄弟间长子权争夺和生育问题展开的家族传奇故事。他们在剧中认出了部分的自己,在他们看来,剧中描述了一个以家族为中心的世界,尽管故事发生在20世纪的得克萨斯州。"苏联"犹太人对电视剧最多嘲笑,在他们看来,《达拉斯》揭露了美国资本主义的罪恶(迷恋金钱)和美国意识形态的自相矛盾(剧中人物并不幸福)。美国观众更好奇的是电视剧制作的条件(元语言批判),对演员、剧情设计感兴趣,拿它对比好莱坞同期作品。"为什么《达拉斯》那么多地谈到婴儿?"阿拉伯人回答,孩子是家族继承争议的核心,是家庭延续的核心;美国人则回答,婴儿对编剧很有用,有了孩子,电视剧就能接着往下演!

对日本观众的访谈解释了《达拉斯》难得的失败(还有巴西,那里电视剧创作太丰富,妨碍了美国产品的进入;在日本,由于观众少,这部剧放映没多久就被电视台撤掉了),也说明了电视剧的成功不是偶然因素。访谈发现,日本观众不喜欢这部剧里面一团乱而且经常爆发冲突的社会人际关系。日本是美剧消费大国,日本荧屏暴力内容也不少,但是,尽管日本社会比西方社会更受父权统治的影响,日本人钟情的还是温和的关系,基于至少表面和谐的家庭关系,这妨碍他们去接受撕裂、混乱、剥掉文明表象的家庭景观。在他们的想象中,美国是一个契约社会,男性都有担当,而《达拉斯》冲撞了他们的想象。

结论是,观众阐释的与其说是作品,不如说是他们自己。来源不同,文化资源不同,与产品的接近程度不同,他们的阐释也随之不同。《达拉斯》进入别国文化,不等于在白纸上书写美国故事。二十世纪八十年代在其他国家进行的调查证实了上述观察。洪宜安(I. Ang)通过邮件访谈,发现荷兰人对《达拉斯》的兴趣与他们自己社会非常自由的特点有关：片中的得克萨斯家庭远非传统，而是一个关系被解构的世界的样板，是这场解构危机的解毒剂。在德国，赫尔佐克（H. Herzog）指出，观众不像别国观众那样排斥 JR，尤其不像在邻国荷兰，因为德国的父权特点更突出（德国人并不比别国人更喜欢这个人物，但他们也看重这个人物作为家庭关系管理者和奋斗者的一面）。阿尔及利亚的若埃勒·斯托尔茨（J. Stolz）则指出，《达拉斯》在阿受欢迎，是因为它表现了一个植根于传统的家庭，在传统被颠覆的马格里布社会，《达拉斯》被当作投射对象，让人既怀旧又憧憬。

为什么某些电视系列剧风行全球？

上述调查的方法遭人批评（洪宜安的邮件样本总量很少；卡茨和利贝斯调查的社会构成不一致；日本访谈对象里面，知识分子明显偏多），但是调查的结果对理解文化霸权主义有不可忽视的贡献。美剧成功有多个原因，不能简单归结为工业强权的冲击，或文化霸权的强加。美国的视听生产，无论商业结构还是组织结构，似乎特别适合向全世界出口电视系列剧。电视从二十世纪八十年代开始回应需求逻辑，美国企业特别善于自我调整；欧洲和其他地方的电视垄断结束之后，视听生产的供应逻辑也告终结，结果不得不进口折旧后降价的美剧，所以，从那以后全球电视都在播美剧[九十年代是《贝弗利山庄》（*Beverly Hills*）和《海滩游侠》（*Baywatch*）]。此外，美剧是根据久经考验的好莱坞电影规则创作的：依靠专业编剧、有样片试演试播、做受众测量、剧情中的阴谋相对简单、关键人物符合关系型电视（而不是信息型节目）的要求。它们吸引非常不同的观众群，靠的就是几乎普世的内容，虽然这些内容的接收因国家而异。大型美剧往往依靠常见套路（恋爱关系、家庭关系、善恶斗争等），但是放在不确切的语境里，让观众可以投射其中，同时又不减损剧情的乌托邦潜力（也因为是美剧，可以满足观众的异乡期待，摩天大楼、沙漠、物质丰富……）。土耳其电视系列剧同样可以在希腊获得成功，尽管政治环境似乎并不有利，因为它使用原始叙事，同时给希腊民众提供镜像效应，让他们思考共同的过去和现在(Larochelle,2021)。

没有个别国家的收视产生的流行效果,某些电视系列剧也不可能超级成功。系列剧成功的原因因国家而异,但是,赶时髦、好奇心肯定会增强人们看知名连续剧的愿望。电视剧总有"二次接受":《权力的游戏》(*Game of Thrones*)有"全球社群"[法国系列剧《海伦娜和男孩们》(*Hélène et les garçons*)的社群规模小些,褒贬不一,但是人人爱看]。这就体现了文化霸权说的局限,因为各地接收有差异(如今已是众所周知),而且美剧也确有值得赞赏之处。电视剧领域的垄断或寡头现象的存在确实令人哀叹,因为各国观众并不是只需要外国电视连续剧,他们也想看国产作品或其他形式的产品。大量调查表明,有国产作品的地方(1990至2000年间,美国以外的生产增加了),观众最终还是更爱看国产剧而不是美剧。二十世纪九十年代末流行的真人秀就是例证,《老大哥》(*Big Brother*)出口到多少个国家,就有多少个本地版本。

最后,怎样定义美国文化和美国试图输出的价值观,也是个尖锐的问题。社会不可能简化成几个元素,说全球景观哪些东西属于哪个国家,更是不可能:《吸血鬼猎人巴菲》(*Buffy*)的成功,部分原因在于青少年地位的全球化,以及有限的性别身份颠覆游戏,而这实际上并不是美国化(Wilcox,Lavery,2002),超自然类和制度批评类的剧也是一样(Clark,2003)。如果坚持搞文化阵营竞争,就必须指出,有关价值的大型调查(Inglehart,1999)已经得出结论:民族文化的汇合不是走向美国模型(假设美国模型真的存在),而是走向北欧模型,即更少的视听产品出口。

第三部分／让传播多元化

民主、创新、反思

第十三章

公共舆论的政治理论

回归强大效果说?

第二部分介绍的将传播社会学化,是用人类行为的建构逻辑反对纯粹的功能逻辑。媒介是信仰与实践形成、复制、对抗的空间,权力和文化卷入其中,不可分割,所有因素你中有我。将传播社会学化的危险已被多次强调。这种思路认为社会行为给定且封闭在某个系统内部,这个系统要么倾向文化主义,要么倾向以象征统治为中心的结构主义。从传递逻辑转向建构逻辑,是用社会学主义代替自然主义,有很多矛盾和冲突(如媒介领域揭示的矛盾和冲突)与之抵触。面对这一危险,社会学发展出一个额外的层次,即对人类行为加以描述(社会学从不将人类行为简化为单一的产品)。民主社会的活动表现为冲突、自我经验和他者性,这些活动的核心是阐释和变化。传播社会学研究的下一步,是把意义生产、意义接收之间的动态真正理解成传播者、内容和公众之间的关系(就像本书关于生产与接收的那几章里,学界在微观社会学层面已经做到的那样),并且要在持续的民主进程中,将媒介重新放进社会冲突关系的更大范畴。

将大众传播视作民主发生地之一,首先由关于舆论的政治理论提出。二十世纪七十年代,政治学提出舆论的"议程设置""沉默螺旋"等模型,重新认识了新闻信息的角色,同时也回到效果的概念。这一启发式回归提出了之前未被提出的问题:不仅是在组成社会的文化里面,而是在社会建构及整个社会生活当中,媒介扮演着怎样的角色?媒介领域对政治风险和矛盾的渗透程度能否测量?因其坚持实证主义,且可能引发倒退,回归效果论的做法广受争议,但它实际上是一个重大突破,即用认知主义和构建主义的观点看待政治代表。从这个角度看,公共舆论理论综合了社会学思想的演变,从效果转向事实的社会构建,而且是转到宏观社会学层面展开分析,即视媒介为整体,研究它与社会的对抗。在功能或规范的概念之间、功能与植根于民主的概念之间,公共舆论理论好比一个衔接的铰链。

议程设置论和沉默螺旋论

政治学很早就关注媒介,李普曼和查霍金曾谴责媒介导致大众非理性,拉斯韦尔则认为媒介能教化大众,相关研究早有所成,但是与有限效果论一同归于沉寂。二十世纪七十年代,学界渴望摆脱只看短期、只谈个体和人际抵御机制(选择性)的拉扎斯菲尔德范式,思路由此更新。媒介效果在社会层面长期作用,不是通过灌输,而是通过排除选择或引导选择。

马克斯韦尔·麦库姆斯(M. McCombs)和唐纳德·肖(D. Shaw)提出"议程"(agenda)概念,用这个新工具比较媒介承载传递的观念和公民自己的观念,将二者联系起来。议程,即优先性由低到高排序,就媒介而言,统计某一时段关注的主题、不同主题占据的荧屏时间或报纸版面即可知晓,对公民来说,通过民调和访谈也可了解。日程间的关联,甚至记者早期抱持的关切,研究者也可统计核实,由此思考结构性作用的影响。贝尔纳·科恩(B. Cohen)有句名言:媒介告诉我们的不是应该怎样思考,而是应该思考什么。一个事件发生了,没有什么会决定舆论是肯定、否定还是冷漠,但是一切都在促成关于这一事件的舆论,因此消灭了可能性。伊丽莎白·诺埃尔-诺依曼(E. Noelle-

Neumann)的沉默螺旋理论(1974)以更贴近的方式论证了媒介介入社会空间、抑制舆论多样性的观点。她发现,个体所持的观点不同于他们的公开表达(在某些情况下可以通过统计确认)。她分析1965年德国联邦选举期间的投票意向,发现不少选民起初犹豫不决,在基民党可能获胜的预测公布之后转而支持基民党,由此提出"滚雪球效应",即选民倾向于支持被预测可能获胜的阵营。关于"随大流"效应(bandwagon)和退出效应(不同政见者退出辩论,或放弃投票)的新表述的独特性在于包含如下假设:对孤立的恐惧引导着当代社会的个体行为;不与他人接触,导致对观点多样性的无知,以及对被认为占主导的观点的强烈依赖;个体不停地评估身边的主导观点,以便选取不会令自己孤立的立场;公众参与度视可预估的成功率而定。多数派团体通常会产生巩固自身优势的动力,但它如果怀疑自己的观点,就会失去领导力,被相信自身力量、公开捍卫自身观点的另一团体取代。

在诺埃尔-诺依曼的第二部作品(1984)中,媒介被置于机制中心,类似议程设置机制。把握主导观点,不仅通过观察周遭人等,也要考虑广播电视里面的"意见领袖"、记者和一线人物的话语。一小部分人就能约束个体的批评精神,使个体退出辩论、进入沉默螺旋,让主导观点上位:就这样,媒体告诉我们"不该思考什么"。

媒介真的左右选举吗?

上述两种说法提出现实被媒介定义的压力,犹豫不决的人群受到的压力尤其明显,支持了人们对选举被操纵的怀疑。不过,批评意见以及说法提出者本人的修订冲淡了这两种说法的影响。不考虑媒介议程和公民议程之外的议程,尤其是政治人物的议程,不同时研究群体内部和群体之间的互动,议程理论就失之片面。麦库姆斯和唐纳德·肖以及他们的继承者后来做了大量研究,加上科恩(1963)、科布和埃尔德(Cobb & Elder,1972)对政治决策者议程的研究[他们不提"议程设置",而是提出"议程建设"(agenda building),也就是公共舆论建构],得出了一张极其复杂的关系图。公民议程和媒介议程一起影响政治人物,这一事实常被提及,"水门事件"就是著名案例,更重要的是,他们提出新的观点:持续不断的你来我往,甚至纠缠,主导着公众舆论(在"水门事件"的案例中,政府的立场选择也发挥了作用)。媒介议程对公民的影响有时有反作用,研究者也认识到反作用往往是相对的,因为它不会在所有时刻作用于所有人,公民会用自己的信息和价值对抗报刊的信息和价值,但公众的关注还是会取决于媒介被赋予的可信度。

不同议程之间存在明显扭曲,或者并无简单因果关系,有许多案例可以证明。1988年法国总统选举,记者聚焦于左右共治,但失业问题始终是公众的第一关切(Bregman, Missika, 1987);1992年法国就《马斯特里赫特条约》举行全民公决,媒体以为会顺利通过,结果却是公决险些拒绝该条约;1995年法国总统选举,媒体预测巴拉迪尔(E. Balladur)稳操胜券,收视率最高的电视台TF1也支持他,但第一轮投票他就被淘汰出局;2022年,极右翼候选人埃里克·泽穆尔(Éric Zemmour)得到博洛雷传播集团大力支持,在新闻电视频道CNews和娱乐电视频道C8频繁亮相(Sécail, 2022),被所有媒体过度关注,甚至转移了舆论对马克龙(E. Macron)、勒庞(M. Le Pen)和梅朗雄(J.-L. Mélenchon)三人组的关注,但泽穆尔没能通过第一轮投票。2002年,选战核心议题是犯罪率上升和社会治安,极右势力进入第二轮,但这很难归因于议程效应,尽管盲从媒体的现象非常明显,也很恼人。大选开始时,公民议程的首要议题是社会治安,后来的获胜者希拉克(J. Chirac)也决定围绕这一议题展开竞选(Mercier, 2003)。他的社会党对手1997年就把社会治安议题放在竞选纲领的第二位,只是未能给出一种不会被极右势力挪用的定义。在意大利,1994年胜选的贝卢斯科尼在媒介领域无处不在,但这也没能阻挡他迅速失势;2001年他再度当选,不是因为媒体操纵,而是因为政治攻势,他并未吸引全体选民,但是善于利用两派选民的坚决对立(Lazar, 2002)。2016年,特朗普意外当选美国总统,再度引发有关议程设置重要性的激辩,尤其是推特在选举中的作用。这名共和党候选人连发极具挑衅性的推文,让媒体不得不转述,甚至予以批评,成功主导了总的媒体议程,而他的民主党对手希拉里·克林顿的推特账号关注度只有他的四分之一。可以说,特朗普的策略至少是部分控制舆论,或者说,转移人们对可能威胁到他的问题的注意力(Lewandowsky,Jetter,Ecker,2020)。问题还在于沉默者的选票。它们来自那些感觉未被代表的极右翼选民(包括持种族主义观点者),民调未能预测房地产大亨的胜利,也没能很好地把握这批选民。是诺埃尔-诺依曼的"沉默的大多数"被遗忘又突然被动员起来了?对选举结果的分析有力地澄清了这些说法。特朗普通过选择竞选主题(拒绝移民、不计气候成本的经济复苏、敌视中国)赢得了2016年选举,他竞选期间对这些主题的表态并未缓和,出乎所有人的意料,而事实证明这在对他最热衷的阶层里(教育程度低,尤其是白人,信奉新教)很受欢迎。然而,希拉里·克林顿以48.1%(特朗普为46%)的得票率赢得了所谓的民众投票,她的支持者主要是女性、非洲裔美国人、西班牙裔美国人(尽管各州有差异),从中等学历到极高学历都有。民主党候选人的失败,首先是美国选举团制度造成的,这个制度使保守小州被过度代表,扭曲了全国性的选择。至于"沉默的大多数",可以说首先是弃权者,他们占选民的40%,而且大多是年轻人,经济条件较差,非白人,主要来自亲民主党的群体,要么不想投票,要么被阻止投票。

塞尔日·莫斯科维奇(S. Moscovici)的研究反驳了沉默螺旋说。他在《活跃少数派的心理》(*Psychologie des minorités actives*,1979)一书中指出,少数派的表达能力和促成社会变革的能力远远高于诺埃尔-诺依曼的估计。而且,自我认知只通过偏差(déviance)这一个方面,这种观点在很大程度上不成立:偏差(或曰越轨)的概念本身因社会、因人而异,抑制行为及其预设后果(沉默螺旋)没有放之四海而皆准的机制。某些少数派政党在民调中获得的投票意向和最终获得的实际票数可能有很大出入(极端政党的支持者比其他政党的支持者更倾向于隐瞒真实意向),但是退出公共生活的说法并无普遍规律可循。媒介动辄评说某某丧失斗志,可是这些说法都能找到反例。1995年法国大选,左派选民在选战头几个月大受打击(可能因为媒体纷纷预测巴拉迪尔(E. Balladur)即将获胜、新的多数派正在形成?),结果是社会党候选人若斯潘(L. Jospin)在第一轮投票中领先。有学者认为,这是因为反作用,即所谓"失败者效应"(underdog)——少数派的支持者情愿失败者获胜,以此抗议。也就是说,右派选民当中,巴拉迪尔的支持者把票转给了被预测将失败的希拉克,希拉克变成讨人喜欢的失败者,但这个说法其实和"随大流"理论一样禁不起严密论证。仔细分析选举,就会发现各党派及其候选人走的还是已知道路,政治的动力主要还是植根于社会差别,而不是信息交流。诺埃尔-诺依曼后来的研究(1999)不再强调媒介的重要性,而是从另一个原则出发——确定意见领袖群体,就可以预测选举结果(类似《人民的选择》,设定领导者自然而然存在),因为舆论引导者的投票意向可以揭示跟随者的投票结果。诺埃尔-诺依曼的理论发展,和议程设置理论走过的路一样,逐渐重回拉扎斯菲尔德模型以及社会互动的复杂性。

　　这些理论模型的吸引力在于它们坚持实证主义,相信媒介影响可以量化,而且根子里有批判理论的影响。麦库姆斯和肖自诩工具主义者,希望拿出覆盖面不大、社会学相关性不强,但是禁得起经验检验的理论。可他们拿出来的工具如此粗疏,以至于由此得出的信息很少立得住。他们执迷于将简单效果概念化,想用纯机械的科学解说人类行为。可媒介只是社会的一个子集,没有哪个变量独立存在,每个变量又可分解成无数变量①。这些思路走不通,议程效果说的支持者转而尝试实验研究,将该领域的知识抽象化,转向更具分析性的信息框架[他们提出议程塑形(agenda framing)说],类似半实验心理学。诺埃尔-诺依曼沿着托克维尔关于社会统治的保守思路,试图施展人类学抱负,但这种做法实际上是一种倒退。照她看来,媒介既有生产舆论的能力,也有钳制舆论的

---

① 议程设置和沉默螺旋理论无限接近真实但无法达到真实,因为,媒体信息令人窒息可能有利于共识的产生,但前提是社会没有其他的信息网络。

能力,因为舆论是一种完全可以客观化的、非关系性的现实。舆论诞生于社会之外,可被测量,然后承受社会压力,以便再度被测量。个体在外部自由形成观点,而媒介迫使个体表达或压制这些观点,这就回到前社会学理论的范畴了。

讽刺的是,公共舆论异化论自认为是右翼思想,其实与托德·吉特林(1979)的马克思主义观不无关联,吉特林的表述甚至更细腻。拉扎斯菲尔德认为,媒介巩固已有观点,吉特林从中找到了媒介长期效果的根源:权力首先要维持对统治者有利的现状,而不是直接利用影响改变状况。巩固已有舆论的效果,是媒介最有力的效果,为了维护结构化权力的最大利益,媒介告诉人们"不能思考什么"。媒介让我们面对一模一样的东西,还误以为是在做选择:百事可乐,还是可口可乐?卡特(J. Carter),还是里根?如果了解左右两派关于大众社会迷思的观点如何接近,了解批判理论对诺埃尔-诺依曼的影响,那这样的左右合流就不足为怪了。诺埃尔-诺依曼曾师从阿多尔诺,但她关注的是左翼知识分子无处不在的媒体影响(据说如此)可能给德国政治气候带来的改变。

回音室和数字过滤泡泡

回音室理论是沉默螺旋理论在数字时代的轮回,钟摆甩到对个体不利的一边——如今是个体,而不是媒体,被指应为公共的衰落担责。按照这一理论的主要支持者、法律兼哲学学者凯斯·桑斯坦(C. Sunstein, 2001,2017)的说法,互联网时代,每个人都很容易陷入博客和社交媒体的封闭圈子,拒绝面对他人观点,民主遭逢舆论碎片化。信息循环折返,好比声音圈在回音室,最终可能导致政治极化、仇恨和狂热,而民主需要信息交叉流动和经验分享。桑斯坦著作未提供经验论证,而是动用了非常异质的论证元素,时而具备规范性,时而具备科学性。他主张共和式协商民主的立法框架,从根本上脱离直接民主程序,还不乏父权主义和对美国社群理想的怀古。他认为,新传播体系大大减少见面机会,对社群构成威胁,互联网与大众媒介截然相反,分裂压倒凝聚。此种技术决定论极不细致。最重要的是,他用认知过滤心理解释自我封闭倾向,认为这一倾向包含三个要素:个体服从所属群体的规范;个体感知不到支持,就不会表达自己的不同意见(显然参考了诺埃尔-诺依曼);当个体感知到参照群体的支持,就会变得大胆,然后走向极端主义。他的问题不是痛惜选择被删除,而是担心选择过度:已有观点不断被强化,将导致交流不再存在。

在西方极右力量崛起、针对代议机构的暴力兴起、网上仇恨团体得势的背景下,这种危言耸听的观察并非无关紧要:它为分析这些现象提供了语汇(尤其是自 2016 年以来),并且促成了对网上相近社群运作方式的记录(Mesangeau,Morin,2021)。然而,应该对相对晚近的线上表现和保守主义反弹现象(Grossberg,2019;Norris,Inglehart,2019)有所区分,后者已经持续数十年,在美国两党制背景下尤其明显。美国的情况是特例:二十世纪八十年代以来,美国保守主义反弹尤其猛烈,两党制加速政治极化,信息领域也分裂成严格奉行极右主张的媒体(布赖特巴特新闻网、福克斯新闻……)和仍然坚持核查和对话原则的其他所有媒体(Benkler,Faris,Roberts,2018)。这类现象在欧洲也存在,但不明显,媒体分裂尤其不明显。

关于媒体使用的众多调查研究没有证明数字化对极化有特别的作用。理论层面上,桑斯坦使用社会科学模型有挑有拣(如果可以这么说的话),他借鉴哈贝马斯的理性主义,却忘记了对群体规范的服从是与更广泛的规范相衔接的:不能把网络小群体从整体社会化剥离出来,只对他们做社会心理学分析,还要对舆论和意识形态做宏观社会研究。另一方面,他认为少数群体的品味会无限地自我坚持下去,甚至用他们的极端主义决定整体趋势,这与少数群体的定义自相矛盾。

活动家伊莱·帕里泽(E. Pariser,2011)提出的过滤泡泡概念也含有对碎片化的恐惧。帕里泽将指责重新指向供应,而不是需求,引发了对搜索引擎算法和数字社交网络的普遍批评。在他看来,互联网用户似乎被信息窒息了,个性化自动工具和搜索引擎算法不断强加过滤,将用户锁定在他们自己的品味、经验和意识形态当中。GAFAM 为了粘住用户的注意力,力推点赞经济、品味重复,导致用户接受的数据自带偏见。虽然这样的碎片化理论过于简单,实证研究无法予以证明(Zuiderveen, Borgesius, Trilling, Möller, Bodó, De Vreese, Helberger, 2016),但是必须承认,碎片化之说激发了反算法、反工业化盲从的斗争,连奥巴马总统任内最后一次演讲也提到"过滤泡泡",引起媒体极大关注。事实是,数字技术产生的同质性并不比在整个社会领域观察到的更严重,相反,因为大众用户对最具争议的内容保持相对更远的距离,而线上信息使用者比其他人口学历高,因此更杂食:以塔尔德所言的方式分享共同菜单的愿望仍然存在。

公共舆论确实存在吗?

公共舆论当然是媒介研究的重要问题。操纵论认为,公共舆论既然是被操纵的,那它其实是不存在的,或者至少是不一贯的。两个多世纪以来,部分研究思潮对这个概念有多反感,政治领域和调查行业对它就抱有多大希望,后者几乎垄断了相关概念的表达——民调被设定为反映民意,可揭示未被明言的共识,或是向当选者传递多数人的意见,从而化解了代议制民主和人民当家作主之间的矛盾。针对这种至今犹存的美好想法(民调报告总是说:"法国民众认为……"),布尔迪厄(受布鲁默启发,1948)的批评可供参考。

社会是由此消彼长的力量关系构成的,不应把社会视作基于共识的和谐统一体。没有哪个主题本身就是"政治的",也没有哪个观点必然是"个人的",更不必然是"公共的"(取其"共同"之意):面对事先给定的主题,大多数人没有能力抽象地表达意见,而是顺服占主导地位的定义。政治场域是布尔乔亚的历史架构,"有观点"是社会造出来的说法,以对受过教育的人士有利的方式分配,把没受过教育的人、不为人所闻的人排除在外。通过"不回答"、不断变化的回答、当提问者被视为合法时不得不回答(问题强加)的游戏,民调测的是一种人为的社会状态。它们认识的不是现实本身,而是一种建构:舆论之影像是民调委托者、组织者和阐释者的观点的投射①。唯有知识分子投身于强大的社会运动,才能让民众得解放。公众舆论的存在被激进民主理念的支持者质疑,也被试图把握其逻辑的政治经济学思潮误导(正如我们在麦库姆斯、唐纳德·肖和诺埃尔-诺依曼著作中看到的那样)。菲利普·康维斯(P. Converse,1964)指出,个体意见彼此矛盾,聚在一起也不可靠,这个观点很长一段时间被奉为权威。其中的怀疑主义有时甚至让人觉得,少问公民想法,多听专家意见,或者依靠激进运动而不是选举程序,民主会运作得更好些。

上述说法明显简化了公共舆论问题的丰富内涵。关于统治的社会学研究,在这里和在别处一样,高估了主导定义的同一性和重要性,低估了民众思考和行动的能力。它用"传播是有冲突的"论证"公共舆论不存在";权力即服从;要推翻权力,唯有通过激进的社会行为。政治学者则认为理性是贫弱的——"非正即反"(人们要么同意,要么不同意),用意向状态分析公共舆论。回望社会科学奠基之时关于公共舆论的早期思想,许多研究者的分析反而更有成果。杜威认为,民主取决于相信真正来自"公众"的行动和创造性,为研究打开了体制控制以外的空间。政治不是把事先构建的观点聚在一起,而是通过多渠道的无尽讨论让意见自我修正。塔尔德也认为,观点是在交流的过程中形成的,依照莫里哀式的观点,对话充满惊奇,人在与他人对话时,会听到自己说出不曾意识自己拥有的观点。

借用交互理论的表述(L. Quéré,1990),关于舆论的理论不应用思想内容、精神状态、装置来表述,而应用语言游戏、用法、象征和共同实践

---

① 达尼埃尔·加西(D. Gaxie,1978)和帕特里克·尚帕涅(1990)延续这一批评,前者指出主导类别在舆论构建中的强加作用,后者指出公共舆论历史上的构建特征,公共舆论是"意识形态战争机器,由十七世纪知识精英和布尔乔亚搭建,目的是让他们自己的诉求合法化"。

来表述。私人、私密的表达已经是在与自己对话,也包含共同环境。公共互动不是自主的,而是动态的,它让个体观点、共有观点存在、相遇、交锋、凝固,其间始终被质疑。约翰·札勒(J. Zaller)的政治研究转向实践论或程序论(1992),他综合了康维斯关于舆论不稳定性的观点、对康维斯观点的反对意见(某些集体舆论在一定时间内相当稳定)以及拉扎斯菲尔德的社会学研究,恢复了实证主义的假设。个体选择性地将自己暴露给某些政治信息,根据自身政治能力高低,带有批判性地对待精英话语。他们的观点既不稳定,也不统一,就同一主题可能分裂成许多观点,可能彼此矛盾,也可能继续演变。观点缺乏一致性,说明民调可能通过对问题的组织、表述和安排,推动受访者采取简单立场。观点缺乏一致性,不是因为理性贫弱,而是舆论进程集体性、被分配的特征所致(汇总之后,观点往往呈现一贯的状态)。态度弹性巨大且模棱两可,呈现了民主互动的连续性,意见不可能完全封闭或暂时静止。民调实现的观点汇总是精英影响下的框架化产物,但是"总得有人负责把事情简化,把风险提炼出来,这样才有可能采取行动"。

民调不完美,但是吸引人,对它不必指责,也不必赞美,因为它的目标本来就不是反映纯而又纯的公众舆论(哪怕只在某个给定时段),也不是作为以量取胜的合理化工具为治理者服务(D. Reynié,1998),而是帮助公共舆论以持续的、矛盾的方式自我再现。洛伊克·布隆迪奥(L. Blondiaux,1998)指出,政治史表明,最有趣的不在于询问民调对政治游戏有多大影响,而在于理解民调的介入本身就是民主的效果之一。民调提供的公共舆论是众多虚构(比如,有的虚构让人谈论社会运动)之一,它的好处在于它与民主的另一盛大虚构(全民普选)基于同样的假设:众人皆可表达,人人分量均等。不是民调"制造"民主,而是民主选择了"制造"民调,并用民调来制造民主自身,因为民主依靠民调的支持,解决了主权在民这个民之体现的问题①:通过接受工程

---

① 民调是扩展民众再现方式的手段,或者,借用历史学家皮埃尔·罗桑瓦隆(P. Rosanvallon)的说法,民调"让民主有了肉身"。

师、学者和政治家提供的技术,"民众参与公共舆论的生产,参与对自身的重新定义"。除了批评工业的无能和傲慢,强烈反对民调这一发明的,只有那些对民意释放进行明确的好坏区分(普选是好的民意释放,民调是不好的民意释放)的人,以及强调要认识民调局限性的人(对问题的回答越来越不稳定;民调被滥用;成本越来越低;只通过互联网发放问卷,忽视面对面和电话访谈,可能导致少数人的意见被过度代表,比如极右翼)。

政治传播作为互动

媒介和民调对政治的重大影响不只作用于政治选举进程,也就是说,政治人物预测到某种结果、将其内化,并且退出选举[如2017年的奥朗德(F. Hollande)]。的确,基于选民诱惑、快速反应和有限词汇量的政治营销不断发展,深刻改变了政治竞争的面相。在公民眼中,那些像是技能的东西可以作为识人捷径,电视从一开始就对从政者以貌取人,大部分从政者迅速适应,让这一媒介物为己所用(Bourdon, 1994)。此外,民调对选举结果的影响是非决定性的,因为选举只是公民反思的元素之一。因此,大众媒介促成的重大变化,与它被普遍指责的问题恰好相反。变化在于,有可能通过提供观点和激情交锋的场景,建立持续的舆论再现,虽然这个再现并不稳定,也必然不平等。托克维尔关于条件渐趋平等的社会学主张、克罗德·勒夫尔(C. Lefort)的民主冲突哲学、阿兰·图雷纳(A. Touraine)的社会学研究,都提过这样的说法。沿着这一思路,多米尼克·沃尔顿(D. Wolton)指出了传播对民主博弈的贡献(1989)。他认为,从政者、记者和"通过民调表达出来的公共舆论"三个核心因素彼此相关,在两百多年来争取个体权利和言论自由的斗争中,政治传播并没有产生因交流而实现神奇和解的共识社会,从中生出普遍公意,而是产生了充满冲突且费心劳力的构建空间,而这就是民主本身。

正因为舆论本身并不存在,所以才有政治传播,是基于三个支柱的定义碰撞使舆论得以存在。排斥某些议题或强加某些议题的现象,在民主进程的任何时刻都不会消失,但它还是有利于促进参与:毫无疑问,当选者和媒体都依赖自身对舆论的感知,都努力游戏其中,或与之适应。政治传播虽有种种弊端,但它是政治运作的条件,是政治退化的反面,是"在传播框架内对非理性加以组织的因素"。沃尔顿还把政治放进更广义的传播空间,这个空间基于大众媒体对应的"广大公众",让人不能再把民主简单理解成三个玩家在纯政治空间的博弈。对公共空间这一个概念的思考由此开始。

走向公共空间的概念

议程设置论和沉默螺旋论摆脱行为主义,更趋于定性分析,得以衔接上述政治构建理论。这些学说描述了表达的框架,同时坚持可用性(disponibilité)因素(提出哪些是应该思考的问题),提供了分析政治互动和意识形态部署的工具。意义的结构化和筛选会影响思想,在某种方式上,它就是思想,因为它使思想得以存在——意识形态是什么?不就是一套有约束力的阐释体系吗?对现实的定性或定量框架,既是认识工具,也是统治工具。处在永远的集体构建过程中、时刻经历矛盾、永不自我封闭的政治生活,靠的是社会想象,靠的是词语、形象、议程和等级的生产,通过所有这些,"人民"被言说,"人民"也自我动员,将自身想象成相互对立、相互作用的多个部分。

值得一提的是,除了议程分析测量出来的资源,个体还可动员其他知识来源;对话原则适用于所有再现。戴维·莫利(D. Morley)、比得·达尔格伦(P. Dahlgren)等学者明确指出,与对虚构的阐释一样,对信息的阐释也是多种多样的,它们引发的讨论不局限于公共空间。对公共舆论的分析,即便接近社会符号学分析,社会性也还是不够,还是没有把社会的冲突性和众多行动者全部纳入考量。这就提出了更广义的公共空间里(不限于政治)的再现的问题。

媒介框架理论:让"效果"重获重视

二十世纪八十年代,特别是九十年代以来,媒介框架分析大获成功,让人误以为出现了一种积极的、综合的角度,其方法也是统一的,可以取代行业分析、再现分析和受众分析。对欧文·戈夫曼的作品《经验的框架》(*Les cadres de l'expérience*,1974)的引用,是一些相关叙述的来源的出发点,后来,因其精确,甚至因其不含任何歧义,"框架"概念逐渐占据主导。戈夫曼的贡献很重要,但他只是在一个相对灵活的背景下,为一系列不同现象提供了一个非常广泛的定义。微观社会学学者感兴趣的是传播过程中的制约因素如何产生,他们看到,个体互动主要通过认知参照或经验的组织模式,在此过程中,个体通常是无意识的。让个体"对他们的环境、经验和世界进行定位、感知、识别,将事件分门别类"的,就是"框架":它们是结构化的,也是可逆的,并且有阐释之争。

这些学者从心理学角度研究被称作框架的结构,强调认知层面,戈夫曼说的是被更新的互动,而他们将结构自主化,并赋予它们决定论的特征,结果给人一种印象,媒介研究可以简化为识别或多或少具有根本性的组织原则,这些原则又降级成媒介所传递的、对公众有影响的刻板观念。在政治学和认知心理学对议程效应的研究中,框架概念也被延伸运用(Iyengar,1991;Scheufele,2000)。吉特林的社会运动研究(1980)开创性地分析了新闻界如何取消左翼学生思潮的资格,认为那是一个认知的、阐释的、选择性的计划,因其不言而喻,而越发持久且有影响力。但吉特林也认识到(与甘斯的新闻制作研究一脉相承),没有摆拍,没有脚手架,也就是说,没有"偏见",新闻就不可能存在,因为偏见并非传播的限制,而是偏见使传播成为可能。

如果框架被当作客观的结构,那么,问题就在于如何识别它们,因为识别过程中研究者要选择什么是隐性的、什么是开放的。这一困难促使学界逐渐放弃潜伏模式的想法,转而选择一种更慎重的观点:被采纳的,就是主动构建的。按照罗伯特·恩特曼(R. Entman)的经典定义,框架过程是一个具有战略目标(推动某个愿景)的双重过程(选择和强调):"要框住,就要选定被感知到的现实的某些方面,使其在传播文本中更加突出,以便推动对某个具体问题的某种定义、因果解释、道德评价和/或处理方式建议"(Robert Entman,1993:52)。在感知、选择、投射、强调、连贯性、价值、信仰甚至意识形态的复杂范围内,应该衡量什么,学界没有共识。框架的影响主要基于上文提到的"选择",对这一观点,学界也没有共识,因为在一些人看来,强调似乎更重要,另一些人则认为,阐释战略和时间维度更重要。因此,"反框架"的概念可以解释美国新闻界关于伊拉克战争的框架从正面到负面的变化(Klein,Byerly,Mceachern,2009)。由于理论上不统一,框架理论表现为一种"断裂的范式"(R. Entman),其方法往往互不相容,有时接近内容统计分析,有时接近话语分析,具体取决于研究者(Scheufele,1999)。如果保留其有关传播的文化和理念的维度,框架理论可用于公共问题构建、公共空间构建的社会学研究。

第十四章

公共空间理论
从康德到"真人秀"

传播社会学经历的第一场运动是将客体(讯息、媒介、阐释的编码和解码)去自然化,第二场运动是将它们重新纳入社会,纳入意义生产与接收的互动博弈。两场运动取得了丰富的经验成果,强调现实(当然包括技术)的构建层面,结束了苏格拉底式的理性/技术、唯心论/诡辩论的对立:如马克思所言,历史是人创造的,哪怕人并不了解自己创造的历史。这样的思想发展本意是开放的,问题是最终还是逐渐走向新的封闭,把世界视作完全由权力或意义的社会关系组成:社会取代理性或技术,成为终极解释。人类行为的物质层面被视作人类行为的子集,哪怕已经看到漏洞:人类永远在发明新的物理现实,这里有一道越不过去的边界——精确科学的边界。社会科学领域出现了功能主义(以整合/统治为中心)和文化主义(以身份/表达为中心)的无解矛盾,在政治领域表现为共和主义和族群主义的明显对立。媒介,和人际交流一样,趋势是要么走向有机融合(不论是否被精英工具化),要么退回特殊主义。

仔细重读前几章介绍过的学者,会发现他们的社会学理论范式差强人意。所有人的体系都有漏洞,有矛盾,或有不可还原之处。功能主义非常重视整合的概念,却造出一个单独的类别,大谈功能障碍。马克思主义阵营里面,阿多尔诺和(某种程度上的)布尔迪厄认为社会世界服从不可抗的规律,但是激进变化(也就是革命或知识分子的行动)还是可能的。"惯习"社会学提出场域和资本的机械说法,同时又说资本兑换率的问题非常微妙,象征性资本的概念更是复杂得让人望而生畏①。

文化研究学者,如霍尔、莫利,甚至菲斯克,强调的概念是对话,而不是身份退守。组织社会学、行业社会学得出的结论是存在生产性的"紧张",政治学指出公共舆论的不稳定性。只有少数几位学者敢于运用比喻来描述变化,直面冲突。塞尔托"实践的艺术"(les arts de faire)指出三层现实(见图14-1)。抵抗战术是基本能力,这是重申了自然的存在,指向第一层。文化挪用和社会政治抵抗之间的张力表达了社会运作的二元对立、权力与文化的交替平衡。通过习得,通过与他人频繁接触,新事物会出现,这样的想法支撑起更加全面的现实,将之前两层全部涵盖在内。如果没有下面这个问题:与他人接触似乎会对社会造成影响,社会世界可能真的是一个系统(功能的、价值的)。过于简单的两级社会观给第三个层面,即新事物和他者性涌现的层面,留出了研究空间。哈贝马斯给出了最为系统化的解释。随着公共空间概念的提出,传播社会学确立了新事物和他者性涌现的解放性质,拓宽了人类行为研究视野,在民主理论的道路上迈出了重要一步。

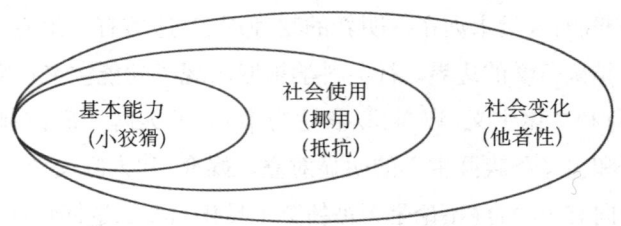

图 14-1 塞尔托的"实践的艺术"

---

① 皮埃尔-米歇尔·门格指出(1997),为了撑起一整套无法将现实传达出来的说辞,"惯习"社会学绝望地求助于反义修饰法,如"潜意识战略"(stratégie inconsciente)、"无尽的终结"(finalité sans fin)。

哈贝马斯的公共空间理论

哈贝马斯的生平及其著作,在同时代持社会民主价值观的马克思主义学者当中,堪称典型,那一批人都因目睹伟大梦想沦为梦魇而失望,然后经历了怀旧和否定。哈贝马斯早年因反纳粹瘟疫而倾极左,曾任阿多尔诺的助手,接了霍克海默的班,后任法兰克福社会研究院院长,被激进学生运动引为思想象征。后来,他放弃最初的方向,转而研究民主的哲学基础。战后德国,民主之哲学基础的研究非常重要,哈贝马斯在该领域的研究成果长盛不衰。他同时也批判民主的某些具体表现,比如,依他之见,民主受技术官僚的经济奇迹定义影响太大。

哈贝马斯通过回归启蒙,确切地说是回归康德,找到了自己的第一个依据[《公共空间:布尔乔亚社会建构维度的广告考古学》(*L'Espace publique. Archéologie de la publicité comme dimension constitutive de la société bourgeoirse*,1962)]。应该恢复十八世纪的批判模式,恢复布尔乔亚民主模式,那种模式以理性的公开使用为观点可能性的条件,而观点又是实现民主的条件。其推理如下:独白让个体面对他自己和自己的身份,公共事务讨论则将个体从特殊性中抽拔出来,让他摆脱"低级趣味"(E. Kant)。私人间的交流富有成果,此一动态构成一个确实存在的实体场所,这个场所就是公共空间,它介于社会和国家之间,是一个以个体逻辑为中心的合法化场所。广而告之(取其传统含义,而不是工业时代的广告)让观点广为人知,使秘密专断不再占据统治地位。① 对话的实用理性追求主体间性和普世性,不同于追求真理和效率的技术理性,它会让有良好意愿的个体达成共识,让这些来自私人空间的个体逐渐搁置个人利益,服务于全体的利益。哈贝马斯列

---

① 关于广告概念的变迁、广告与民主传播大发展的关系,安德烈·阿孔做过专门研究(A. Akoun,1984)。

举了哪些场所可能成为公共空间(报刊、沙龙、咖啡馆、俱乐部),但是哀叹大众媒介的发展往往伴随着堕落:广告沦为商业,吞没私人生活,不再支撑对话,自私的个人主义和自我暴露侵蚀公众的信息获取,媒介无非消费,自恋且无聊。

乍一接触上述观点,会惊于哈贝马斯对媒介经验研究一无所知,且有嗜古之嫌。他主张自由主义的、有乌托邦色彩的公民观,以忠于马克思主义的名义,对媒介无情揭批,是陈腐的法兰克福学派论调。一方面,哈贝马斯回归柏拉图哲学,推崇语言的理性,反对(资本主义)工具化逻辑的暴力,反对一切导致本位主义的社会力量(社群,宗教,个体冲动……)的暴力:媒介问题是逻各斯问题的新瓶装旧酒。另一方面,他指出了媒介中主观性上升的历史现象,匆匆予以谴责,桑内特(R. Sennett)开创的私密性研究一样持批判立场(见附文):他们不喜欢媒介,为的是媒介奉"我"至极,而前人不喜欢媒介,为的是媒介中的虚构使人无脑。哈贝马斯的双重定位难以立足,也受到许多学者批评,因为它机械照搬媒介误导说,忽视个体的社会构建,在私与公之间断然划界,而二者实为协商关系(Eley,1992)。从中可以看出,哈贝马斯迷恋议会竞技,推崇大革命之前的布尔乔亚公共空间,视之为民主样板,但是,那个民主样板将女性、青年、底层百姓等绝大部分民众排除在外,用基于财产的选举制将部分男性精英升级为普世代表,可那些人之间的交流未必"理性"(Fraser,1992;Dahlgren,1991)!不过,公共空间理论有两处新意不容置疑。哈贝马斯指出,公共空间不等同于政治传播,不等同于观点—媒介—从政者的三方博弈,公共空间远远超出这些,它涵盖一切话题、一切观点,这些话题和观点出自私领域,可能进入公共层面,并且不会腐蚀公共层面("腐蚀"一词体现了哈贝马斯思想的规范性)。

问题不再是草草确认公众、媒介和体制间的交流通过哪些渠道(研究舆论的政治学者、封闭式研究媒介制度的理论人士做的正是这个),如今要研究的,是把握一种关系普遍化的动态的巨大影响。整个社会都是传播的核心,传播表达社会的本质。公共空间理论赋予传播无限的、颠覆性的对话力量,视传播为民主的先决条件,不再把人类世界简化成由物质决定或由社会决定。

交往行为

哈贝马斯的一大长处是对批评非常开放。著作再版(1990)时,他撰写的前言摒弃了之前的"杞人忧天",承认是受了阿多尔诺的影响,也采纳了历史角度、女性主义角度的批评,并且注意到霍尔关于接收之复杂性的观点。在这之前,他的《交往行为理论》(*Théorie de l'agir communicationnel*, 1981)已经吸收了使用与满足理论和政治经济研究的成果。这部著作不谈公众"痴呆化",不说布尔乔亚公共空间更胜一筹,只深入交往行为。哈贝马斯重回经典,阅读实证主义理论[尤其是米德(G. Mead)]和语言行为理论(奥斯汀、瑟尔)的著作,认准自己的目标,就韦伯的社会行为理论展开讨论,得以提出自己的理论模型。

他认为,韦伯的四种理想类型定义过于局限,只涉及行为的目的性,即实现目标的所有维度的可能性。这个分类按理性水平由低到高排序,从理性极弱的习惯行为(我们不知道为什么会服从日常,但还是给自己手段那样去做)到效果行为(除手段之外,还给行为以目的),然后是价值行为(以意义为指导,但是不考虑后果),最后是理性行为(行为的级别就此完整,手段—目的—价值—后果)。理性的发展让人从传统和情感的世界中解脱出来,与宇宙休戚与共,产生了先是由宗教价值观引导,继而由科层合理性引导的现代社会。韦伯有时认为这一发展是有害的,他那些悲观文字描述的是一个丧失意义的世界,被抛给不能产生共同世界的自主活动场,因为他不认为人具备任何情境下都可以造出意义的能力①。哈贝马斯则把重点放在那些面向相互理解、由原则来协调的行为。他综合以往研究成果,借鉴结构主义—功

---

① 韦伯之意有多种解读,此处仅为其中一种。下一章将提到约阿斯的解读。

能主义模型,结合自己对类型的偏好(尽管他声称不喜欢用类型作描述),将行为分类如下:工具行为有目的性,有技术目标(有效但是无意义);战略行为类似言语行为,有目的性,有利益导向,但是与理性合作者的决定有关;交往行为类似言外行为,非目的性地寻求对情境的共同定义。"工具行为可以过渡成为社会行为,(而)战略行为本身就是社会行为。但是,当参与者的行动计划不是由自我中心的成功算计来协调,而是由相互理解的行为来协调,我称之为交往行为。"

哈贝马斯部分保留马克思、韦伯对现代性的批判,但是与二者界限分明。人类行为包含所有层面,各层面之间没有分割。我们同时居于所有世界,也就是说,工业劳动、政治、主体性和主体间性互不排斥。如果说个体感到痛苦,那不是因为目的理性与意义、科层与伦理、资本主义与社会生活之间绝对不兼容,而是因为有界限被跨越了。于是会产生更利于工具性的失衡,产生制度(由经济和技术官僚的权力领导)和生活世界(社会互动、相互理解的场所)的脱节。应对生活世界的内在殖民化需要扩张社会政府,需要对话伦理。公共空间不再是制度行为,也不是已被启蒙的人的专属地,而是从公民社会和大众媒介开始自我理解[《法律与民主》(*Droit et démocratie*),1992],其中协会和社会运动尤为突出,此二者被视作公共空间这个需要不断补充的竞技场的主要贡献者。

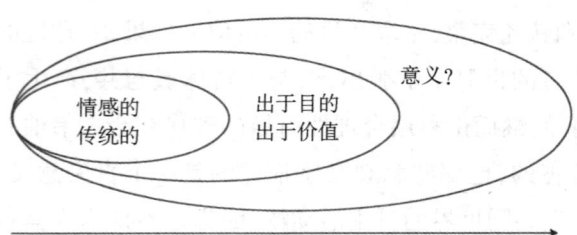

图 14-2 哈贝马斯认为韦伯这样理解行为

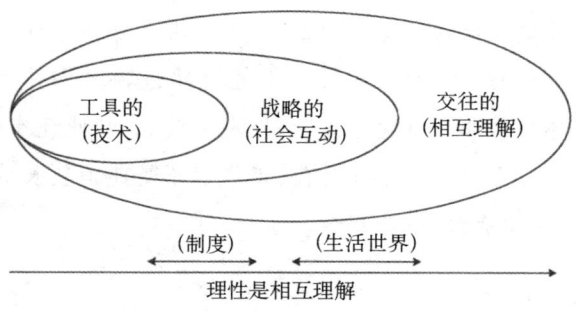

图 14-3 哈贝马斯对行为的理解

理查德·桑内特和《私密性的暴政》(1974)

理查德·桑内特的理论也谈到他理想中的公共空间的萎缩。他总结出与公共舞台上的角色扮演对应的三种历史构型。旧制度，因其推崇公共事务的非人格性，在他看来代表了参照样板。公开露面必须始终保持匿名，必须使用掩饰(面具)，像在剧场中那样。"公众"将积极行动的陌生人聚在一起，暂时取消等级差别，重回私人生活那种无须掩饰的简单状态。从十八世纪中期到十九世纪末，城市社群隔离、讨价还价(城市剧场的元素)不再，这类经济和社会现象让水果生了虫子。人格化进程渗入公众，个体将自己的欲望和被动性引入其中。"面具成了面孔"，偷窥普遍化，成为"眼之饕餮"。

当今时代，社会私密化更甚，又得到大众媒介与之适配的支持，既影响娱乐，也影响政治。揭开自恋的面纱、"褪下自我的衣衫"成为唯一目标，这作为正式义务，既是满足之泉，也是痛苦之源。如此分析颇为悲观，也相当精彩，是率先对社会实践进行心理学分析[如克里斯托弗·拉什(C. Lasch)，更早以前是汉娜·阿伦特]，但其基本观点是私密经验外在于社会，不会产生交往关系。我们可以举出更完整的公共空间理论与之对驳，如多米尼克·梅尔的观点。梅尔看到私密化社会也有使人丰富的一面，也是集体再现的来源，可以滋养公共空间，只是那个公共空间有别于议会——议会是一个严格分区的空间，人在那里面要服从话语约束。桑内特所说的戏剧性,哈贝马斯所说的抽象人,都不过是公共空间的理想类别构型,另一个伟大物件可与之并列:"电视不破坏这些过程中的任何一个。它在这些过程之外提供公共的第三种方式。不仅有非人格化方式、个性现身模式,从此还有人际方式。这些不同情景分别出现于不同时代,但它们不是此消彼长的关系。它们始终共存,你中有我,彼此相连。"

南希·弗雷泽的公共空间理论

尽管做了调整,哈贝马斯的视角还是念念不忘柏拉图式理性定义,还是有意将民主行动者等级化(已被启蒙者最重要,社会运动次之)。它给出了民主演练的框架,但是未能充分展示民主行动者和行动逻辑的可能性。为什么民主不能是所有人的事、每个人的事?与哈贝马斯理想主义的狭义判断相反,近两个世纪的历史一般是从公共空间日益丰富的角度解读的,公共空间起初被个别人没收,后来逐渐获得日益丰富的民众色彩,各类交往活跃其中。法律和契约化让个体的再现得以增加,这些重大进步以及言论自由的扩大,也是通过斗争获得的。女性缺席布尔乔亚公共空间(并非绝对,因为某些女性曾在沙龙里面颠覆男性主导的代表机制)使得知识界、政治领域(选举权)以及性方面的诉求增加,成就了当代女性主义。

工人阶层边缘化是十九世纪工会斗争的发动机,工会斗争以罢工、游行、动员呼喊等方式发生,同时也与政府合作。从这个角度看,阿尔伯特·赫希曼(A. Hirschman,1970)提出的"忠诚—叛逃—取得发言权"的模型非常贴切,说出了公众掌握的表达不满的手段。无视被排斥团体的利益、身份和理由,付出的代价是话语权反被他们掌握(让事情从内部变化的努力),或者出现出走现象,即脱离制度(从整体上质疑制度)。私人领域、经济世界以及信仰领域的诉求已经参与某种公共空间，可以借助最不直接的渠道公诸天下。十七世纪远非民主爆发前的空白期，那一时期，文学领域的种种交锋其实已趋于白热化，因为政治领域的诉求没有出口（Merlin，1994）。研究去基督教化的社会学家和历史学家，特别是塞尔托，曾明确指出（1975），宗教一方面钳制舆论多样性，一方面又允许多样性通过无休无止的越轨和争吵来进行表达，先在宗教内部，再延伸到外部。到了二十世纪，天主教会在某些东方国家成为对立的庇护所，伊斯兰教政教统一目标之下，也有着威胁这一目标的公共空间（女性身在其中）里的多样性和矛盾（N. Gole，1997）。"次级底层政治"的抵抗实践总在发生，哪怕是在最糟糕的统治情形当中（Scott，1992）。

女性主义学者南希·弗雷泽提出的模型可与哈贝马斯最圆满、最具影响力的模型媲美。受霍尔的葛兰西理论、福柯第二阶段理论（从《知识的意志》开始转向权力的脆弱性和可挑战性）启发，她有力地指出如下事实："多个彼此竞争的公众从一开始就存在，而不是像哈贝马斯暗示的那样，到十九世纪末二十世纪初才出现。""公共领域"（sphère publique）比哈贝马斯设想的更广阔，它包括所有渴望被代表的非布尔乔亚人士，即反权力的次级公众。面对统治，这些人处在一种半对立、半协商的状态，他们并不总是遵从哈贝马斯所说的实践理性，而是用一切形式进行对抗，比如游行、示威、家庭讨论、志愿行动等。继民族主义的公众、普通农民、精英女性、工人阶层之后，多个次级公众接踵而至，他们中心不一、利益各异。集体大动员塑造出有政治权利、有社会权利的社会，之后的诉求就到了福柯所说的微观政治层面［乌尔里希·贝克后来用了"次政治"（subpolitiques）的概念］，关注的是关乎身份的道德和利益。与哈贝马斯设想的方式不同，民主化发生在构成民主的所有大小空间中。它发生在政治中，也发生在娱乐中，发生在议会范围的斗争里，也发生在我们对其秘密所知有限的隐蔽斗争里。弗雷泽认为自己看到的公共领域比哈贝马斯的"阴暗"，但立意更现实，也带着希望：通过逐渐扩展到反权力的次级公众让他们进入统治再现的空间(难免经历长期的污名化过程),民主化进展得不错。公共领域常有冲突,冲突可能走向妥协(而不是共识)。公共领域的边界是不稳定的,会根据代表、身份和利益的变化不停地重建:这个过程永无尽头,因为民主就是这个寻找共同意义的场所本身。公共领域最终既是多元化的(有反权力的次级公众在场),也是等级化的(占主导的公众企图限制更广泛的参与)、永远在冲突中的(反权力的次级群体要求解放)。据此,弗雷泽对哈贝马斯的四个主要假设提出质疑:

- 进入公共空间意味着取消社会地位的差别;
- 公共空间必须有同质的、一致的公众;
- 公共空间里的话语应关乎共同利益,"私人"问题应被排除在外;
- 为了让公共空间良好运行,国家和公民社会必须清楚区分。

她提出的模型不否认国家机器、商业部门、民间协会之间的区别,也不否认哈贝马斯贡献的公共空间规范性模型的原则,但是对哈贝马斯的理想主义假设做出如下修正:

- 公共空间里面存在平行团体,反权力的次级公众会说出自己的不同,会反抗布尔乔亚的公共空间;
- 相互竞争的公众越多,平行公众的网络越多,基于妥协的更广泛民主就越近;
- 局部利益和被视作"私人"的问题涌现,可以勾勒出公共空间变动不居的轮廓:问题是无限的;
- 国家与社会的分离是存在的,但并不黑白分明:除了与代表的关系之外,直接民主或近乎直接民主也是必要的。

"脱口秀":堕落,还是丰富?

家庭管理(分离、重组等)、父母/子女、配偶/配偶的关系问题、社会性别、生育、残障、爱情、私人关系中的激情,这些传统上不公开谈论的问题是交往空间扩展的新场地——弗雷泽如是说。多米尼克·梅尔在《私密电视》(La Télévision de l'intimité, 1996)一书中对此已有清晰证明。私人生活公开化,公共生活私人化,但病理分析并未因此提出,因为私人和公共这两个集合首先是历史构型,"多变且流动",不是彼此间有交流的两个封闭世界。历史构型不是轮流登场,而是彼此叠加(从政者部分是非人格的民意代表角色,部分是从政者本人自我的展现——倘若他本人正有此意;电视以教化方式提供信息,从事娱乐,或将二者混合;如此等等)。从"老电视"到"新电视"的变化,是从"我想告诉你"到"我想与公众及其日常生活建立联系"的变化①。电视从信使变成相关者——前者的角色取决于供应,后者的角色取决于对需求的感知,再变成同情者:紧跟个体的真实经历,通过所谓更平等的供求,尝试建立情绪共享的社区(此处同上,各种角色互不排斥)。

　　社会学主张大众媒介在心理化过程中占据中心位置,拒绝面对面交流(哈贝马斯说的那种,或者杜威怀念的小社群交流)占绝对优势的神话。舒德森《为什么对谈不是民主的灵魂》(Why Conversation is Not the Soul of Democracy, 1977)一书就表达了这样的观点。面对面交流受到很多限制,行动范围小,个人介入度高,可能让人怯于人际冲突或惧于人际暴力。远程沟通使人际关系普遍化,同时让人非语境化,让人可以进入他人的幕后(Meyrowitz, 1985)。远程沟通还促成有距离、有保护的介入,可以让联系不中断,有利于冲突或对立(包括私密冲突)的仪式化表达。二十世纪九十年代出现的"真人秀"(reality shows)和"脱口秀"(talk shows)谈的主要是这些主题,因为成为反哈贝马斯观点的优选场地,就像八十年代《达拉斯》《豪门恩怨》之类的肥皂剧和家庭传奇剧被当作为公众复杂性辩护的证据一样。这类热播节目也

---

① 根据弗朗切斯科·卡塞蒂和罗歇·奥丹(R. Odin)的定义(1990)。此前,艾柯曾指出:"新电视的特点,是对外部世界谈得越来越少,而老电视谈外部世界,或者假装在谈。新电视谈的是它自己和它正在与公众建立的关系"(1983)。新老之分也适用于公共空间的其他类型:不同的模型不是相互替代,而是彼此共存。电视节目类别的混合,比如"新闻娱乐合体"(infotainment),表明哪怕娱乐也是既注重日常生活,又注重提供信息。

常因其窥视癖和暴露癖,被批判话语斥为"电视垃圾",说它们低俗、假(剧情进展由制片方策划)、商业目的露骨、角色类型化、人物漫画化、将社会体制的弱点工具化(制片方出于机会主义抛撒公德说教)……

除了被指责的缺点之外,这些节目似乎有两点贡献。我们可以像多米尼克·梅尔一样肯定它们把公共空间扩展到私密生活中。梅尔指出,当众忏悔、分享体验是西方社会近几个世纪世俗化趋势的体现(西方社会发明了精神分析),自二十世纪五六十年代以来一直是媒介现实,出现在广播节目(Cardon,1995)、电视报道(Jeanneney,Sauvage,1982)、互动游戏(Mace,1992)里,让人吃惊的是,甚至也出现在超级英雄连环画(Maigret,1985)里。沿着弗雷泽的思路,索尼娅·利文斯通和彼得·亨特指出(《让自己在公共领域被听到——女性、电视和公民兼观众》,1994),这类节目之所以被粗暴拒斥,是因为它们与某几类弱势群体解放运动深刻共鸣,尤其是女性运动。"脱口秀"的主题往往是"婆婆妈妈的问题"(直到最近,那些主题才被认为登得公共事务论坛的大雅之堂),人们畅所欲言,不用担心自己是不是专家。孤独感、与子女/父母的矛盾、性无能,这些问题都可以谈,基本都是闲谈,避开父权式的理性概念——"抽象而非叙事、科学而非闲聊、逻辑而非情绪、共性而非特性"。传统上被公共空间排除在外的人群,也包括社会性别、族裔、年龄的少数群体,通过见证、口述等方式进入公共空间,社会探讨不但没有因此贫乏,反而更趋复杂。"这些节目引发的讨论使媒介辩论规则的改写成为可能,表现为典型的由男性执掌的专业知识或言必称科学的精英知识渐渐远去,基于普通人经验的直接观察和事实口述走上前台。"这是公共空间及其角色分配的一次改组。

哈贝马斯的公共空间基于对相互冲突的观点的理性思考,基于社会共识,基于理性的探讨和批评;如今增加了一个矛盾冲突的公共空间,它由多种公众组成,基于谈判,目的是通过谈判达成妥协。"各方贡献事先准备好的论点论据,这些论点论据修辞的成分多、分析的成分少,目标是达成更好的妥协,即最具说服力的一方认为最好的妥协:

任何一方都不必向其他人的论点论据投降,只是在中间点达成一致……冲突性的公共空间明确地只求平衡分歧,改善较弱者的代表权,规范较强者的话语,以便达成诚实可行的妥协。"

公共经验的形式

所以说,公共空间理论浓缩了至少两处争议。首先是关于行为者理性模式的争议:他们是由哈贝马斯所说的逻辑动机指引,还是由利益或激情以及其中包含的战略意义指引?这一对立是有启发性的,它的基础是存在多种表达方式,且各种方式之间的差别可见。显而易见,只有参照"唯心主义/诡辩派"的理论范式,这一争议才会存在:别忘了,它能服务于将理性和说服实体化,将二者变成两个完全自主的实体,实际上,理性(或理性化)的权力也不过是一种权力行为,是已经取得成功的话语的效果,而语言的效果自有其原因,有它自己的合理性[参阅乔治·维尼奥(G. Vignaux),1976,他将推理视为一切认知形式的共同框架]。其次,公共空间的论题取决于"何为政治"的定义:只把所谓政治的制度空间视为公共?还是让空间更广泛,社会个体间、社会群体间的身份与权力关系都是公共?将两处争议中的观点交叉组合,就有下面这个立场定位的四格图。

表 14-1　公共空间及其行动者

	"理性/抽象"	"战略/叙述"
官方公共空间: 政治发生地、制度	1 哈贝马斯所说的公共空间 政治是理性共识 从政者、公务员	2 冲突性公共空间 政治是行动者的利益 从政者、公务员 工会、压力团体、"公共舆论"

续表

	"理性/抽象"	"战略/叙述"
非官方、非制度性公共空间：政治、权力关系和身份构建	3 扩大的哈贝马斯公共空间 政治是理性共识 工会、压力集团 "公共舆论"媒介信息	4 冲突性公共空间 身份叙事与诉求 社会运动 "公众"媒介

在这张表格上，所有行动者说到底都可以放在每一格。民选官员用他所有的社会纤维与公民社会相连，属于日常谈判空间，其政治工作随之调整。博主、"脱口秀"观众也是有选举权的公民，有时还是协会成员。不过，还是可以归纳出某些理想类型。从政者和公务员，视作法律合理性的承担者（根据哈贝马斯早期的观点），就该放在第 1 格；视作利益操心的行动者（根据权力关系的经济和社会分析），就该放在第 2 格。中间团体（工会、压力集团、协会……）名副其实，因为它们跨着两种分类体系。它们放在第 2 格还是第 3 格，要看它们用的是理性还是战略（根据哈贝马斯第二阶段的思想），被视作属于公民社会还是属于政治进程。它们不占严格意义上的政治空间，即制度，虽然在实践中按照压力集团的模式它们的位置获得认可。公众，透过它们的梦想、诉求以及个体和相近团体的对抗被看见，以讨论和虚构的方式进入公共空间，尤其是当讨论以媒介为支撑（第 4 格）的时候。公众也可以和构建它们的各种人造物（如民调）一起被称作"公共舆论"，这样就应放在法律—理性构建的第 3 格（法律也依赖对舆论的考量）或第 2 格。

　　理性和战略之间的对立如此有限，也可以拿掉，提出一种对公开表达方式不作根本区分的理论。"修辞"（取亚里士多德之意）就是这样一个综合概念，让人可以把交流既看作逻辑性的论证，也当成戏剧性的表达。论证展开自身，需要体现自身、象征自身的合理框架。叙述产生效果，需要出自赋予它意义的好的理由。修辞是调和的，介于或然性和普遍性之间，理性是硬的，讲的是确定性和普遍性，说服则是松散的,讲的是利益构成和此时此地。所以,修辞是不彻底的,或者说,它描述由此及彼的过程。出于这种自认为与康德《实践理性》接近的视角,路易·凯雷(L. Quéré, 1992)将公共空间比作一个有不可分割的两个面的客体:一面是讨论的空间(思考的),一面是展示的舞台(类似戏剧的)。前者接近哈贝马斯的立场,后者接近的观点是政治应伴有大众媒介提供的可见性(Thompson, 1991, 1995)。区分两面不等于将两个不可分割的层次割裂开来并加以对立:不是说媒介不进入思考的领域,只是一场表演(就是表格中官方公共空间和非官方公共空间的对立)。例如,疯牛病事件表明戏剧性的一面和论证性的一面、媒介的作用、公共舆论的作用和政治的作用难以区分。凯雷提出的区分有助于明确公共问题形成的方式,属于杜威、戈夫曼、舒茨等实证主义学者或社会互动学者的现象学分析范畴(Cefai, 1996, 1998, 2002)。出现一个问题(Hilgartner, Bosk, 1988; Gamson, Modigiliani, 1989),就是构建了一个无共识的阐释框架。后者始于观点的冲突,围绕观点聚集着相互竞争的团体,它们在公众面前将自身呈现为景观。行动者(观点各方及观众)通过叙事、见证、科学论证、司法解释等程序,即通过所有可资利用的公共经验形式,彼此相连,组成词语、人和语境的结构,也就是我们所称的公共空间。它是一个竞技场,轮廓可以无限扩展:新的参与者、新的事实、新的争吵,以及辩论对尚未成为参与者的人的影响,一刻不停地将公众重构——按照杜威的说法,公众就是一个互动的结构,永远在扩展。这种看法与行业社会学、组织社会学殊途同归,后者也尝试命名公共进程的行动者、介入类型和阐释框架(Tuchman, Molotch, Lester)。用这种看法,就不再是后见之明地发现意义斗争的结果及其对社会地位分配的影响,而是在争论塑造公共空间时就将它们把握住。

公共空间数字化

数字化让参与者数量指数级增长,传统守门人即记者(部分)溢出，投身其中的业余人士受益。这足以点燃持续参与式民主的乌托邦想象，或者奏响肤浅利益爆发式增长导致真实社群碎片化的老调。哈贝马斯对数字化唯一的评论（2006）重提自己最初的悲观主义，倾向于否认网络或社交媒体有潜力让公共空间更丰富：对他来说，数字化让讨论主题碎片化、让公众碎片化，远甚于促成集体意见，与桑斯坦的观点一致（上一章已指出类似观点在经验上的局限性）。不过，虽说数字传播手段促进了退缩现象，因为言论匿名意味着给暴力卸掉制动阀，它们到底并不比其他传播手段作用更大，作用反而会小一些，如果考虑到网络用户的社会分布偏向上层（信息更杂食）。聚焦威胁性网络发出的仇恨言论，让人忘记了这些网络（哪怕是其中最知名的）就访问而言其实是有限的，相比之下，综合网站大量存在且被社交媒体转发，说明网络访问也是有层级的：这就是著名的"强者愈强法则"。根据这一法则，1%的网络内容获得了90%的网络关注，这些内容都是面向广大公众的［见让-萨米埃尔·伯斯卡尔（J.-S. Beuscart）、埃里克·达吉拉尔（É. Dagiral）、西尔万·帕拉西（S. Parasie）2019年的总结，他们很好地重申了搜索引擎的支配地位，是追踪和定向的效果远远比不上的］。对算法过滤的（合理）担忧不应掩盖这样一个事实：数字用户并不注定被锁在算法推荐强加的泡沫中。索菲·梅松诺夫（S. Maisonneuve, 2019）的一项定性调查证明，对流媒体推荐的东西，乐迷们根据自己的口味，也根据自己的社交圈子，完全用塞尔托的方式转移或盗猎［"基于听歌纪录的算法推荐相对很少被提及，往往很少被欣赏"：因此，说唱歌手"大师吉姆斯"（M. Gims）在推荐列表中被认为过于商业］。草根阶层和产业之间的紧张关系，在亨利·詹金斯（H. Jenkins, 2006）看来是当代参与文化的组成部分。这种紧张关系是线上线下战略和战术的混合。从这个角度来看，技术只部分改变了有关肯定需求和真实性需求的争议。技术让日常对话、让媒介（特别是社交媒体）更紧密交织，首先使得公民取得发言权的进程更为激进，支持他们进入正在形成的集体，塔尔德对此有过描述（上文表中方格4里面的动态)。反霸权运动可能由社交媒体账号引发(#BlackLivesMatter、#MeToo 是典型案例,JOUËT,2022),数以千计或百万计的抗议表态、对日常生活中经历的不公正现象的个体和集体沉思,以信息或虚构的方式,从上游涌入账号,经积极行动者以及传统大众媒介和平台向下游输送——想想《当他们看到我们》《我能毁了你》系列的传播。阴谋论团体显然也可以运用"互联网的技术符号潜力"(Rebillard,2017),挥舞同样的武器,还有反动团体、"反少数群体霸权"运动(声称会被移民、女性、男女同性恋者"取代",在他们眼中,一个个次级群体已经成为统治者)——这些人实际上代表着弗雷泽所说的"公众多数",却热切盼望着反击(backlash)。

私人生活和公共生活的(次)政治分界趋于模糊,这早就是大众媒介的特征,如今更加凸显,但是在实践中,暴露出来的和仍被掩饰的依然可分,而且分界变动不定——索尼娅·利文斯通(2008)和达娜·博伊德(2014)对年轻人群的研究就此做了很好的论述。年轻人群与日益彰显的自恋追求最为相关。制造自己的公共痕迹,这一律令成了反身性个人主义主张的新规则(见关于真人秀的附文),同时也有对自我显示的控制将其引导和抵消:在社交媒体上,也通过社交媒体,出现了一种"对解控的控制"(N. Elias),如多米尼克·卡登(D. Cardon,2019)总结的,私人生活没有消失,而是"个体化"了。

多元化和承认进程的尽头

哈贝马斯理论范式留下的观念,一是将使得民主进程合法化的话语和事实同置,一是公共空间的弹性,公共空间不只是无形社会结构的反映。他的理想主义(他太想与工具化进程划清界限,就像柏拉图急于甩掉物质一样)基本上遭到了摒弃。有了公共空间这个概念,人类决定走到一起并创造新世界,社会学家的话语和愿望也随之相对化。社会团体和传播逻辑不是先验稳定的。这对社会学分析这一实践本身有何影响,应该予以分析(见下章)。也应该把握社会学分析和正义分析之间的衔接:为让集体愿望被考虑而斗争,这将如何减少不平等?承认理论认为,在当代政治动员中,身份已经比阶级利益更重要,南希·弗雷泽的观点被归入这类理论[包括阿克塞尔·霍耐特(A. Honneth)、保罗·里科尔、阿兰·卡耶(A. Caillé)的理论],受到如下批评:

• 公共空间概念倾向于对集体动员作西方化表述,将反公众同质化(J. Butler),而集体动员并不总是基于团体(A. Honneth);

• 割裂经济合理性与社会正义,即割裂再分配与承认(J. Butler, I. Young);

• 包含国家框架的预设,这一点与公共空间的概念一致。

回应上述批评时,南希·弗雷泽坚决撇清自己与阿克塞尔·霍耐特提出的承认理论的关系。后者的优势在于强调某些主观经验(人们表达出来的对"尊重"的要求)。霍耐特认为,所有社会冲突都基于黑格尔意义上的为承认而进行的斗争,这斗争赋予社会冲突道德意义,由在三个领域(爱、权利和社会尊重)展开的个体追求驱动。其中每个领域都关乎一个冲突空间,关乎某种形式的被否定(或"遭蔑视")的经验,并能促成自我实现(分别是,因情感需求被承认而"自我信任",因权利被承认而"自我尊重",因具体能力/实践技能被承认而"自我肯定")。身为法兰克福学派传人,霍耐特也借鉴了米德的社会心理学和威尼科特(D. Winnicott)的精神分析,他与哈贝马斯有很大不同,但与哈贝马斯一样把主体间性作为社会进程拱顶的关键。他的视角非常理想主义和个人主义:没有主体间基于规范相互承认的经验,就不会有主体的承认,我们并不确切地知道主体为什么动员或不动员。在回应对集体身份同质化、不与经济现实衔接的批评时,弗雷泽解释说,团体被动员起来获得文化承认,是对文化统治的回应,但并不排除经济再分配是不公正的补救措施,是政治斗争的目标:"在一个收入和财产以及就业、教育、保健、休闲等方面的物质不平等日益严重的世界,争取承认的斗争有自己的位置。"因此,她并没有过于生硬地让文化与经济对立,二者既相互联系,又不可彼此化约。为了避免倒向绝对的身份观,进而走向社群主义或经济唯物主义,她让承认问题与地位问题(取韦伯之意)相关,经济正义问题与社会阶层相连,四者嵌套衔接。

最后,弗雷泽承认,公共空间概念的提出旨在描述针对私人力量的政治动员,让私人力量能够在国家框架内对国家施加影响。她将这一逻辑移植到后国家层面:为了创造"跨国公共空间",有必要创造跨国公共权力,这些权力本身将接受公众的批评。因此,她与哈贝马斯开创性的"宪法爱国主义"(于1992年推出,是欧洲宪法的起源)想法有所不同,后者认定,只要坚持价值观,就能让人民联合起来。

"真人秀"和个体化的矛盾

"真人秀"在全球迅速扩散,观者甚众,同时受到尖锐批评和道德谴责。这种游戏既有剧本编排的虚构,也有参与者的现场发挥(关于真人秀节目中已经出现的现实——神秘化或"制造真实"的规则,见Charaudeau, Ghiglione, 1997;关于后纪录片及其观众反应的分析,见Hill, 2004; Hill, Palmer, 2003),节目的意识形态构成是职场现实的映射:灵活和成功似乎是王道(参加者必须真真假假地取得媒介化的成功,全凭个性魅力)。与像压路机一样碾碎个性主义的设想不同,真人秀节目的意识形态在世界各地不同的社会以不同的方式构建,也以不同的方式被接收(Lochard, Soulez, 2003)。

有的观众认为这类节目好玩,有表现力,让人放松;有的观众心理排斥,认为它们缺乏审美。这些节目可能以非常父权或种族主义的面目呈现(有色选手遭淘汰,进取型"男性"战略受推崇),也可能具有解放的思想(展示女性逻辑、年轻一代的逻辑,让少数族裔露面)。它们真正的共性是重视并突出个体能力,在不按强加的集体标准做选择的社会里,这一点与占主导地位的期待相符。"真人秀"大多数时候不如脱口秀和"真实秀"那么大胆(Mehl, 2002),但它道出了关系型电视的真谛,这类节目的发展回应了追求平等的想象和日益增长的个人主义。构建联系(要通过选举)的问题经由个体间的品味、期待、亲和性和冲突来处理,个体一面分享掌握命运、取得胜利的感觉(Liebes,1999),一面承受犹豫、困惑、抑郁的折磨,这是自浪漫主义(我们的个人化社会的原型)以来就为人熟知的发展历程——在对二十世纪九十年代的毒品和心理痛苦的研究中,阿兰·埃伦伯格对此有细致描述。如埃伦伯格所言,当体制和传统的团结不再得力,关系型电视可被视作沟通的功能缓和剂。以更中立的角度观之,关系型电视体现了"有反思的"个体面临的一系列挑战(Beck,1986)——个体受命探索道德和情感的世界,通过将自己的痕迹不断外化来构建自我(Kaufmann,2001),同时也让最大多数的人群发现了以往专属于艺术圈或布尔乔亚的生活方式。但是,在向"世俗体"转变的过程中,是那些最受欢迎的边缘人群作为奇观被呈现,而且往往受到经济上的剥削(Turner,2010),所以说,这转变有时只是徒有民主化的外表。

政治生活个人化:民主被腐蚀?

娱乐和辩论节目走向个体化,模糊了公共空间和私人生活的界限,也影响了政治传播——越来越多的行动者试图呈现个体、私人话语甚至忏悔。在法国,这种人格化通常受到非常负面的评价,因为共和主义政治传统推崇代表和制度化进程。这一传统旨在让权力非人格化,"共和"(res publica)一词本义即权力不可为个人所占有。任何将个人推到政治行动前台的做法都被视为堕落,或有损真正的公共空间(按照理性、公开、非个人化的原则定义)。从政者突出本人,会被指走歪门邪道,如民粹主义、魅力主义、煽动民意、只想拉票。国家肩负进步理想,应该依靠无名公仆来弘扬理性。

应该承认,有从政者将政治过度人格化,他们精心计算媒介火焰,让自己适度曝光,有时在游戏中被灼伤,成为受害者:贝尔纳·塔皮(B. Tapie)生于媒介却遭传媒谴责;比尔·克林顿私德有失遭攻击,媒体听任参议院一小撮(共和党)议员、一位大法官和一股基督教思潮支配议程。这种现象有时与最明确的民粹主义合流,众所周知的例子是唐纳德·特朗普。法国政治也加入了别处可见的变迁(Chambat, 1997)。戴高乐将制度总统化,还尝试通过媒体寻求与公众的直接联系(不是展露私密),推动了权力的人格化。个体文化和政治营销同步扩散,鼓励把从政者当产品一样推销,在电视频道竞争更激烈的情况下,这导致对名气的狂热追求以及私密的暴露。《家庭问题》(*Questions à domicile*)、《不在场的人总是有错》(*Les absents ont toujours tort*)之类的节目,以及从政者写的书[如德斯坦(V. G. d'Estaing)的《权力与生活》]就属于这一现象。这种现象面目多样,就像个人主义也有多种面相。政治人格化可能:

- 基于魅力、情感诉求和魔法解决方案(勒庞、特朗普),或基于传统(因封建主义而对人依恋、信任同一圈子的人,如密特朗、希拉克);
- 以原则化身或集体项目承载者的面目出现[某权力化身为某人,密特朗=社会党,鲍里斯·约翰逊(B. Johnson)=英国脱欧];
- 等同于对外表和名气的追求;
- 故意表现得公私不分,追求暴露真我,追求真实(迫使从政者放松自我控制,公民退回特殊主义)(Le Grignou, Neveu, 1993; Neveu, 1992);
- 对治理者和被治理者之间关系的深刻转变做出回应。

以上各种可能中的最后一点,对这一现象的阐释不持批判态度。其中的逻辑是,共和模式(如今面临危机)是在社会约束下发展变化的,民主不仅在制度当中,也在人们通过舆论和公众的概念表述出来的东西里面。大的意识形态在衰落,个人对制度的要求在提高,面对这个情况,从政者应该抛下技术官僚的冰冷身份,拿出更人性的面孔,给出接近选民的迹象。技术官僚身份是一张非人格面具,掩盖了他们实际的统治和决策的任意性,而那些决策有时完全是个人的。在公众压力越来越大、风险越来越复杂的社会里,民选代表要解决问题,要代表不同利益的异质人群,在公众看来,从政者个性化可能是评估、判断代表的一种手段。评估判断基于哪些原则?首先是有没有能力应对突发事件、处理复杂问题、表现出真正的自主性。按照伯纳德·曼宁(1995)的说法,获得信息的成本很高,而形象是"捷径"。这种"新亚里士多德"观点(个体做决定,看的是"诱惑力"论据和"理性"论据)让民主的合法性原则有了社会的厚度,引起了对公众及其选择代表的能力的研究:好的公民,和好的当选者一样,必须不断关注自己的行为和承诺的后果。这里还有一个限制:尽管有所谓的必要性存在,绝大多数从政者有能力隐藏情绪,这意味着私密性的政治运作与更"传统"的政治运作并不排斥。与之相应,脱口秀主持人/制作人也适应了能够协商参与的政治,他们通过挑衅做法参与政治景观的更新,由此实施某种形式的权力去圣化。这两类行为者最常给出的是一种司空见惯的表演,景观只是相对地给人惊奇,政治只是表面上被认真对待(Leroux, Riutort, 2013)。从此,政治传播进入第三阶段或第四阶段(Blumler, 2016;Blumler, Kavanagh, 1999),几种运动同时并存:编辑部和编辑部之间可能对新闻要求更严格(随着事实核查的复兴),反建制的民粹主义同时在党派和某些媒体中发展。

第十五章

新的媒介社会学
反身性、经验与媒介化

通过研究有关传播的主要理论、相关批评以及不同理论间的关系,本书试图明确传播社会学的出现,梳理其概念、实践两个方面的发展历程。本章将概述整个过程并对其加以系统化。如今,社会科学面临质疑,社会研究正向自身发难。公共空间这一概念的发展难免对传播研究本身以及研究者本人构成挑战。此前的传播研究先后超越技术决定论、生物决定论和语言决定论,但终究是以一种过于粗疏的方式定义研究对象(社会),研究者也总是采取超拔且俯视的视角,可取之处是提出了互动的空间,使意义依赖于人与人的关系,代价是研究活动外在于研究对象,打上了研究者令人尴尬且趋于粗暴的主观性印记:精英主义、民粹主义、悲惨主义、有志于社会工程等。公共空间理论提出,意义的民主是在艰难中缓慢形成的,所有人参与其中,因此社会永远有惊奇,并指出话语和诉求出自下也出自上,可通过最严肃的计划和交流渗透,也可通过最无心的计划和交流渗透,由此突破了社会学主义的框架。这种立场再过激也不会走向倒退(像后现代主义姿态那样),而是走向一种回归本源的新的媒介社会学。

传播社会学的三个阶段

　　一句话总结社会学发展历程,"去自然化、文化化、多元化"无疑是最到位的表述之一。社会学自有其历史过程,最初的基础是拒绝自然秩序和天意。它的第一个行动是解构世界的证据,即所谓自然性,指出另一种现实的存在。产生人类世界的,不是技术,不是生物学,也不是语言规则。不存在物质世界吞没或亵渎所谓纯粹人类世界的趋势。人类世界与自然问题的实质不同,它不会挣脱自然的束缚,但是在自然之外实现并创造着自己的规律。把传播行为放在技术层面解读,是矮化人类世界,将之化约成简单因果关系(刺激之因果、语言之因果),是在一个维度有限的平面上取点来表现思维的复杂轨迹。在第二阶段,社会学通过构建客体(社会)成就自身,研究者描述社会,是从一个有功能的集体出发,或者从一个走向集体(并能将集体纳入)的个体行动之聚集出发。社会成为权力与文化的产物,也就是说,成为统治关系系统和共同意义系统的产物,二者彼此映照。媒介是构成社会的象征性斗争和分享的延伸。

　　从植根于自然、设定事物慢条斯理且理所当然,到植根于文化、认为人类关系动态、不断质疑既成事实,这两种世界观包含两种传播模型,暗中引导着理论发展。第一种承自宗教,后来承自经济和技术,为其定义的是"传递"这一观念,重视的是交流的空间维度;第二种世界观,照詹姆斯·卡雷的说法(1989),为其定义的是关于传播的仪式性(rituelle)概念,这一概念也承自宗教,但是更接近演出法,并且纳入了时间性。当人们在为此效果而设计的竞技场内进行传播活动,他们首先想的是衡量自己、验证自己是否是某一团体的成员,制造意义,组建由符号构成的归属网络和差别网络。这两种模型在所有社会同时存在,但第二种符合社会之所是。

　　社会学将世界去自然化,指出存在一个文化建构的世界,同时面临局限:如何言说这个新世界的规则,又不使之僵化,不让它受所谓"自然而然"的影响?有的学者知难而退。当社会被自然化,世界被认为是封闭的、无懈可击的,是生产和复制身份与差异的机器,社会学就一筹莫展了,就成为我们所说的社会学主义。这样的思路,被从事社会性别问题研究的女权主义者、研究民族和全球化的学者予以最猛烈的抨击(见附文)。这两股思潮指责说,社会学构建于国家框架和父权框架影响最盛之时,那个时代的思想不察之处已在其概念中固化。社会被想成一个大盒子(国家),里面套着小盒子(种群、社群、职群),仿佛俄罗斯套娃,所有的盒子都封闭且隐秘。社会身份基于什么、属于什么或不属于什么,一切在区分和整合的过程中解决,地平线是自信的男性(稳定性和正面性的化身),是国家,而且是西方国家(Chakrabarty,2000;Connell,2007)——这些国家是如此自然而然的参照。**文化研究**学者将批判进一步延伸,认为有必要将这一学科彻底扫除,因为它对实践进行武断归类,令实践僵化。他们的指控主要针对盎格鲁—撒克逊功能主义和理性选择论(rational choice)(可参阅斯图尔特·霍尔的评论、莫利的文章,1996;莫利、凯文·罗宾斯,1995;约翰·斯特拉顿,洪宜安,1996;以及斯科特·莱什、约翰·厄里,1987,2000;最坚决的批评出自加亚特丽·斯皮瓦克,1988)。社会学的第三阶段,则是社会学消失的阶段;更关注特殊性、对人本身更为大度的**文化研究**,就是它的悼词。

跨民族与后社会性别:传播的转折

对民族和社会性别这两个概念的批评,是撬动"经典"社会科学的支点之一。后者基于闭合观念,很少考察更具变动性和反身性的新公共空间的出现。身份分类的局限、超越这些分类的意愿,标志着社会学科在传播问题上的转折,交流从此不再被视作两个稳定实体之间的传递,而是同一个空间内部的差别生产。

全球化[美国印第安裔人类学家阿琼·阿帕杜拉(A. Appadurai)

很早就有研究]令现代身份的复杂性尽显无遗。现代身份越来越不依赖政治秩序归属或排他的简单想象。国家间流动倍增——无论其组成是人(阿帕杜拉词汇中的"民族景观",ethnoscapes)、技术(技术景观,technoscapes)、商品和服务(财务景观,financescapes),还是信息(媒介景观,mediascapes)、意识形态(观念景观,ideoscapes),都使得以美国统治为借口、用同质化模型或抵抗模型来思考这个世界的思路不再可行。阿帕杜拉提出实践"本土化",罗兰·罗伯逊(R. Robertson,1992)提出"全球本土化",乌尔夫·汉内斯(U. Hannerz,1991,1996)提出"克里奥尔语化",说的都是文化在融合,关系不对称。确实,美国不再是全球化之因,只是全球化的有力行动者之一,并且也受全球化运动影响,少数族裔、贫穷国家、前殖民地人民同样有力地推动了世界的变化。"9·11"恐袭有力地佐证了阿帕杜拉基于全球文化互动和不相交流动的理论。恐怖主义是对全球化的抵抗,又引发新的全球化:全球政治无可回避(Beck,2006)。它可以看作一个西方/非西方的共同构建,就图像而言,则是一次恐怖分子和媒介的共同制造——没有媒介,被媒介谴责的行为就不可能存在(Dayan,2006),在不同文化、不同民族差异化接收的大背景下,媒介被置于道德准则不确定、身份不确定的状态(Zelizer,Allan,2002;Calhoun,Price,Timmer,2002)。全球化大背景下的媒介研究重拾去殖民批评、后殖民批评以及对民族身份浮动特征的批评,例如,凯文·罗宾斯研究了土耳其电视中的本国媒介流与国际媒介流共存以及土耳其裔家庭的媒介实践(Aksoy,Robins,2000;Robins,2001;Morley,Robins,1995)。有关欧洲身份构建问题的争议,即欧洲应被视作不同民族身份共存,而非同化,也表明基于固定参照的思维已经过时。正如埃德加·莫兰所言(1987),欧洲不是一个客体(objet),而是一个项目(projet),是一个非决定论的开放系统,要按照已在比利时、瑞士的情境下尝试并验证过的拉丁族裔混居的原则(Lochard,Schlesinger,2000),学习经验生活之差异如何共存(Mercier,2003;Dacheux,2003;Wolton,Dacheux,1999)。

早期社会学认为,性别身份和社会性别身份是无形的(intangible),在女权主义和同性恋研究的冲击下,这种观念开始动摇。后者坚持解构自然主义的立场:没有天生的、必然的男性和女性,只有我们称之为"社会性别"的历史构建,其人为性质可以证明,这意味着基于男性气质的男性统治模型应被质疑。理查德·戴尔要求在媒介分析中将同性恋视角纳入考量,他是这类研究中最突出的一位学者。后女性主义的酷儿理论[由萨姆·布尔西耶(S. Bourcier,2001,2005,2011)提出,基于朱迪丝·巴特勒(1990)对福柯第二阶段理论的解读]在激进建构主义的方向上走得更远,主张连社会性别的概念一并超越,而在二十世纪六十至八十年代,女性主义只关注谴责男性统治,同性恋运动为了建立同性恋身份,只关注谴责异性恋规范。酷儿理论则认为,个体的性实践超越一切分类,社会性别概念也是个体自由的障碍。不再用正途/偏差的概念思考实践,那实践就呈散漫无边状,无法归入因为有稳定性而使人安心的任何身份。

后现代主义的死胡同

"后现代主义"批判更具破坏性,它既鼓舞了一部分**文化研究**学者,也让他们产生分歧。后现代一词早在二十世纪三十年代就已出现,涉及的学者十分庞杂(包括德里达、利奥塔等解构主义哲学家、鲍德里亚等前马克思主义者和前社会学家),他们对后现代一词的使用并不一致,这个词后来被弗雷德里克·詹姆森(F. Jameson)推广普及[1]:迷恋技术且被技术困扰、对进步怀有天真信仰的现代性使许多东西过时,社会学也是其中之一。后现代主义话语,是秩序、身份、集体和"终极因"(telos)的话语,是历史终极的话语。然而,我们的当代世界以个体多样的、冲突的本能渴望为中心,一切似乎都在共同发挥作

---

[1] 关于这一概念的历史,参阅佩里·安德森(P. Anderson,1998)。

用,破坏了将理性作为普世指导的帝国主义愿景的权威:身份在稀释,历史在消解,形而上学基础的缺失有目共睹,剩下的只是无所指的漂浮话语。

这样的向前逃逸走出了形而上学,也走出了马克思主义传统(那些假设和梦想一度被人拥抱,随后又遭人弃绝),最终一样被解构,其预设也被从根本上质疑(Z. Bauman,1997)。对现代性及其叙事的揭批本身是陈旧的现代叙事,把它从故纸堆里拣出来翻新的,是二十世纪末某些知识分子。他们无法接受自己被降级、不再被视作公共生活的中心或集体理性的承载者这一事实,把自己对世界的体验与世界本身(或缺席于世界)混为一谈。后现代主义把对技术的恐惧和对理性的失望极端化——技术和理性先是被唯心主义预设为对立,然后又被一场名为现代实为虚无的思潮抛弃。那些学术界的花花公子时而洋洋自得,自以为历尽一切返璞归真,在媒体上自我宣扬无论什么都无法言说,时而认为世界毫无意义,恍如噩梦,可他们还是给这世界一种实质性的历史统一性:我们已经进入"后现代"。从许多方面看,这类话语几乎没有新意,只是十九世纪生命力学说和悲观主义哲学的老调重弹。但是,在那些混乱和武断的构建主义之外,这些话语所包含的科学警告值得认真对待,可以给社会学做出提醒。这些话语嘲笑自称可以统一个体和集体的冲动及方向的主张,建议解构主体的神话,社会科学往往高估行动者的同质性,而这些话语彻底粉碎了行动者的刚性(这有利于"液态"现代性的论点)(Bauman,2000)。

回归奠基者:转向反身性

面对挑战,社会学回到奠基人(他们被后现代主义者过度合并),同时发现批评并未瓦解这个学科,而是为其提供滋养,从而找到了应对办法。本书第二章说过,社会科学不是围绕单一思想核心发展起来的,连社会经验和现代性如何定义(这直接影响到如何评价大众传播的贡献),欧美之间都有分歧。随后,社会科学建制在大洋两岸进行,基本上沿着理性主义路线,知识随着所使用的实践概念而硬化。功能主义、**批判理论**、场域理论和文化主义以各自的方式完成对自然的封闭,将社会从自然中提取出来。不过,社会实践和创新的波动性,在社会学诞生之初就已被注意到,并且持续影响二十世纪的思想发展。约阿斯深入阅读经典后指出[《行动的创造性》(La Créativité de l'agir),1992],最具决定论世界观的学者也曾不断用比喻来言说创造性(马克思的革命)和不确定的质疑(涂尔干的道德创新),以免自己的理论模型陷入自我封闭。

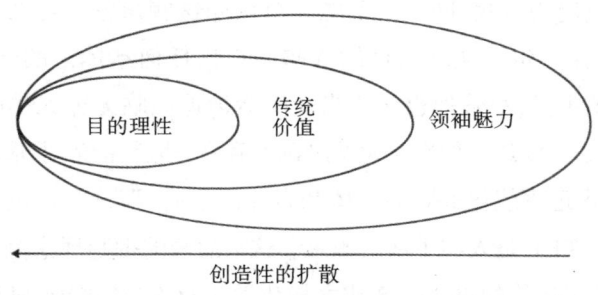

图 15-1　约阿斯对韦伯的社会行为论的表示图

与哈贝马斯对韦伯的解读(描述理性化层层递进)不同,约阿斯从韦伯关于领袖魅力(charisme)的文本中找出韦伯不确定的内容。韦伯把所有不能归入理性化模型、在他看来似乎能让集体生活再生的,都归入领袖魅力这一类别。其潜台词是,社会既不能被简化为价值,也不能被还原成危险的个人化趋势,但他没有找到合适的方法,所以把领袖魅力比作个体光芒的神秘力量。媒介研究以自己的方式延展这一思路,指出节目制作者和受众的阅读和行动有无数矛盾和多个层次,有关讨论逐渐累积,最终由公共空间这一概念集大成。这一概念最初是哈贝马斯从理性主义角度提出的,后由复调逻辑概念加以丰富。

一些长期被忽视的学者将行动的复杂性作为思考的出发点。第一个是齐美尔,他看出,将社会从自然世界拔出,包含着一种任何辩证法都无法解决的矛盾动力原则。人类的抽象能力造成客体化世界(环境)与心理现实(思考着的个体)之间的割裂,这割裂既不能得出完成历史进程的高明综合,也不会导致两种自成一体的对立倾向(唯心主义对唯物主义,理性主义对生活世界)无法挽救的危险分离。存在的问题及其产生的博弈无时不在,在我们的现代性中只不过更加突出,因为现代性通过货币普及、向城市集中、对存在加以数学式智识化等做法,让距离化的可能性倍增,也让主观状态和客观状态的多样性倍增。人类时而自我体验为外部事物,时而自我体验为意义之源,所有体验同时涌现。人类有能力将自我无限碎片化成自我的一小片,根据居住的角色建构自我,同时又不能完全认同这些角色。与大多数欧洲学者不同,齐美尔不从现代性的沸腾中得出任何本体论的弱点,也不带丝毫悲观主义,尽管他也认为当代生活被迫面临无穷无尽的相互矛盾的要求,令人疲惫。如果文化悲剧确实存在,也就是说,人永远无法与自己吻合,永远不能化解同为主体和客体的矛盾,那这悲剧也是与生俱来且永远存在的,是人类生活的源泉。这与后来的批判理论范式明显不同。阿多尔诺指称的媒介化文化之异化并不存在,或者说,异化一直在艺术甚至人类的所有维度出现:异化描述的是一种与文化的关系,更广义地讲,与文化的关系并不基于永久的依附。齐美尔认为,为了去除规范性的负担,与其说"异化",不如说"客体化"——生活本来就是既快乐又痛苦的。齐美尔做了大量艺术研究,提供了这些倾向以及主观化反倾向的案例,暴露了他的社会学美学化倾向,当然他并不自限于此。

这一思路让主体从根本上裂开,认为主体在外化过程中和客体化过程中自我创造,这个"我"可以跳出自身又回到自身,可以面对他人,而社会是在逐渐僵硬过程中形成的,无法将"我"永久捕获。由此提出的理论范式可以说是遍地开花,被众多学者围绕反身性、经验和媒介化的概念加以阐发。反身性出自与所占角色之间的距离。经验指的是社会化发生的过程,有来往反复。媒介化强调的是,通过社会形式的稳定化在客体与主体间建立起必要关系的持续努力。个体参与互动,发现互动已经结构化,但他们接受的社会形式实际上是互动的结晶,可以一次次、不断地制造和瓦解。根据达尼洛·马尔图切利(D. Martuccelli,1999)的阐释,戈夫曼的理论中就有这些元素。戈夫曼不仅是一位在互动中寻找不变因素的结构主义人类学家,也为"平等民主社会里的互动困难"所困扰,反身现代性也是他思考的问题。现代人与他们扮演的社会角色格外有距离,同时还要服从所谓与他人平等的要求,他们认为自己是"一起自由"了(Singly,2000)。他们必须确保自己身份有序,调整自我表现,以便维持互动的和谐(随着传统渐渐衰落,互动越来越多,也越来越脆弱),他们活在单个主义的社会里,在考验中"打造自己"(Martuccelli,2006,2010,2017)。每个人都努力将自己嵌入"集体行动的框架"(这个表述比"社会形式"更受欢迎),其中最重要的一个框架就是个体身份的持久性,同时也在边缘或幕后透透气,在那些地方,自己和他人的定义不再绷得那么紧。

几十年来,结构主义理论和系统理论也一直在探讨行动的创新性。图雷纳的社会自动生产理论成形于二十世纪七十年代初,植根于进化主义视角,后来渐渐发展成一种关于主体的社会学,反对任何将社会封闭起来的观点。它强调,在对主体的肯定之中、在主体之我(je,主格)与客体之我(soi,宾格)的紧张当中,有些不可调和的东西,可能表现为个体经历的痛苦或骄傲,也可能表现为集体层面存在的长期斗争。现代社会明白,它们更多是创造新的范畴,而不是发现依然存在的范畴,它们把不断重组的政治变成了一个规范、正义/非正义不断出现并相互对抗的空间。集体冲突是存在之差异的表达,是民主行动的条件和出口,不是通向共识的必由之路。图雷纳起初更关注社会运动而不是微观政治,他借鉴了存在主义和功能主义理论中一些自相矛盾的过时说法(不过他鼓励别人超越这些说法,参阅达尼洛·马尔图切利),也倾向于不让自己的理论指涉太广,但他依然是率先提出新观念的学者之一:传播创造了一个共同世界,同时并不将始终在变化的各种存在混淆起来。冲突是使交流成为可能的条件,不是令人不快的前提,也不是出人意料的后果。英国哲学家吉登斯[《社会的构成》(*The Constitution of Society*),1984;《现代性和自我认同》(*Modernity and Self-Identity*),1991]提出了社会构成理论,接近布尔迪厄的生成结构主义,不想割裂宏观社会和微观社会,认为结构既是行动的源头或资源,也是行动的结果,同时坚持反身性的干扰潜力。

个体总能回溯轨迹、自我定位,即使不是以有意识的方式。这一能力不表明社会存在之外还有什么存在(齐美尔则以一种更激进的方式想象出社会化之外的自我),而是社会自我生产的不间断努力,有时导致复制的失败:结构不以外在方式发挥作用,而是以内在生成的方式构成。吉登斯把反身性问题搬到传统社会与现代社会对立的层面,前者处处是日常面对面,个体之间未被距离化,个体通过从自己出发计算时间来强调空间,而后者发明了远距离传播手段,将位移和抽象普遍化,实现了时间和空间的分离(Thompson,1995)。不是说我们这个时代本质上反身,以前的社会不反身——像后现代主义者认为的那样,而是说反身性在我们的时代从现象上看更明显、更重要。当代的关系越来越具传播性,基于在全球规模共享的线性时间,也就是说,基于走向全球化的非本地化[尼克·库尔德里(N. Couldry)、安德烈亚斯·赫普(A. Hepp,2016)进一步研究了人类关系"深度"媒介化带来的反身直觉]。个体通过建立信任关系,寻求远距离协调行动,这是将齐美尔或戈夫曼的范式应用于结构的反身性。反过来,个体也通过发明小型传统将自己的行动再度本地化,并且参与心理体验和自我反身性的迂回曲折。这些经验,加上新自由主义经济的暴力表现普遍存在,可能让人经历不稳定和痛苦,让大众阶层和中间阶级失去阶级认同参照,普遍感觉自己遭遇的不公正是个体的而不是集体的,由此产生怨恨和愤慨,甚至社会运动(Dubet,2022),比如黄马甲。黄马甲典型地体现了碎片化诉求的齐聚,对建制的不信任,也表明了功能的、对话的和伦理的沟通的重要性,无论是对事件的观众,还是对直接参与的行动者都是如此(Charon,Mercier,2022)。在社团和活动家的圈子里,介入的多变性并不意味着介入的消失,但介入伴随着要求极端,同时拒绝固定框架(Senac,2021):有了数字工具对关系发展的耀眼加持,社会运动不再是液体,而是流体。

　　反身性行动或创造性行动的理论范式(约阿斯如此命名)自成型之后一直影响着欧洲社会学,在美国实证主义理论中也出现了有力的表述。尽管暗含科学主义论调,认为知识在于回归第一性①,皮尔斯的三分法强调了知识生产根本上的集体性和话语性经验(扩展到第三性)。米德完善了这种关于行动的传播理论,他认为个体从一开始就是多元存在,按照影响他的多重期望行事,导致他接受各种角色,并通过这些角色回顾自身,与他人一起,把自己构建成一个稳定客体。因此,创造性的居所是身体,身体不但是一个工具,而且是社会性的重要场所,是"在一切自觉目的之先就已存在的社会关系"(约阿斯)。杜威研究的是游戏规则总在被超越的总体后果。对这位哲学家来说,人类逻辑超出规范生产,超出手段与目的之关系;在人类逻辑的地平线上,是尚未确定的项目和实际情境相互冲突,手段与目的交织其中。杜威主张的"创造性民主"的概念表明,社会学理论在走向普遍化的相互依存理论,在这样的新理论当中,个体的多样性、个体内部的多维度都表达出来,而且表达不是为了寻求一致以便结束多样性。

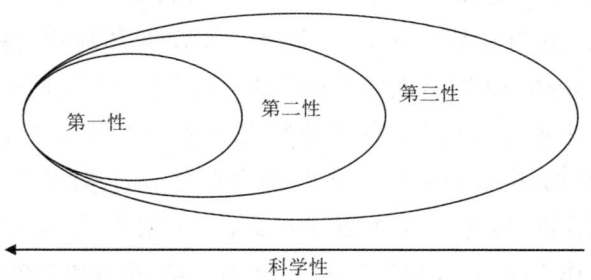

图 15-2　皮尔斯的现实和逻辑

---

① 在传播问题上重新发现实用主义可能引发"社会语义学"的说法,如克劳斯·詹森所做的研究(1995)。

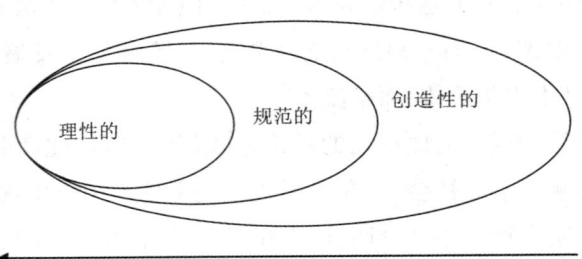

图15-3 有关创造性经验的社会学理论提出的三种行动类型(杜威、约阿斯)

从社会学到文化研究……又回到社会学

文化主义冲击的可喜后果是唤醒了陷入确定性和僵化概念、变成社会学主义的这部分社会学。这正因为社会学研究的驱动力始终是怀疑,社会学也因此逐渐聚焦于理论自身如何看待个体以及使个体存在的种种理性组合(这些理性组合让个体活下去,而不是把个体简化成结构之果或追求优化的原子)。于是出现了一种关于社会学的社会学,不再把已有的社会学成果视为理所当然,也不对其历史发展过程视而不见。标杆作品之一、乌尔里希·贝克的《风险社会》(*La Société du risque*,1986)指出,社会学与现代性一同立身,因此在很大程度上认同了在二十世纪大获成功的那种形式的现代性,即工业化的、民族国家的、男性的、由社会阶层组成的、有专业分工的、对专家与外行加以区分的现代性,等等。但是,那种形式(尚未消亡)越来越相对化了。休闲和工作之间、私人和公共之间、性别之间、政治和非政治之间的划分正在消失,科学的无懈可击被斥为神话,社会不平等虽未减少,但是在个人主义的推动下,社会阶层的意义正在淡化,民族国家的秩序面临跨国维度的挑战。

贝克对这些变化的深入描述体现了从工业现代社会向反身现代

社会的过渡,前者摒弃了由传统概念操作的自然与社会之间的身份迷思,但是创造出自己的传统(社会阶级、国家、类别),后者摒弃了工业现代性创造出来的类别,去其传统,那些类别犹在,但是已死,仿佛"僵尸"①。贝克选择在风险认知领域展开研究,借用他的表述,过去,个体遭受的命运打击来自自然,然后是来自社会制度的不公,如今承受的是个人失败(在他们自己的认知当中)。行动的外部性不复存在,行动首先以自身和自己的集体构成为参照,而不是参照外部权威。在这个意义上,反身个人主义的发展和不再仅仅从制度出发考虑自身的民主的发展之间,确实存在一种亲和力。行动社会学的下一步是超越隐喻和矛盾的阶段,进入多元行动之动力的系统分析(Lahire,1998;Schulze,1992;Singly,2003;Martuccelli,2006,2010,2017),并将多元行动纳入民主理论(Dubet,1994,2022)。

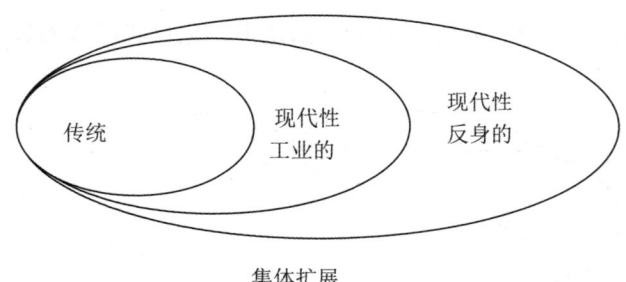

图 15-4　贝克提出的三层社会现实

因此,社会学研究的第三阶段不是社会学消失的阶段,只是多元化阶段。批判和去自然化被用于社会学自身。要让文化去自然化,以便让在"社会"被构建为解释场所的过程中被排除在外的那些人发声。这一发展基于埃里克·马塞(2002,2020)所言之"冲突主义的建构主义",即每个人都不再自认为真理在手,同时也畅所欲言(介入,仍然是

---

① 这一表述出自乌尔里希·贝克和伊丽莎白·贝克-盖恩斯海姆(E. Beck-Gernsheim),2002,第 14 章。

知识行动的模式之一)。进入一场有成果的辩论,意味着每个人都有预设立场,但是在经验和对情况重新定义的压力之下,立场可能发展变化。与相对主义截然相反,这样的理论立足点认为,由方法保障的寻常科学知识是存在的,但这些知识组合起来的效果并不先验给定。首先尝试定义这种新的公共空间的运作规则的,是拉图尔专门讨论科学和政治活动(或科学—政治活动——因为将二者绝对分开属于迷思)[《潘多拉的希望》(*L'Espoir de Pandore*)和《自然的政治》(*Politiques de la nature*),1999]的文章。拉图尔用一个被命名为"集合体(collectif)"的新实体取代自然和文化之间的对立,"集"代表着"人类"和"非人类的"在经验空间中的互动①。每一次公共事务,只要出现滋养讨论的新行动者、新实践和新结果,"集"就随之长大。"争议"是社会扩展的方式,有时是通过可能世界的探索,有时通过集的组成,为的是寻求共同的世界。照此理解,可以说传播不再只是一种功能,不再只是一个应该实现的理想,而是多元化自我操作的过程。

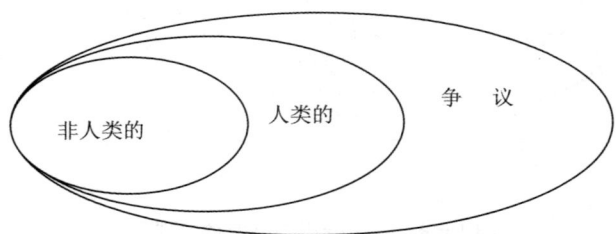

图 15-5 拉图尔的集合体理论

知识分子也开始反身,变得大度②,不再一味批判,而是给予对话

---

① 按照拉图尔的说法,"我们从来就没现代过",意思是我们从不曾生活在自然和文化真正对立的基础之上,潜台词是这种对立完全不成立。但是,拉图尔用一个中间概念(《自然的政治》中写道:"确实存在一个'外在的现实'")维持"人类的"和"非人类的"之间的不同,这表明他有意超越某种现代性(十九世纪和二十世纪的现代性)的类别,同时保留这些类别作为基础。在这个意义上,我们正处于离开半现代性、进入反身现代性的过程中——如贝克所言,而不是处于建立或延长一个非现代性世界的起点。
② 拉图尔《风险社会》法文版序言如此描述乌尔里希·贝克。

者信任,不将他们视作纯粹的客体。这样的发展让知识界与后现代主义拉开距离,后者错不在反身太过导致幻灭,而在于反身不足:他们甘愿忘记理性的集体维度,避免对自己提出质疑,他们自己也是他们所评判之世界的一部分,对此却视而不见。不再自视为理性的唯一家园,不会有什么根本性的不爽或不安。在媒介和大众文化领域,帕斯隆和格里尼翁提出的关于学者介入程度的讨论、塞尔托做出的放下学术暴力的姿态,体现了同样的思想转变。制度最后的暴力(指称学者所做之事,用此命名,不用彼命名)当然是个问题。该不该执着于"社会学"这一命名?命名显然不是因为学术同仁自得其乐搞出一门学科,以学科为统治手段。"社会科学"一词的使用已将"社会学"一词民主化、多元化,对"社会学"来说,除了"民主化"或"多元化"之外,没有什么人提得出严肃的反对意见,可是,仅凭"民主化"或"多元化"又提不出一个逻辑意义上的学科。社会学方法(如今采纳了**文化研究**使用的各种方法)的严谨性、社会学对文化—权力关系问题(如今已摆脱决定论和批判理论)的重视,呼唤回归此前几十年被抛弃的传统,二十一世纪初的学者也确实这样做了。第三代英国**文化研究**,主要是在尼克·库德里(N. Couldry, 2000)带领下,声称其方法既关注数据化的威胁(Couldry, Mejias, 2019)、影响电视节目的新自由主义发展、行使学术自由的条件,也延续霍格特和莫利的脉络,植根于真正的社会学方法。此前,澳大利亚学派的一些学者也对社会科学有新的理解(J. Frow)。宗教社会学的词汇被调动起来,用以理解大众媒介制造联系的新方法,为的是让此前被传播研究疏远的那些概念有所产出。涂尔干的仪式概念被詹姆斯·卡雷、达尼埃尔·达扬和卡兹[《仪式型电视》(*La Télévision cérémonielle*), 1992]相继使用,用以处理复杂现象,如电视盛典(肯尼迪之死、奥运会等)、跨国媒介体验。这些现象表明个体化和制度化的双重进程甚至在全球规模同时存在(Liebes, Curran, 1998),比如在《老大哥》(Couldry, 2003)和粉丝"崇拜"现象(Le Guern, 2002)中就是同时存在。不过,这一转变并非没有歧义,因为"仪式"这一概念的使用实际上在很大程度上是隐喻性的。这个概念的反身性极弱,实际上颇多争议,即便是在宗教研究内部也有争议,因为它属于经典社会学分析,属于第二层次工具的范畴,不足以把握正在构建中的新的现代性,新现代性将有新的类别。

新媒介社会学的方法论:知识链

社会学回头审视自身制度化的效果,在方法论层面影响巨大。按照杰苏斯·马丁-巴贝罗的说法(J. Martin-Barbero, 1987),如果人类关系的本质不能简化为技术,也不简化为被构建的群体,那思考传播就不应再以媒介为中心或以社会为中心,而是要从媒介转向媒介化(mediation)。媒介是可产生效果的物体或者是群体间竞争或亲和的支撑。媒介化是行为者在其内在多样性和外在多样性中相遇的过程,媒介化使所谓技术之物、对情况的定义、再现、接收的姿态[安托万·埃尼翁表述为"关切"(attachment)]趋于稳定。尽管媒介化形成传播行为(取多元化的第三层意思),与媒介相关、构成媒介的互动只是媒介化的子集。去区隔化普遍发生,使得参与者不能被完全孤立于传播,仿佛存在纯粹的技术、内在生成的文本,仿佛生产者是与受众剥离的、公众是自我封闭的。

关系的普遍建立让人可以更好地理解为什么媒介有时似乎能够产生强大效果(为什么那些被以为隔开了的客体彼此回应)。事实上,正是对他者属性(部分的、变化着的)的纳入,解释了媒介、广告行动、音乐与观众相遇的"力量"。比如,营销和广告的主要目标是充分整合消费者的期待,而这要通过将消费者的期待转化纳入上游产品,而不是过多地通过塑造期待(Hennion, Meadel, 1997)。衡量有效性没有绝对标准,因为这些期待很少先验地存在,必须通过持续的媒介化在动态中揭示。只有那些期待在持续交流过程中以这种或那种方式受到影响的人,才会受广告的影响:最谦卑的广告最有效。埃尼翁

(1993)的音乐研究发现,某些音乐作品之所以成功,部分原因是它们与购买者并非没有联系:在录音室里,观众就已化身艺术总监,因为后者是以他想象中的观众的方式在工作。有个对话者像消费者一样,在真实场景或在想象中与艺术家探讨,就像霍华德·贝克尔说的那样,消费者既是链条末端的匿名买主,也是艺术家为自己提供的想象中人。从这套概念不应推出社会统一的神话,也不应得出供应和需求一一对应、不同行动之间存在一致性的结论。相反,它说的是,被当作共同世界的社会是如何在冲突、不连续性和或深或浅的谈判的基础上构建的。问题不在于行动者之间的绝对连续性,而在于他们的行动不存在外部性(见附文"社会建构主义和关联建构主义")。

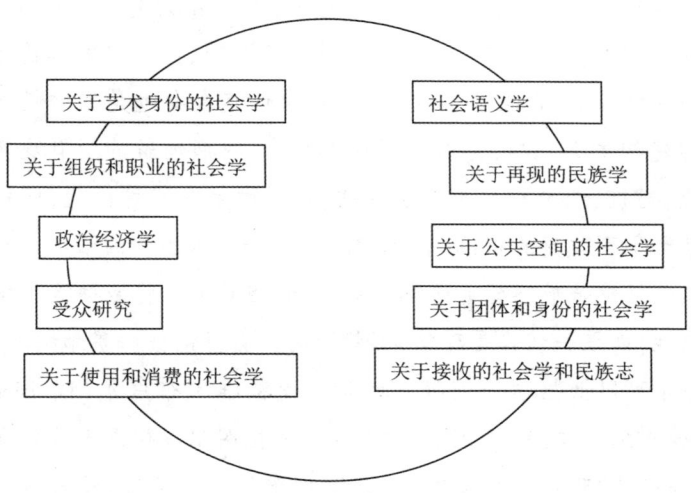

图 15-6　媒介社会学的知识链①

传播研究经典的组成部分也随着这种理论范式失去密封性,一个部分相连的知识链被置于研究活动的核心。在这种直觉引导下,一些研究工作尽可能把握不同层次的阅读之间的关系,争取既做到视角逐步趋向总体,同时也关注实践的多变,而这破坏了建立系统化理论的

---

① 该链仅为指出研究思潮之间的交流,而不是这些思潮的功能整合。

尝试。这可能涉及结合各种方法,对电视配置、社交网络、节目与观众的互动进行分析,专就长期连续电视剧所做的研究(Cardon, Heurtin et al.,1999)就是这样做的。该研究指出社会描述的三个层次,分别称作"紧张交易"(transactions tendues)、"灵活交易"(transactions souples)和"反身交易"(transactions reflexives)。这种方法更多时候从一极出发展开分析,然后确定周边。也许应该从公众这一极开始——公众决定了民主社会的互动,然后才能指出相关意义。

社会建构主义和联想建构主义

本章介绍的研究得到的是一种非常特殊的建构主义,与现实主义支持者传达的科学征服世界观相去甚远,也与后现代主义者的幻灭型建构主义相去甚远。它可以说是既谦虚又乐观,因为它的理论基础是存在阐释的社群、存在公共空间,并且承认其自身也是探索性的。像所有的建构主义一样,它植根于如下观念:我们理解的所有现实都是由交流、对抗、选择和稳定化组成的,这里面带有一种愿望,即把看似固定甚至不可改变的东西(物体、自然)视作人类活动的浓缩。这种立场的风险显然是最终会走向相对主义,而相对主义将威胁到科学活动的可能性:如果一切都是建构,那就没有什么可以被一贯地解释,没有什么显示可以抵挡理论阐释的眩晕。受戴维·布卢尔(D. Bloor)影响,米歇尔·卡隆(M. Callon)和布鲁诺·拉图尔最初提出的社会建构主义,抨击了"现代"(或者"半现代",按照贝克的说法)信念中对人与客体做根本分割的做法,是这种转变的著名案例。由于人与客体本质上并不矛盾,二者应该能够彼此阅读,主要是从赋予世界意义的人类这一极开始。在传播领域,更具体而言,在分析技术创新时,这种立场促成了一种被称为"脚本"(script)或铭文(inscription)的方法的引入,先由马德莱娜·阿克里什(M. Akrich)提出,后被拉图尔采纳。客体,仍然布满曾经令其存在的定义之争的痕迹,被当成文本来看[斯蒂芬·沃格(S. Woolgar)的说法],从中可以读到它们的起源。格雷马斯

(A. J. Greimas)的符号学(围绕叙事和行动者的概念)也被提及,作为解决阐释问题的方法论。人类的与非人类的,在某种程度上被扔进同一个语言的池子,都呈现为进行谈判的行为者,而谈判也被称作翻译之操作,包含所有可能的困难,不妨随便列举如下:世界真的类似文本吗?那么是否有代码来理解它?生产者的代码和使用者的代码是否存在同一性?对这些问题,传播研究一直以来的回应是不认为语言学模型可以自诩有任何普遍性,并且至少是部分地将用户或接收者的实践与生产者的实践加以区分。

这里介绍的媒介化理论和建构主义理论远离上述概念。它建议将人类/非人类混合的概念看作一个隐喻,类似皮尔斯或反身理论意义上的第三级。人和客体之间的关系不应用自然主义的术语(第一级)来阐释,也不应用社会学者和相对主义者的术语来阐释——就像卡隆和拉图尔倾向从努力超越第二级的思考出发……为的是回到文本。文本是自然主义者或社会学家的一个隐喻,取决于是将符号看作内在机制,还是看作社会的任意性。其实更应在关系的动态中观察人和客体——当冲突世界渴望成为共同世界,通过关系的动态,才能不断发现人与客体之关系的属性。将交流纳入民主的框架,让问题向不断自我构成的公众开放,指导着大众媒介研究,成为更关注与技术的关系的微观社会学。有这样的视野的,还包括所有非哈贝马斯模式的关于公共空间的思考、反身理论以及放弃了翻译观念转而支持塔尔德和杜威的拉图尔第二阶段社会结构主义理论。拉图尔的《自然的政治》(*Politiques de la nature*)、《潘多拉的希望》(*L'Espoir de Pandore*)以及后来的《改变社会 改造社会学》(*Changer de société. Refaire de la sociologie*)放弃社会建构主义的主题(社会建构主义坚持认为社会自主化了、硬化了、成了监狱),转而采用联想主义的建构主义,其基础是将所有话语,包括已经被结构化的话语、正在被结构化的话语以及正在被其他话语的公开表达所影响的话语,全部纳入考量。社会是一个不断扩张的"集合体",是一个由惊喜构成的属性的集合。它永远开放,这意味着,模型(即研究者用来理解行动的解释网)永远来不及明确地自我固化。

如此构思的建构主义不放弃研究累积的想法,并与一切相对主义决裂。发现的行为才是建构,但被发现的东西既不是无序的,也不是虚幻的。学者(以及"普通"行动者)调动已构成的知识,但这些知识并不声称是在人与人关系的历史之外形成的,而历史是不可消解的。如果说,自然被视作效果的集合、客观机制的集合,为我们所反对,那么,自然总是有限的,一个不可言说的限,一个我们不能把握的限。谦虚起见,我们不应把客体与人绝对混合,二者分别包含彼此的部分神秘。正如拉图尔所言,"这里的重点不是宣称旧的二元论(即以往的范式)再无可为"(《潘多拉的希望》,第 226 页),而是在思考中超越旧的二元论,摆脱几乎无果的人性—客观性二元对立。

接　收

对公众接收的研究历史性地补救了有关大众文化的意识形态,治愈了公众被媒介格式化的观点。它不奉行功能主义或文化主义,不只按职业、性别、年龄区分社会团体,然后描述他们接收行为中的一致性,而是重建了更为普遍的互动,认为行动者能利用自身掌握的社会资源和文化资源,发现有别于现有办法的新的解决之道。这类研究的宗旨是把握不同社会身份之间的交流及其与媒介特定关系的微妙游戏,这看上去好像在琢磨鸡生蛋还是蛋生鸡的问题,要求综合多个领域的研究结果,而不是生硬叠加。对超级英雄漫画受众的研究(É. Maigret,1995)超越了对某种媒介之有害影响的规范性分析,不确定统计上占主导地位的男性受众(阅读是对男性身份的功能性再生产),也不研究子群体(女性受众、法国人/美国人、少数族裔等)的具体阐释,而是抓住身份分裂、脱离、形成和重组的互动时刻。研究发现,常看这类漫画的受众看似在参与一种简单的身份复制,其实过程中充满矛盾:男性价值受到各种趋势的影响,这些趋势可以用捍卫传统领域(我们的社会要求男性有男性气质)和探索内在世界(比如,学校教育的普及和延长正在改变人与人关系的模式)之间的互动来加以分析。不把社会性别理论、社会性别的穷尽(在这里是指男性气质)和接收理论结合起来,就不可能理解所有这些事实。

帕斯吉耶在《情感的文化》(*La Culture des sentiments*,1999)一书中研究了一部特别被贬低的法国电视剧《海伦娜和男孩们》的接收,同样基于创造性和媒介化的概念。她避开这个领域的研究常见的哀叹或欢呼论调,首先指出对海伦娜的热情全部来自女性,大部分是前青春期的乡村女性,由此确定了重要群体。然后,她就粉丝行为、粉丝所处的社会语境展开民族志分析,通过细腻的理论互动,将接收社会学和家庭社会学结合在一起。《海伦娜和男孩们》是几十年女性主义斗争之后出现的节目,很好地揭示了女性角色的重组,提出了男性女性身份互补与女性绝对自由两种观念的综合。因此,这部剧受到大众家庭和布尔乔亚欢迎,大家喜欢它的原因却有所不同:妈妈们如愿以偿从中看到必须追求自由,女儿们则照着它学习身份的日常管理。

"接收"一词留用至今,是为方便起见,不应产生误导。事实上,接收研究的发展如今更倾向于将读者或观众在日常存在中的所有行动综合考量,而不是停留在接收那一刻,不一厢情愿地把那一刻看作某读者与某文本之间简单孤立的交流。这一变化,与**文化研究**渐渐脱离接收、进入日常生活的变化是一致的,在受塞尔托影响的罗杰·西尔维斯通(R. Silverstone,1994)和约翰·哈特利(1999)称之为"日常生活"(everyday life)的层面,女性主义学者玛丽·艾伦·布朗(M. E. Brown,1999)又将"受众研究"的范围不断扩大(Alasuutari,1999;Barker,Brooks,1999)。此外,约翰·哈特利(1992)和达尼埃尔·达扬(2000)先后指出,从某种意义上说,公众这一概念本身也被解构,公众所谓的稳定属性被批评,公众的形式也更加多元——消费者公众、粉丝公众(Hills,2002;Gray et al.,2007;Le Guern,2009;Duffet,2013)、

"电视准公众""非公众"等。约翰·哈特利(1992)、尼古拉·阿伯克隆比(N. Abercrombie)和布莱恩·朗赫斯特(B. Longhurst,1998)指出这一变化,提议公众理论转向"表演"这一概念(Dayan, 2000; Esquénazi,2003;Ancel,Pessin,2004)。

接收已经四分五裂,接收者的唯一个性身份已经淡化,对数字使用者的研究越发证实了这一点。他们最大限度地表明,当在线社会性和离线社会性彼此相连,创造、传播和接收等活动之间的界限不再分明(见下一章)。除了为交往且包容的资本主义进行辩护的言论,操纵大众(已经变成剥削大众)的哀叹老调仍有所闻,但是,专门针对互联网用户和数字社交网络用户的调查发现,即使是大数据的世界(虽然它被收集统一数据的需求强力主导)也依然保有主动性和反身性(Lupton,2016)。

生　产

从消费研究、受众研究(这些研究也是关于公众,但是逐渐走向体制和产业的媒介化)方面回溯这条知识链,从中可以分出一脉关于实践的政治经济学研究,这类研究对体制和产业掌握的定义情境的权力更敏感。职业社会学、艺术身份社会学随后出现,指出文化项目反作用于创新产业,平衡了经济制约无所不能的感觉。将这些相互冲突的思想潮流结合起来,是未来几十年的挑战之一。这需要提出有新意的、多维度的概念,比如音乐行业的"场景"(scène)概念。这个概念由威尔·斯特劳(W. Straw)在二十世纪九十年代初提出,经热罗姆·吉贝尔(G. Guibert)探讨,目的是通过"场景"研究音乐人的职业生涯、中心和边缘之间可能的不平衡以及劳动力和资本的流动,没有终极的确定性。关于传播,政治经济学角度的研究和**文化研究**之间存在的激烈对立——如尼古拉·加海姆(1995)和拉里·格罗斯伯格(L. Grossberg,1995)的辩论所示——正在让位于对话,甚至,如戴维·赫斯蒙德霍(2007)所指出的,当文化生产者不再被呈现为超级强大的同质行为者,矛盾和复杂性也不再被忽视,就可以建立起多种桥梁。由此可以提出一种综合甚至"整体"的方法(Fenton,2007),将结构性不平等与消费和接收的复杂性联系起来。

再 现

讯息方面,与受众阐释方面一样,新的媒介社会学研究也有突破。突破的是符号之本质的观念(物质的,社会的),将符号表现为凝固的媒介化,仿佛社会冲突的结果暂时冻结,如埃里克·马塞(2001,2002)基于贝克尔(1999)和拉图尔(2000)的成果做出的理论总结。大众媒介的内容由互动构成,可被视作互动的痕迹,仿佛凝聚着社会关系、行动逻辑和文化运动的褶皱。将这些"化身"(avatars)展开,重现当初令其产生的冲突之火热,经历了几个步骤。第一步是转向**文化研究**意义上的再现分析和话语分析。斯图亚特·霍尔(1997)重拾米歇尔·福柯(1971)提出的目标,完成了这一步骤。话语被分析为再现和实践之间的张力,而不仅仅是符号系统。话语既是被有规律地再现的东西(这些东西形成纪律和规范),也是被排除在再现之外的东西(这些东西以消极的方式确认规范或挑战规范),还是社会活动的集合,图像和文本从中沸腾涌现:将意义分析和历史实践分析联系起来,而不是仅仅在语言层面上操作,才能理解真正发生的参与。第二步,对"装置"(dispositif)展开研究,也是受福柯启发,成为盖伊·洛沙尔(G. Lochard)、让-克罗德·苏拉日(J.-C. Soulages,1998)的社会语义学主题,它描述了"社会性别"、表态的形式、交流的言语规范和视觉规范(既从技术层面,也从历史层面),不再是简单的符号学,而在以往的符号学里面,规范全然脱离冲突性、生产者和公众之间的意义协商。装置概念被用于从"微观物理学"视角研究权力现象。它可以归入"治理主义"视角,是去中央化的小纪律导致了权力的出现,而不仅仅是国家机构和社会阶层导致了权力的出现。

另一类社会再现研究基于定量方法或对叙事中的人物及指导他们的逻辑关系进行深入的民族志研究,也可提供理解当代社会的钥匙(见附文)。沙尔翁-德梅尔赛的研究很好地体现了这种方法。她把电视剧当作识别社会问题的一种手段,认为电视剧将社会主题化。她将业余编剧在电视频道展现的叙事[《一千种剧本:危机时代之想象的调查》(*Mille scénarios. Une enquête sur l′imagination en temps de crise*),1994]、法国电视台周三晚间系列节目如 *L'Institut* [《选择性的社会——关系被选之世界的情景》(*Une société élective. Scénarios pour un monde de relations choisies*),1996]组合在一起,找出其共同点并加以分析,指出这些内容揭示了正在去制度化的世纪末家庭世界,传统角色不复存在:女性主宰男性,对关系的考量出于选择,而非自然,也非束缚。分析这些再现以及它们与社会事实的关系,不是将不同领域(传播理论、关于不婚的历史和法律研究、关于个人主义的社会研究)的若干成果迅速交叉,而是基于在这些思潮中的长期浸润早早感知趋势,而不是简单地将异质元素叠加或强调对应关系:与研究接收的社会学一样,研究再现的社会学自知难度在增加,因为需要掌握一整套专业知识。另一方面,关于再现的社会学研究解码的不再是完全稳定的对象。沙尔翁-德梅尔赛分析的小说不是简单反映家庭,而是讲出了关于家庭的某些事情,彼此竞争的解决方案被提出来,以便重新配置代与代之间、性别之间纯粹选择性的联系(个体向审美逃逸,家庭重组,代与代之间回归明确规范但并不守旧等),由此反映出这个时代的冲突的想象力,正是这想象力把问题投射到电视屏幕上,借此命名问题、解决问题。

什么是再现?怎样分析再现?

长期以来,媒介内容似乎比社会互动更容易分析,因为它更容易界定。容器确实有它的物质性(放在书架上的书,可以用 DVD、USB

观看的电影等)。内容则是非物质的,属于意义的世界,但它通常可以储存于物质性的介质,这一特征强化了文本的封闭感。然而,内容也是社会互动的一部分,内容来自社会互动,一旦被读者或观众占有,就会回到社会互动中去。可以说,内容浓缩了部分社会世界,同时滋养着新的社会世界。当研究者关注且只关注内容,内容就可能被赋予一种相对的自主性:这时就有了对代码、流派和指称/内涵的系统的形式考察。但是,内容不会绝对自主地让人掌握文本的真实意义、掌握文本与生者和死者关系之外的真相。出于这个原因,媒介社会学并不把文本分析的时刻局限于研究者对素材进行的形式解码,而是不断扩展,向上游扩展到包括为素材生产作出贡献的行为者,向下游扩展到参与素材定义的公众和社会群体。

这种方法使社会学更接近历史学,历史学一直结合各种来源,对各类痕迹开放。但是,历史图景学派面临的挑战本是在资料匮乏的情况下重建内容,在我们这个时代则失了方寸,因为关于作品及其起源和命运的可拥有信息量如此巨大。沙尔翁-德梅尔赛对这类研究的更新作出重大贡献,她特别强调这一点。因此,研究必须以一种非常有条理的方式进行,要深入渗透到材料中去,就像粉丝出身的研究者那样,身为粉丝,参与者的主观性对研究不利,但是得益于频繁接触粉丝社群和作品,他们对"平均"文化和"流行"文化的视角才有可观的新意。

除社会语义学技巧外,列举的技巧、内容分析的技巧(出现过对其众所周知的滥用——见第五章)如今仍可使用,因为这些技巧可以高效处理大量素材,只要将使用限制在"比较社会学和民族志"的范畴内(Mace,2006)。这一表述,一方面说的是定性阅读的使用,定性阅读技巧更注意作品的细节和矛盾,而不是统计学意义上重复出现的特征(按照全面民族志传下来的模式),另一方面说的是真正有社会相关性的再现的风格化、使得当代社会辩论结构化的那些主题,要以这些为引导,与小说或新闻处理它们的方式进行比较("虚拟"世界与"现实"

世界的比较研究)。例如,对沙尔翁-德梅尔赛来说,对破裂家庭/重组家庭的处理(这是二十世纪末痴迷的主题之一),就可以作为黄金时段家庭系列剧研究的指引之一。

在内容分析的上游,研究记者或艺术家的实践,他们的经历和愿望,与消息来源、雇主和观众的关系,面临的束缚和表现出来的技能,可以提供作品编码过程何以如此的信息。这类研究的目的,是通过交叉引用最初属于政治经济学和职业社会学的变量,来发现叠加的影响以及文本产生之前的种种交易。通过这种方式,有可能勾勒出一个媒介流派的总的历史,然后将其与构成该流派的每部作品的细节进行比较。

如果放下研究者阐释绝对占优势的原则(同时又不屈服于相对主义),在内容分析的下游,将公众阐释纳入考量,如今被认为是有益的。这需要内容分析和接收分析一起进行,不是假设文本面前人人平等,而是与那些无法获得相同视角的人合作。詹尼丝·拉德威可以说是这类研究的开创者。她从禾林小说系列的符号学分析入手,发现受众的阐释和她的分析结果不同,进而展开研究。她先是排斥那些她认为是"异端"的解读,最后得出结论是可以从中了解受众的社会定位和内容本身,不过,受自身偏见影响,她还忽视了受众和内容的某些方面。

对刻板定型的研究一直在积极进行,作为一种理性主义谴责,针对的是媒体和公众之不良且固定的不假思索。当社会中对媒介的使用日益多元化,种族主义或父权主义意图可以谈判、被遏制甚至被打击,包括从视听监管机构在制度上采取措施,对刻板定型的研究有了新用法(Mace, 2007):刻板可以分成负面刻板(将人等级化、剥夺人的资格的直接且公开的种族主义)、正面刻板(广告中因家用产品而幸福、被指向社会性别的女性)、逆刻板(非白人成为英雄、女性获得权力)、新刻板(尽管是弱势种族,依然受到推崇,但不从种族关系加以分析)和反刻板(将刻板作为刻板来解构)——如果我们想在再现及其历史性中考察权力和反权力的游戏。

由此可见，研究者们用过的所有方法都是通用语境下的解决方案，而不是阐释过程的神奇公式。

公共空间

传播研究发展到这一步，媒介已被视作既是再现的载体，也是社会辩论的贡献者。媒介内容不只是以凝固的媒介化形式传达导致内容产生的冲突，还滋养后续的争吵和争议，公共空间社会研究对此加以识别，从事这类研究的学者并不自认为内在地优于相关行为者。公共空间社会学为自己设定的任务是，一方面描述公共空间的形式、介入的类型、进入的入口、词汇、排斥的力量、定义构成的效果，受吕克·伯尔坦斯基影响的**道德和政治社会学团体**（groupe de sociologie morale et politique），如多米尼克·卡登、让-菲利普·厄尔坦（J.-P. Heurtin）、西里尔·勒米厄（C. Lemieux），提出"竞技场"概念的新实证主义者，如达尼埃尔·塞法伊（D. Cefaï），首推这一方面；另一方面描述社会运动的动态和投入其中的微观政治。这方面的例子包括：听众获得发言权（Cardon, 1995）、关于生物技术的辩论（Mehl, 1999; Cheveigne, Boy, Galloux, 2002）、关于核废料的辩论（Callon, Lascoumes, Barthes, 2001）。有关女性被排除在官方公共空间之外以及她们在媒介再现中长期处于从属地位（在二十世纪六十年代父权规范爆破之前）的研究，持续数十年，阐明了进入官方公共空间的机制（Fraser, 1992），跟踪了正在进行中的斗争（Krakovitch, Sellier, 2001; Sellier, 1998; Burch, Sellier, 2009, 2014），有时也成为新问题的引爆点［关于 backlasch，即二十世纪八十年代的男性回归，记者苏珊·法鲁迪（S. Faludi）写于 1991 年的著作引发争议，但是颇具新意，见戴维·冈特利特（D. Gauntlett），2002，关于性别和媒介］。对数字使用的民族志研究则重点描述身份谈判。伊藤瑞子（M. Ito）和冈部大佐（D. Okabe）的研究（2005）表明，在日本,年轻人很少有地方可以私下讨论,手机信息成为他们"克服那些由成年人控制、支配他们生活的日常结构"的一种手段。对年轻女孩来说,手机信息也是一场革命,因为这让她们有了进入公共空间的钥匙。社交媒体研究揭示了当代介入"柔"的一面(Papacharissi,2015),即由共同情感和合作叙述构成,走向日常政治,为长期变革服务。

"文化产品"作为社会运动

伴随着"媒介成为真正的文化层"这一观念,永无尽头的社会分析游戏重启,靠阐释生存的参与者也提出了新的阐释。比如,格雷尔·马库斯(G. Marcus)对战后"流行"音乐做了第一次真正系统的研究,他不把摇滚和朋克视作工业产品或被社会少数占有的物品,而是视作铺展现代性的社会运动[帕特里克·米尼翁(P. Mignon)研究的当代体育狂热(1998)也是如此],构成与官方历史同等重要、但此前研究不曾书写的"二十世纪秘史"(G. Marcus)。

因此,新媒介社会学的目的绝不是结束阐释进程,而是要把握被媒介纳入的定义所包含的冲突的痕迹、再现和接收,通过努力增加来源,不再让冲突孤立,为本质上就是开放的问题提供理论模型。这需要对方法进行积累和总括,而不是通过提出一个系统、一个功能性的封闭循环来抽象地总括痕迹——在那样封闭的系统和循环里,各极之间可以相互还原,相互转换。既然民主的理论要求我们不再以割裂的方式思考(割裂正是早期理论的深渊),那么,社会不连续性就始终存在,否则就不会有交流、矛盾和民主。

是否应从实践转向能力?

本书提出的建构主义方法关注特殊性,反对任何明确的凝固,这方面可能令人失望。捍卫"简单霸权机制不存在"和"传播行为塑造公共空间"这类观点之后,关于统治、对话和占有的各类关系,关于构成组织的关系,关于信仰的层次,关于"公共"的不同种类,关于在公共舞台上表达的形式和规则,应该细化,或提出类型。传播社会学研究是在文化主义理论和反身理论冲击之下进入重建阶段的,这一事实能够解释某种程度的未完成状况。但失望的涉及面可能更广。它可能源于这样一种感觉,即社会科学无法真正超越个体实践和集体实践之间的、前反身的、"社会学主义"的无解矛盾,社会科学导向了太多概念上的优柔寡断,还有时常发生的不偏不倚,而社会科学本应以超脱价值判断的概念[比如"能力"(出自乔姆斯基)]为中心,产出更具普遍性、更具解释力的理论模型。这样一来,放弃建构主义、通过语言学的重新定位或多或少地回归自然主义,就很有诱惑力。

民族志方法

按照哲学家斯蒂芬·特纳(S. Turner)的表述①,"实践"一词,对描述行为者所做之事如此有用,以至于成了社会科学研究的逃逸点,多种思路试图放弃被认为有问题的、类似"镜中深渊"的社会科学阐释程序。继哈罗德·加芬克尔(H. Garfinkel)、哈维·萨克斯(H. Sacks)(二人都是奥斯汀和乔姆斯基的读者)之后,用民族志方法以及后民族志方法做研究的学者试图在行动者的言语辩护(他们的"表演")中找寻秩序,这一秩序不依赖研究者的阐释,而是自然的。对话的形式不仅是真理的问题,也是可辩护性的问题(依照奥斯汀所说的"快乐的条件")②。研究指向"语言行为必须是可理解和可接受的"之事实,而不是深层的无意识痕迹(这些曾被认为可以解释行为)。

这一立场既接近联想主义建构主义者的立场,因其所宣称的大

---

① 斯蒂芬·特纳(1994)悲观地指出了实践这一概念的经典版本的所有不一致之处。实践要么被认为是特异的,这让我们对它知之甚少;要么被组成习惯或习性,因此据称在文化中是共有的,但这样一来,除了社会学家的隐喻之外,就没有办法理解这种文化是如何实际形成的。特纳不使用并不清晰的社会传播机制,而是建议不将实践概念作为客体,而是将其设想为"探索性的建构"。这种社会学批判(第二层,"社会学主义")没有考虑到反身社会学的发展,后者不给存在赋予确定属性。

② 见杰夫·库尔特(J. Coulter)的研究(1989,1991),其中记录了实践的这种"社会逻辑"。

度——所有行动者都是"聪明的",并通过广泛的能力来行动;又因其客观主义与之不同。民族志方法论者认为,应该在"自然"的环境中抓住数据,将这个环境简化为对话的,甚至只是对话的一小部分——萨克斯甚至拒绝访谈技巧,因为技巧会改变数据收集的条件。有了这个非常特定的素材,他们为自己设定的任务是发现个体"分门别类装置"的普遍性,然后从基本能力清单出发分析他们的行动。他们遇到的问题是,在非常微观的社会学层面上获得的结果缺乏普遍性:分类的结构几乎没有被勾勒出来。个体所谓的技能是由那些希望更进一步的研究者在阐释行为中假设出来的,而不是"自然地"展示的。传统社会学将实践作为解释社会状态的资源,而不是应该研究的事实本身,对传统社会学的批评反作用于那些提出批评的人,他们最终也以同样的方式进行研究,正如一些民族方法论者,特别是亚伦·西库雷(A. Cicourel)所承认的,他们否认存在一个外在于社会的、超越的、可以从那里对实践展开分析的点。

关于协议的社会学

吕克·伯尔坦斯基和洛朗·特维诺(L. Thévenot)的协议社会学(1991)基于同样大度的目标——给予个体真正的行动可能性,不再从高高在上的科学立场评判他们,但是野心更大,因为它属于宏观社会学。这两位学者的立场起初接近对惯习进行批判的社会学,后来与之决裂,他们为协议社会学设定的任务是描述"事件"或争议,使用民族志方法学的词汇,但不做最终判断,也不给论据分等级。这类研究可以是谱系追溯式的,比如吕克·伯尔坦斯基追溯了有关苦难和人道主义干预权利的辩论史[《远程受苦:人道主义道德、媒介与政治》(*La Souffrance à distance. Morale humanitaire, médias et politique*),1993],就媒介、知识运动和电视观众在当代辩论中的作用提出了很有启发的重要分析。不过,对这些研究最有力的指导,还是对个体为发展或展示其能力所能调动的论据清单的阐释。他们根据自己发现的六大"城邦"划分协议类型:家庭城邦(基于个人关系)、公民城邦(公共关系)、工业城邦(以效率为标准)、市场城邦(以利润为标准)、意见城邦(与他人的目光相关)和灵启城市(以超验为标准)。个体行动和集体行动的评估依据的语法是正当性的绝对要求和实用性的束缚力量。这种将世界划分为城邦的方法类似社群主义哲学家迈克尔·沃尔泽有关正义领域的说法,最初的目的是工具性的:研究人员通过特定时期思考协议的方式进行社会历史调查,使用了理想类型。

然而,像民族志方法学一样,为了提出穷尽现实的行动类型,协议理论似乎有逐渐让能力模型僵化的风险。正如沃尔泽并不满足于描述,而是从描述开始相信领域的分离[约阿斯(1992)对他的做法提出批评],有能力的语法学家也可能落入现实主义的陷阱,相信城邦的存在、城邦彼此间可以有效地分离(实际上只是研究者列出的表格)。如克罗德·戈蒂埃(C. Gautier, 2001)所言,追求穷尽一切的方案,诱惑来自将论点归类的意愿,可那些论点与最初提出的城邦并不一致,于是归入新的城邦,这些新城邦概念以批评或辩护的方式提出[吕克·伯尔坦斯基提出网络城邦;洛朗·特维诺(1997)提出信息城邦]。协议社会学两个最初原则被放弃。首先是缺乏对个人能力的判断:协议社会学的方法重拾系统功能主义的方法,增加了新的类别,以便捍卫所谓包罗万象和中立的架构,不给惊喜和个人创造留下任何空间。其次是缺乏对辩论的参与:它声称社会学家与事件的内容有距离,但这是一个真正的规范性目标,指导着城邦理论的构建和描述——问题不在于有这样一个规范性目标,而在于没有按照真正的建构主义和反身社会学来实现这个目标。

第十六章

互联网与数字化,走出乌托邦

回归客体

　　反身社会不同于传统社会和现代工业社会,不再将注意力倾注于涵盖一切的宗教、固定不变的社会身份,但是仍然半梦半醒地眷恋改地换天的科技进步、颠覆生活方式的技术革命,也就是乌尔里希·贝克所言之"僵尸"般虽死犹在的想法。这样的社会对既要客体化又要主体化的要求有敏锐感知,并将之转化为彼此矛盾的渴望。因此成为两种互补的半现代意识形态同时表达的沃土,一种是幻灭的理想主义,即后现代主义,另一种是狂热的物质主义,即普罗米修斯式的技术主义[①]。后者与控制论和麦克卢汉的乌托邦汇合,在大众想法和学界著作中经常表现为回归客体、回归理论给客体设定的社会属性。二十世纪末、二十一世纪初,互联网成为新希望的化身,比以往任何"信息传播新技术"更甚。本章将讨论这一传播方式,并按照传播社会学的三个阶段对其进行研究:对互联网诞生之初引发的乌托邦理论予以批判;对以互联网为支撑的使用进行介绍,展示互联网如何融入将它共同构建成为工具的种种社会实践;反思以互联网为中心所揭示的新的

[①] 在乐观主义、悲观主义、技术主义和后现代主义之间,各种交叉均有可能,此处提到的是如今占主导的说法。

社会逻辑①。"电子民主""互联网民主"等说法将社会—技术革新的话语延伸到政治领域,本章也将就此展开探讨,阐述这些说法最初的迷思、现实状况及其揭示的种种期待。

互联网:超级媒介的应许和幻想

早在成为工具、成为被普遍应用的媒介之前,互联网就已让人浮想联翩。它的神奇潜力先是让所有梦想利用新技术恩典建立网络世界的人在它身上看见乌托邦,梦想从此建立一个基于自由、智识、即时、友爱的无界交流的"地球村":互联网让所有人彼此接触,实名可,匿名也可;它将宣告社会等级完结,促进集体智识发展,解放大众文化,而此前的大众文化象征物——电视只会让个体被动沉溺……互联网话语就这样陷入幼稚的进步论,在美国学者和社会中间层表现为无政府主义或自由主义,在法国知识界主要是傅立叶主义(沿袭工程师团结主义的传统);出于典型的钟摆运动,与之对位的批评是关于色情制品自由访问可能带来的危险;个人信息获取及存储对基本自由的侵犯;社会仅由联网者组成,可能因此碎片化。

狭义地讲,互联网确实是一种媒介,是传播的技术手段之一②。它的广阔潜能,确切地讲,来自它集声音、图像、文字于一身的多媒体特征:只要联网,一台电脑就可以发送接收文字、图像、音乐和活动影像,还可以查阅数据库。为了让浏览更便捷,基于"自然"认知能力的"超文本"软件应运而生。这些软件基于表格思维和综合思维(人类思考始于关联),意味着真正的信息搜索新方法:万维网为不同的源信息构建了共同的语言,在这个系统中,一切源信息皆可获取。有人据此认为,互联网是真正的超级媒介,是吞噬一切媒介的巨兽。因其普遍性

---

① 这种三分法,也是鼓励、占有、制度化的三分法(Alter,2000)。
② 媒介一词通常指向用于传递信息的技术和经济手段,可取其广义(广播、电视等),可取其狭义(电话或信函);也可指纯粹的传播技术:互联网调动着文字、图像和声音的资源。

和可塑性,也因其传输方式和低成本,它被视作未来的"万媒归一"(unimedia)。它提供的文本和图像超级丰富,对书写和音像不是已经构成激烈竞争?书本、报刊甚至电视屏幕的旧世界严重缺乏受众互动,不是已经面临威胁?技术融合现象已然如此,它怎会不把一切媒介全部囊括:以电子显示屏为终端,不就可以尽情浏览网页、电子书、数字广电频道、平台及其他?看看西方国家网络连接的指数级增长,互联网的推崇者预言,一体化设备将深入家庭生活,知识和娱乐的全新关系将全面普及:彻底个人化,甚至原子化,游戏与学习共生,消费和生产兼有。互联网让人觅其所喜,也供人示其所创,因此将成为媒介之王和自由媒介,一方面突破狭隘的学术型辨析式思考的专制,另一方面摆脱大众媒介置人于被动的独裁。

曼努埃尔·卡斯特尔:网络社会的海市蜃楼

曼努埃尔·卡斯特尔(M. Castells)比同时代其他预言家更清楚地阐明了与"新技术"冲击相关的社群主义和技术主义新乌托邦。他于1996年至1998年间出版了一系列重要的英文著作,当时正值数字经济爆炸,美国政府大谈"信息高速公路",欧盟委员会也希望发展"信息社会"。卡斯特尔是社会地理学家,深受马克思和图雷纳的影响,也自称受到麦克卢汉、伊尼斯和鲍德里亚的影响。他认为,基于"信息资本主义"和"真正虚拟文化"的"新社会"即将现身。其推理如下:全球化使流动(尤其是金融流动)倍增,将影响资本主义;信息和通信技术打破时空限制,将帮助这种新资本主义进一步扩张,同时让社会关系摆脱等级问题;多媒体文化——我们这个时代的新字母表,将使人们沉浸于网络世界的愿望更加强烈,那样的网络世界不再分层,对现实和他人的了解将是水到渠成。

无官僚、分众化、以个体为中心的愿景的确诱人,因为它回应了研究反身性的社会学家在当代文化中观察到的某些期盼,但是,意识形态和阶级斗争终将消亡的思想其实早有传统,此般愿景无甚新意可言

(Mattelart,1999;Garnham,2001)。它明摆着就是技术决定论：社会不是在复杂且错综的互动中被信息通信技术塑形或作用，而是信息通信技术本身["技术即社会"，《网络社会》(*La Société en réseau*)，第25页]。卡斯特尔不仅混淆技术与社会，还将网络与社会等同，而前者不过是后者(显然尚在发展中)的特定组织形式而已。

如此单一维度地再现社会，照扬·范·戴克的说法(J. Van Dijk,1999)，是抹杀一切差别，为的是提出一种非常现代或者貌似现代的观念。这种观念把启蒙时代的民众解放梦想和冷酷的理性主义结合在一起，价值却是空洞的，政治选择也悬而无解。它已被相当确凿的事实驳倒：当代资本主义并未被网络从根本上质疑，很长时间以来，它一直在按劳动市场分割原则运作，一个市场是受过良好教育、充分掌握信息、网络上相连的人，另一个市场则不怎么遵照此一原则；对绝大多数人来说，占有信息通信技术并非易事；信息和知识不是同义词；虚拟不是形而上的实体，不会让人进入摆脱社会重力的自由世界……五十年前谈论"消费社会"时，如果以为谈的是全自动怪物或邪恶天才，那绝非科学洞见，如今谈论"信息社会""网络社会"，为了将它膜拜或妖魔化，就赋予它自主存在，也必然是误判。这类表述不符合任何实质性的现实，充其量表明某些传播手段在物质和社会方面被赋予了额外的重要性。

走出乌托邦：单一技术支撑的异质媒介

以卡斯特尔为代表(见附文)的网络观念，要历史地看、批判地看。将有关互联网的论述和电报、广播、有线电视问世时的说法进行比较，就会发现，除了花样翻新、活力重现之外，那些洋溢的热情前后并无不同(Carey,1989;Mattelart,1999)。电视，如今被互联网的拥趸痛贬，在二十世纪六十年代却被传播学的伟大先知麦克卢汉誉为声像革命的基础,将催生全球部落。关于人类与创新的关系,技术决定论一再重来:技术成了解释社会、引导历史的因素。如果仔细区分互联网在社会实践中的真实嵌入和技术主义乌托邦的不同,如果对所采用的机制加以分析,就会看得明明白白,互联网并不是此前预言的革命。互联网的贡献不可忽视,它的社会影响不应被低估,但是,经济和技术变革无论多么重大,这些变革自身并没有在二十一世纪初撼动人与人的关系。

事实上,互联网可以是任何媒介,唯独不是匀质媒介。数据服务器是搜索工具,它的功能是信息查询,不是交流传播。电子邮件是人际传播工具,论坛是集体讨论和共同工作的空间。网络迁走大众媒介或专业媒介的部分功能,某些信息或娱乐网站的功能近似纸质刊物、宣传页(评论类小报)、电视节目、现场或直播的音乐会……商业网站有广告陈列功能(企业介绍),或者更纯粹的商业功能(产品展示、买卖操作)。如果说互联网在传播方面有什么真正的创新,那大家一致同意的看法是,这创新在于它使用的技术手段:计算机之间的连接。互联网有点像西班牙旅舍,或者法国诗人普莱维尔(J. Prévert)写的盘点清单,它把各种东西,从"实时"管理股票账户的金融工具,到私人邮件、色情内容、时尚杂志、远程办公程序,统统汇在一处,杂乱无章。

既然承载的内容各行其是,包含的社会需求彼此冲突,互联网的发展就是一个不断叠加、越加越多的过程,而且叠加往往各有各的逻辑。军界本着技术交流的精神将它造出,继自由主义者和嬉皮士之后(Turner,2006,2013),学界出于合作、免费、自发的价值观将它塑形(Abbate,1999;Flichy,1999),商界引入广告和金融的逻辑将它挪用,行政和政治为了应对"电子公民权"的关切将它利用。广大公众也发现并使用互联网,但是并不一定恪守列位设计者和先驱使用者的理想:私人交流、网上协作的模式与官僚思维、商业逻辑并存,有时甚至混合共生(见附文"互联网的起源")。

信息神话(即时获取原始信息,仿佛只需点击就能了解世界和真相)并未成真。互联网是汇集和存储数据的绝佳工具,但它再无更多优点,不预示一种新的普遍思维即将到来。它不提供理解其所含数据的钥匙,而任何信息源都不可能脱离特定语境下的阐释和重构①。多米尼克·沃尔顿(1999)指出:互联网更多的是回应需求逻辑,而不是供给逻辑,因此它可能促进公共空间的碎片化,而不是相反。广义地讲,互联网可能不是一个媒介,也就是说,不是一个让人与人同在的客体,像大众媒介那样。需求逻辑引导用户,但是需求逻辑存在严重缺陷:在信息领域,需求逻辑让人疲倦,产出极少,还将人孤立……托克维尔说过,思考始于打算相信他人之时。凡事都靠自己思考,这是不可能的,所以,在媒介领域,结构化舆论和中间人(记者、从政者、公民……)的存在很重要。诚然,大众媒介(常被等同于纯粹且可憎的被动性)的乐趣和重要性不仅在于特定内容的消费,还在于"与人同见"或"见人之所见",也就是说,看到别人认为有趣且值得探讨的东西。但是,由此推不出安德鲁·基恩(A. Keen)那样的学者提出的技术悲观主义和保守主义观点(2008)——基恩认为,参与式网络是文化价值和创造性的退化,完全忽视它对民主的贡献;也推不出桑斯坦和帕里泽那样的学者所持的观点,即互联网用户将被关进信息茧房。我们已经看到,他们只是提出假设,并未加以论证。

互联网的使用:从电子邮件到社交媒体

信息技术和网络互动会无限扩张,这种想法暗含扩散主义思考模式(从更富有、更有能力的人扩散到不那么有能力的穷人),结果遇上了更为复杂的经济社会现实。早期研究已经注意到这一点。在条件最好的地区,如美国和斯堪的纳维亚地区,互联网覆盖率几年内就达到60%至80%,此后就只有缓慢提高(2022年,法国的互联网覆盖率是90%)。有关数字鸿沟的研究[特别是皮帕·诺里斯(P. Norris)

---

① 有关信息工具使用对教育的影响,几十年来的调查表明,信息工具不会改善知识的获得,但有时能够促进教学交流。

2001年发起的研究，见伯努瓦·勒龙（B. Lelong），2003；阿兰·拉莱（A. Rallet），2004］提请注意网络覆盖不足这一现象背后的经济原因和教育原因。识字率、使用成本等因素会成为互联网普及的障碍：世界上有一半人口每天打两个小时的电话！通常，网络接入率与收入和受教育程度成正比。年龄是另一个重要的结构性变量。年轻一代幼年时期、入学之后、进入职场的社会化过程全是通过数字化：年龄越低，配备网络的可能性越高（指的是15岁以上的个体）。设备仍在降价，不断更新换代，可以想见，拥有和使用互联网的障碍会越来越少。但是，如伯努瓦·勒龙指出，由于互联网使用要求相当特定的能力，"信息不平等比收入不平等更甚"，使用互联网的不平等也比拥有计算机设备的不平等更严重。掌握信息文化，包括懂英语、有技术本领、熟悉网上的工具和日常认知，对此有重要影响。如此一来，能把身边的人际关系动员起来互相帮助，就成了决定性因素，周围的人都在使用互联网，在很大程度上影响上网决定，任何年龄段都是如此。

此外，设备配备率掩盖了消费多样性，实际上相当大一部分人口的消费非常少。统计数据证实，弃网派，即上网几个月或几年之后彻底放弃上网的人，确实存在。不经常实际使用的用户接近抗拒派，也不是真正的使用者（像电话的使用一样，Gaglio，2005），他们上网少，因为不愿过度卷入这个技术，不想太多接触这种有工作束缚意味的工具。时间成本尤其是个不利因素。尽管有种种"网络游牧"的说法，互联网还是让许多人盯着屏幕一动不动，这种情形下，互联网并不是魅力恒在的。研究者曾用这样的俏皮话总结加州年轻人的经历："他们离开海滩去网上冲浪。然后他们回到海滩上"（Wyatt，Thomas，Terranova，2002）。论趋势，网络对两种人吸引力小些，因为他们更看重直接交流。女性更钟情电视，因为它符合家庭生活节奏，不扰乱伴侣生活和亲子生活（Le Douarin，2004；Lelong Martin，2004），女性也更在意移动，移动让相识者的圈子得以维持。科学和技术历来由男性构建，信息化主要是男性为男性设计的，这一事实也影响女性的互联网使用

(Turkle,1984,1995)。不过,后性别研究提出了不同看法,认为将使用性别化可能有误,或者有可能利于女性解放;如此说来,互联网其实"无社会性别"(Jouet,2003;Van Zoonen,2002)。年长的人,尤其是普通阶层,对网络相当疏离,因为他们觉得退休以后都是休息时间,或者认为面对面交流更重要,不必借助技术的效率赢得时间(Caradec,1999,2001)。受霍耐特启发,法比安·格朗容(F. Granjon,2010)从认可理论的视角指出,不使用互联网,是对"信息社会"兼容并蓄的吹嘘之说失望,是对这类话语的疏离/抵抗,即霍加特所说的"他们"和"我们"(当时他还没有《穷人的文化》时期的强烈阶级意识)。

有关互联网使用,早期的定性分析(Boullier,Charlier,1997;Chiaro,Fortunati,1999;Haddon,1999)指出了一个令人吃惊的事实:互联网的扩散一方面极其迅速,另一方面又非常有限[①]。其他传播手段没有像互联网这样,在这么短的时间内遍地生根,同时非专业使用大部分时间仅限于读写电子邮件和浏览数量有限的网页(旅游网站)。短信息用半口语的形式,将信函与电话巧妙结合,让自发与距离同在,实时与延时并存,其使用也部分再现了社会分化。电子邮件用得最多的是较高阶层的人,他们依然眷恋个性化交流和正确的语法词法。与之相反,匿名者之间迅速又无痕的实时对聊(Chat)更受普通阶层刚刚成年的人的青睐,他们对正统文化尚有疏离感(Beaudoin,2002)。后来,对聊被即时通信取代,后者更适合把互相认识的人聚到一起:虚拟世界首先是面对面社交的延伸。互联网的其他功能只吸引了很小一部分人,在职场广泛应用,却未触动网民中的绝大多数,更不用说非网民。音乐下载也是如此。就像所有需要最新设备、技术能力和时间的实践一样,音乐下载首先吸引的是受教育水平较高、生活更宽裕的年轻男性(与超量消费电视这一大众媒介的人群特征正相反)。

[①] 民调(网站浏览数量、习惯、态度、网购)如今大量存在。对在线调查尤其需要谨慎,因为比起传统的面对面调查,在线调查的偏差更常见。关于此话题,可参阅约西亚娜·茹埃(J. Jouët),2004。

数字社交媒体给互联网使用带来显著突破,因为女性和普通阶层也大量参与,不再只是高阶层男性,网络参与整体增加。脸书十年注册用户达十亿,社交媒体已成为互联网最主要的使用平台之一,个体花在它上面的时间已经超过使用电子信息的时间。社交媒体的吸引力在于用通讯录/朋友圈的功能(2003年就已存在),把大众媒介和家庭、友谊、职场的社交融为一体,达娜·博伊德和妮科尔·埃利森(N. Ellison,2007)、伊藤瑞子等人的研究成果(2010)显示:网上浏览不再只是通过搜索引擎,也采纳熟人推荐的多种路径,这些人散播图片、指点品味、公开信息和政治观点,也留下他们自己的大量痕迹,将至今仍然非个人化的互联网领土化。作为一种主观化因素,社交媒体通过自我暴露带来可见性,自我暴露的既有熟人可识别的信息(特别是公民基本身份信息),也有在"半明半暗"状况下多少有些戏仿性质的替代身份,其成功正在于此(Cardon,2008)。社交媒体提供的是一种"弱联系"[取马克·格拉诺维特(M. Granovetter)用这个表述时的意思],即利用去语境效应、对着想象中的社群讲话,从而扩展关系网:私密表现和公开表达要标清楚,台上台下有分别(语出戈夫曼和梅罗维茨,被爱丽斯·马威克和达娜·博伊德借鉴,2011,说的是推特)。当这些新联系大规模建立,虽然大多数时候是巩固已有的社会资本,但是也能产生集体运动(Ellison et al.,2007,2011)。社交媒体支持的使用有多样性和差异性,可沿着两条交叉的主线进行分析,一是参与类型,二是可见性,就像托马斯·斯坦格尔(T. Stenger)和亚历山大·库唐(A. Coutant)做的那样(2013)。参与可能出于兴趣,或者出于社交性/友谊(伊藤瑞子如此区分),可见性则可能有两个目的:自我展示或内容发布。两条主线交叉,可绘制出一幅社交媒体图,将往往杂糅合体的数字社交网络、私人论坛、社交网站和社交书签平台加以区分。

在互联网大量使用的背景下,数字鸿沟的说法因其功能主义受到质疑。对严格意义上的非用户,即发展中国家处境不利或被排除在网络之外的社会阶层,这个表述还有意义。除此以外,互联网实践图景因社会占有的差异性是区隔化的。多米尼克·帕斯吉耶指出(2018)，法国低收入家庭，尤其是乡村地区的低收入家庭，对电子邮件的使用保持距离，持有脸书账号主要是巩固已有联系，而更高阶层更多是为了拓展社交，但低收入家庭全都爱用银行的智能手机客户端，因为对预算控制特别有用。不过，数字鸿沟的概念难以描述互联网更细致的使用区隔，社会占有不应用过分排他和等级化的视角死板地看：人们是否使用互联网，并不完全取决于能否实际联网，远非如此。自尼尔·塞尔温(N. Selwyn,2006)以后的互联网研究避免粗暴区分"使用者"和"非使用者"，这样的对立表述暗示后者不够投入而前者比较正常。研究者提出，互联网使用是一种"连续且变化"的介入(Wyatt, 2010)，有选择，有替代，有主动寻求也有被迫使用，有保留，有局部介入(Livingstone, Helsper, 2007；Kellner et al., 2010)。不使用也被视作一种使用，它不一定取决于社会人口因素(年龄、性别、收入——但学历依然是决定性因素)，断网出于种种原因，包括杜绝过度消费技术，无联网需求或兴趣，处于特定人生阶段(进入伴侣状态、关系破裂、失业等)，或者是家庭经济状况、亲属关系以及文化追求使然。于是，互联网使用研究渐渐转向文化。

技术使用的社会学研究

沿着"使用与满足"研究的思路，尤其是扩散理论研究的思路，对技术使用的社会学研究(Chambat, 1994；Jouet, 1993, 2000；Mallein, Toussant, 1994；Proulx, 2001)最初是在功能主义框架下展开，使用埃夫雷特·罗杰斯(E. Rogers)提出的"先驱/跟从者"类型，观察新技术、新产品在社会肌体中的扩散，并将其视为一种进步。这一思路备受批评，因为它割裂生产领域和扩散领域，且为创新作辩护(参见多米尼克·布里耶的总结, 1989)，但它率先将信息技术的量化调查系统化。后来出现了将技术重新纳入文化的两条定性研究路径，一是法语国家的，一是英美国家的，如今二者正在交汇。创新研究和分布式认知研究也值得一提,因为这两派理论关注主体与客体的关系,尽管它们的视角有时未能摆脱自然主义的诱惑(前者只重视技术的设计,后者则只关注认知模型)。

法语国家的互联网使用研究

在法语国家,继家庭消费和文化实践的社会学研究模型(见第九章)之后,出现了一种不如扩散理论规范的研究思路,对购买、借用、设备配备率、使用频率、使用时长等尽可能多的变量进行测量,以便细化研究年龄、社会性别、社会阶层等因素造成的差异化分配。这些调查得出了一些惊人的发现(例如,录音机配备率在普通阶层高于高等阶层),引出了一种关于占有的社会学研究,把重点放在与技术之关系的语义方面。

参与式观察、焦点小组、指导性或半指导性访谈、远程观察(在互联网实践方面大量使用:浏览次数统计)等定性研究方法,从二十世纪七八十年代开始被用于了解微型计算机、家庭自动化、银行卡、远程信息传递在私人生活和专业领域的使用。约西亚娜·茹埃、多米尼克·布里耶、塞尔日·普卢克斯、蒂埃里·巴尔迪尼(T. Bardini)和伊夫·图桑(Y. Toussaint)的开创性研究可供参考。他们发现,法国公共信息终端系统(Minitel)的绝大多数用户对该系统的使用都很有限,这与乌托邦期待背道而驰。塞尔托的著作显然是重要灵感来源,同一时期,在大众媒介领域,对实践差异的社会学研究与这样的观点保持着距离。电视声望低,而企业、大学、政府对"新"网络表现出浓厚的兴趣,后者常被赋予全部美德并因此获得大量资金,这就解释了为什么使用研究与接收研究的成果如此不同(J. Jouët)。

不过,应该指出,说到底,塞尔托对多层次描述的认识在这两个领域都显得模糊不清,《日常的发明》常被当作实践的无政府主义价值观的样板,雅克·佩里奥(J. Perriault)颇具新意的论述[《使用的逻辑》(*La Logique de l'usage*),1989]与之相去不远;或被用来抵挡文化主义思潮,就像安德烈·维塔利斯(A. Vitalis)、塞尔日·普鲁和蒂埃里·

韦德尔（T. Vedel）主张用社会政治学来分析使用（Vitalis，1994），这种分析强调对实践的批判，认为生产者有能力消化消费者的抵抗，而不是停留在使用者的主动性。战略与战术的对立，本是塞尔托在方法论层面提出的临时比喻，却常被生硬地从字面上理解。

英美民族志研究

在盎格鲁-撒克逊国家，**文化研究**对技术及其使用的研究不曾先验地与大众媒介研究割裂开来。**文化研究**首推实践的民族志研究，也就是说，用高度定性的方法，将访谈和环境插入相结合，哪怕是在批判性的框架内。戴维·莫利研究公众如何解读信息，也分析媒介在家庭领域的社会化。在他以及罗杰·西尔维斯通和莱斯利·哈顿（L. Haddon）的论述中，最重要的不是技术的决定性，而是与家庭有关的变量，比如，收入及其分配的相关问题、家庭成员的共同价值观或价值观冲突、家庭成员间以及与朋友的关系……将技术分析扩展到"文化"范畴，指导着其他学者的研究，比如雪莉·特克尔（S. Turkle，1984，1995）的调查（她发现，计算机使用的性别差异非常大）、最早的关于网络世界和电子游戏的研究（Jones，1994，1998；Cassel，Jenkins，1999；Wolf，Perron，2003）等。用民族志方法研究互联网的达尼埃尔·米勒（D. Miller）和唐·斯莱特（D. Slater，2000）解释道，他们研究的是物质文化，不是技术，技术与规范化的秩序、对实践的限制和可能性紧密相连，不可分割。构成研究主题的是日常生活（朋友关系、家庭内部关系、身份、工作、宗教），不是某个被设定为先验就存在，然后才与现实世界对撞的虚拟世界。研究的目的是观察社会空间如何与技术（假定技术取消物理距离）一同再造，而不是社会如何被技术取消（Morley，2000）。西方国家多项调查［在法国有瓦莱里·博杜安（V. Beaudouin）、朱莉亚·韦尔科夫斯卡（J. Velkovska），1999］显示，论坛、个人主页、电子邮件据观察都是如此。

重回客体？传导派

使用研究的研究范围定义非常宽泛。所谓使用，可以指购买、借用或租用、实际使用、长期消费、操作的人体工程学维度、使用的具体内容、个体间的意义、家庭和民族文化的融入等。大众媒介研究逐步囊括所有方法，使用研究也经历同样的过程：研究努力在同一篇论文中包含多个维度，以历史的方式，而非综合的方式。比如，研究微型计算机不结合家庭社会学、职业/组织社会学、使用社会学，研究移动电话不采取"跨专业"视角，简直就难以进行[克里斯蒂安·利科普和马克·勒利厄（M. Relieu）主编的文集，2002；Licoppe，2005]。唯有技术的限制性被这些研究视角遗忘或淡化，而这恰恰表明，物质作用不能解释信息通信技术的扩散和占有。多个流派已经形成，主张重提占有的物理层面、重新给予客体应有的重视。一些研究者试图物质与文化兼顾，用"配置"（Dispositif）这个依然模糊、可有多种理解的概念取代"使用"（Jacquinot，Monnoyer，1999）。

卡隆和拉图尔的《科学社会学》（La Sociologie des Sciences）提出"人类的""非人类的"并非对立，而是可以归入同一个集合体，"非人类的"通过行动或曰"考验"融入这个集合体，而行动或"考验"凝聚着力量对比和行动者之间的妥协。公路上的减速带，或称"躺倒在地的宪兵"（Latour，1993），不但是一项技术发明，目的是迫使驾驶员减速、做出纯粹为他人着想的抬脚动作、以免撞上行人；也是社会达成的一次技术上的妥协，出自市政府、工程师、社区协会、家长、蹩脚司机、小学生行为、消防队员和公交车司机，他们中的每一个都被带进了一个永远在重新定义的情境（减速带最终被市政府拆除，因为疯司机狂按喇叭吵到家长，或者因为公交车司机抗议）。"不管走到多远……总是会遇到同样多的规则、符号、法律、人群、激情和客体。"

在传播技术领域，这一理论启发了以马德莱娜·阿克里什为代表的创新社会学研究，它一方面关注产品设计，另一方面关注设备所包含的用户形象。产品设计被看作是全体行动者（物质也包括在内）达成的一系列妥协，这些行动者塑造着技术。这一视角与扩散理论相反，扩散理论认为创新是自然的，也与麦克卢汉理论相反，麦克卢汉不认为技术是社会的发明。关于产品未能取得成功、创新未能获得稳定的案例研究进一步表明了构建的脆弱性，也表明什么都不是注定的。在使用方面，这一思路建议把设计的时刻与占有的时刻联系起来，不再谈技术和工业对个体的支配。正如司机在"躺倒的宪兵"前踩下刹车，成为一个为他人着想的人，这里面包含着设下（减速带）设置的行动者期待的技术属性之外的属性；电子设备，比如录音机，部分地考虑了使用，也包含着可能被使用者占有的指令，因为它们是关于使用者的种种设计之间强烈互动的产物。这些设计从一开始就至少部分地包含了使用者的期待或属性——设计者和占有并不完全脱节。集体是一种社会构建，但这种构建不是按照社会与技术对立的半现代模式。

这类社会学的局限在于，虽然指出了使用当中的某些媒介化，让使用研究更开放，对创新的分析有所得，但是对"真正的"最终使用的理解有所失。它假设存在着一极到另一极的传导，无须经过实地调查，无须进行民族志研究，而民族志研究信奉的原则是，实际使用总会让人吃惊。因此，这里面还是有从一极直达另一极（偏向设计那一极）的技术决定论。这些研究还暴露出循环思维的问题：呼唤回到可能被忽视了的客体，为的是避免主客体割裂，实际上，过度重视网络的客体存在，可能会让割裂更深。

从使用到认知分配？

与文化主义立场相反，一些回归客体的研究思潮主张社会实践生态说，这个生态植根于认知科学。主张"务实使用"的学者认为，人类行动的发生不是以环境为背景，而是以环境为手段，人类行动与客体内在地混合在一起。成为情境的，是行动的统一性，不是唯我的个体或施加于个体的外部条件。于是，认知分配理论[主要由埃德温·哈钦斯（E. Hutchins）和唐纳德·诺曼（D. Norman）提出]假设行动是广义的统一，当行动发生时，它包含着个体所依赖的所有功能性，这些功能性也可以被视作个体能力的延伸。认知环境（传导派、创新派所说的客体之网络)被置于分析的中心,埃德温·哈钦斯关于驾驶舱里的飞行员的研究、让·拉维(J. Lave,1988)关于超市顾客的研究以及洛朗·特维诺(1993)关于婴儿车设计的研究,都出自这一思路。"使用"这个概念的定义变了,不再覆盖行动自主化的问题或纯粹社会组织的问题(占有/接收的理论范式),而是"被使用的童车和熟悉它的使用者所构成的整体的良好状态"的问题(Thévenot,1997)。与他人,与触觉、视觉、听觉因素的共同行动的协调,就是人和客体之间各种再现的分配。这种理论范式与欧文·戈夫曼提出的相互行动或"情境下的行动"(l'action situéé)理论汇合,表明后者在微观社会学方面多么有成果。研究的空间放开了,从对话和面对面的分析扩展到对客体使用的分析,超出了简单的人机工程学和扩散研究。对互动的最微妙细节、自我修正及永远在变化的限制性因素予以关注,是这一研究角度的特点。

不过,这一研究角度也有自然主义的倾向,戈夫曼对此并非无视[见伊萨克·约瑟夫(I. Joseph),1998,关于戈夫曼的语言学结构主义倾向,以及他与自我分裂(联想主义建构主义的基石)的实证主义传统的更深层关系]。单独拎出某个社会序列(言语经验或身体经验),然后试图超越交流的多样和易变,从中提炼出框架,即意义赋予的认知和实践机制(按照伊萨克·约瑟夫的定义),并视之为先前互动沉积并石化的部分,这样就可以跨出至关重要的一步,即发现所谓自然的不变量。这些不变量最初可在语言学或在认知科学努力定义的图式中窥见。新的概念,特别是约翰·吉布森(J. Gibson)提出的"可供性"(affordance)(Bardini,1996;Quere,2000),可用于指出知觉行为的客观定性因素,而不必回到关于符号的数学理论,后者只满足于量化信息。这些新概念的提出,表明研究者有意在物质决定论和主观判断之间寻求妥协。但是,这种剃刀边缘的推理难保不导致重回自然主义。另一方面,从微观社会学层面扩展到公共体验层面,从情境行为理论的视角也很难做到,因为公众表现出的人类行为的诠释特性更明显

(Quere,2002)。如此一来,对数字社交网络的"社会可供性"研究,假设技术通过对社会世界提出指示来指导我们的行动(Wellman,2003),还是不提供对社会运动的解释,甚至连互联网对职业的影响都解释不了。正如朱利安·梅桑若(J. Mesangeau)、阿诺·波韦达(A. Povéda,2013)就最后一点指出:"即便存在使用者可用来与他们的对话者互动的社会可供性,这些可供性也只是在本地范围内有意义。实际上,当这些可供性被采用时,使用者赋予它的意义是模糊的,使用者对它各有各的理解。"

屏幕比拼:电视的终结?

与媒介替代论相反,互联网在原有媒介格局中占据一席之地,但并未取代其前身。电视遇到的竞争起初是真实有感的:最早使用互联网的社会群体对电视确实更为排斥。但是,互联网问世至今,电视消费时长持续显著增长,这一主要图像媒介已经衰落的论断不复成立。电视在日常家庭生活中地位稳固,满足人们对社交和文化的期待,这是互联网无法做到的。此外,电视观看有多种形态:近半数人口表示,他们一边看电视一边做其他事——吃饭、聊天、睡觉、熨衣服、阅读等。听电视也吸纳了与互联网相关的新使用:40%的年轻网民被让-保罗·拉弗朗斯(J.-P. Lafrance,2005)称作"电视网民"(télénautes),他们一边听电视,一边浏览网页或者查阅邮件。

不过,电视观看方式的转变给传统媒介衰落说的支持者提供了新的论据。电视与互联网的融合在2000年被看作屏幕融合,电视节目从此可以交互式管理(从选择内容到选择摄像机)。但这种融合遇到许多障碍:大多数公众认为内容供应已经够多而且相当贵,他们对拍摄工具不感兴趣(观看一级方程式比赛,导演明明已经做得很好,为什么要费劲自选摄像机?),对互动的可能性也不为所动(电视购物是

1950年以来唯一固定下来的电视互动模式）。将电脑和电视合并的尝试几乎无法满足用户的需求，因为他们不想在主要被当作工作机和娱乐机的屏幕上看电视。二十一世纪头十年，"联网电视"取得进展，但是就使用者的实践而言，这些方案大多集中在电视内容上。不管怎么说，家庭里的技术使用越来越多（法国平均每户拥有七块屏幕），而不是在减少，借用亨利·詹金斯的幽默表述，这表明，融合这件事要分流地看[《融合？我分流》（*Converge? I diverge*），2001]。视频订阅点播（SVOD）流媒体平台的消费在二十一世纪二十年代初达到高峰，这些平台通过对电视格式的利用，重新激发电视格式的吸引力：系列片几乎占到收视率的三分之二，尽管它们只占产品的20%。这些纯播放器，如迪士尼+和网飞，其衡量成功的战略沿袭了主要电视网的模式，在竞争中，或对原有类型进行重新设计时坚持可识别的形象，甚至重新开始了现场观看的功能（Campion, 2019）。

　　接收手段趋向多样而非缩减，让-路易·米西卡（J.-L. Missika）主张的这一观点（2006）认为，图像高度散播是电视消失的真正原因。电视淹没在屏幕的汪洋大海中，DVD、下载、互联网手机、播客接连切入，电视正在失去它在共同意义生产中的核心地位："图像总是越来越多，电视却越来越少。"综合频道收视减少，专题频道收视增加，与社会原子化相呼应的这一变化也在加深去媒介化。这是一种技术至上的共和主义观点，与大量的事实和论据不符。严格意义上的电视收视（真正坐在电视机前）并未减少，恰恰相反，在互联网日益稳固的二十年间（2000—2020）里，所有西方国家个人电视收视日均时长增加了30分钟，几大电视网的收视时长保持稳定。非线性收看，如先录制再观看、延时收看、网上（尤其是在社交媒体上）收看，同样增加了电视消费，还恰恰补上了电视消费减少的唯一年龄段（15岁至24岁）的那一部分。互联网如今是在强化电视的功能，把电视放进使用更多样的屏幕联网生态系统（法国国家统计与经济研究所的媒介测量、让-萨米埃尔·伯斯卡尔等人，2012）。收视率测量机构从2010年起将多种形式的电视消费纳入测量范畴,包括实时、延时、追看,也包括用普通电脑、智能手机、平板电脑等多屏幕收看多频道、多节目,如此等等,正说明了上述变化。

家庭收视没有明显下降,个人收视还在增加(Donnat, Larmet, 2003)。二十世纪五六十年代,电视提供共同实践的手段,事实上巩固了核心家庭[林恩·斯皮格尔(L. Spigel)就此有很好的阐述,1992],它还提供共同的语汇,发挥个体之间的语义功能,成为交流的场所(埃德加·莫兰语),但是对一个借助共同文化彰显统一性的社会来说,电视并不理想。对电视造成影响的变化,来自兼顾共同意义的反身型个人主义。图像在散播,这不可否认,但这并不意味着电视身份的消失:媒介从来就不是孤立的、纯粹的实体,它们彼此相互定义,各自的属性有过复杂的交流,即"媒介间性"(l'intermédiatité)(Müller, 2006;Delavaud, Lancien, 2006;Spigel, Olsson, 2004)。技术的影响在于重新定义媒介与媒介的边界,而不是取消边界。甚至可以说,真正的电视由此而生。就创新而言,电视终于成熟了,最为人所诟病的类型——真人秀,以及最受人称赞的系列剧(关于青年人中的剧迷,见埃尔韦·格莱瓦雷克,2012)都证明了这一点。电视提供的作品,无论是形式还是它们设想的观众接收节奏,已经深入日常生活,对家庭、伴侣和个人生活的影响是其他媒介(尤其是电影)不可能效法的。如今,收视最高的节目专为"小屏幕"制作,这意味着电视已经成为一种独立媒介。正如格莱瓦雷克(2005)指出的那样,通过音乐节目和专门的免费频道,广播也为年轻人重新定义了自身。

电影在很大程度上对许多公众来说依然不可替代,因为看电影既是一次外出文化活动,通常多人进行,也是一场仪式,让人沉浸在安静的放映厅里(某些文化里放映厅有可能非常吵闹)。电影观众最多的国家——美国,也是电视及其后的互联网发展最早、最普及的国家。数字化显示屏,如电脑、电子书(Belisle, 2004),对图书的威胁来得很迟,就阅读舒适度和长文本理解而言,纸质书在很多情况下更受欢迎。

图书的在线出版,伴随着数字图书馆组建和著作权管理的挑战,是一项真正的经济和社会创新,它获得成功最初是在大学范围内。由此不断拓展开来的业务慢慢取代部分纸质书,如价格太高(电子百科全书)、太过精英化(文化方面的 CD-ROM)、不可支配(孤本、绝版之类)、不适应青年人游戏文化的特点(游戏秘籍和游戏本身)的出版物。与美国人不同,法国人更晚转向电子书(通过不同的工具:平板电脑、阅读器、普通电脑、智能手机):2019 年,数字图书的市场份额将仅占图书销售总额的 8.7%,而美国的数字图书市场份额为 13%(美国的数字图书市场份额在二十一世纪一〇年代达到顶峰后出现明显下滑)。这一趋势的出现并不意味着社会文化差异的消失或对纸质图书阅读习惯的简单替代。在韩国,电子图书发行较早,电子书读者在统计学上也更接近印刷书籍读者和互联网用户(偏向于较高收入和较高教育水平,但没有性别差异)(Jung et al.,2012)。另一方面,数字技术使出版和写作民主化,同时增加了创作活动社群化的一面,业余爱好者之间有了更多交流(Allard,2017)。

报业和音乐行业的变化

付费的"纸质"日报受到互联网门户、免费新闻网站、博客和 RSN 的冲击。它们的策略是让产品多样化(在某些期刊中夹赠 DVD 等),同时也上线,将"聚合"信息的生产留给搜索引擎。对于专业报刊,尤其是商业报刊来说,网络版和纸质版在很长时间内与其说是彼此竞争,不如说是相互帮衬:在线数据(付费文档)的 B2B 市场定位明确,《华尔街日报》的成功就是例证(数十万付费订阅户接收"互动"信息,同时纸质报日发行 200 万份)。但是,2008 年经济危机之后,广告衰落接踵而至,导致该报线上版改为付费阅读,这表明合适的经济模型很难找到:《金融时报》是少数几家说服读者接受付费的大报之一,那是因为其自身具备无可替代的特性,也因为该报读者群经济上更宽裕;

走向倒退的报刊倒是不胜枚举（如《纽约时报》2005年的情况，或者 Slate 线上杂志）。综合类新闻报刊选择了纸质版和网络版兼顾，将当日出版的大部分内容放到网上（竞争使然），再加上即时信息和讨论，通过这种方式吸引纸质版的潜在读者，有的特别报道付费阅读，还可从蓬勃发展的互联网广告获得收入。但纸质版发行成本太高，读者终归还是减少了。免费报刊是纸质和网络混合发展，纸质版发行成本较低（无退返，仅在大城市发行），网络版信息比通讯社信息的附加值低，但能触及更年轻的受众。在线报刊的受众看来是信息消费大户，他们本来就是报刊读者，其阅读实践是在累加，不是此消彼长。

经济层面之外对传统报业的质疑也成为话题，有人危言耸听（透明、高品质的媒体完了，被原子化舆论取代），也有人热烈欢迎（金字塔结构的信息结束了）。事实上，不是道出真相的纯新闻（19世纪创造的神话概念）衰落了，而是有变化在发生：公共空间的参与和表达在深化。得益于新传播手段的普及和传统媒体对人们期待的适应，新闻信息以多种形式（述说的、叙事的、技术的、私密的、批判的等）涌现（Utard，2002；Ringoot Utard，2006）。包括名人新闻和私密博客在内的新媒体格局正在形成，事实新闻和观点新闻也并未被淘汰，但毕竟受到线上媒体的影响。巴勃罗·博兹科夫斯基（2004，2010）认为，线上新闻媒体有两个特点：

1.由更多样的行动者完善，不再以记者这个角色和记者的独白为中心，而是以要求横向交流的公众为中心；

2.将多个参与者之间的协调问题放在首位，而以往的新闻只是记者和消息源之间的简单互动。

为了适应新形势，日报吸纳非专业人士的言论和辩论，同时在很大程度上保留对协调的控制。唐纳德·麦瑟森（D. Matheson）做的《卫报》博客调查（2004）显示，新闻传统几乎没有受到威胁，只是记者的知识主张和远程权威被削弱，集体参与的构建在增多。不同媒介实践的视觉融合同时发生（Cook，2005）。就受众而言，供应确实多元化了，但是在消费端并无体现,门户网站、聚合新闻网站、主流报刊依旧占据大部分流量,网络杂志、博客获得的关注非常有限(Rebillard, Smyrnaios, 2010; Smyrnaios, Marty, Rebillard, 2010)。"技术乐观派"和"技术悲观派"都错了。正如娜塔莉·芬顿(N. Fenton, 2010)所言:就算互联网确实开辟了额外的表达空间,它并未从根本上动摇主流品牌,没有改变新闻的价值和形式("新闻还是老样子"),也没有将一大批博客与广大受众联系起来。

音乐行业似乎对媒介竞争最为敏感,因为数字化可以让曲目复制成短文件且不失真,供年轻人——网络最主要的使用者消费,比如,MP3之类的声音压缩技术就让音乐曲目可以P2P下载。盗版比过去更加猖獗(Bourreau, Labarte-Piol, 2004)。据估计,1990年盗版占唱片销售量的四分之一。最初,音乐产业将盗版视为根本威胁,会导致唱片销售量下降,支持互联网使用彻底免费的人则视之为对抗巨头的武器,可以为文化自由服务,让文化挣脱版权的束缚。然而,大量研究表明,盗版这一实践是复杂的,上述两派立场均有模糊之处。下载音乐的互联网用户实际上主要是在试听新作品、新艺人,他们是乐意每月付包月费的。P2P有助于以付费广告形式传播信息,通过复制产生学习效果,帮助鲜有人关注的创作者提高知名度(Greffe, Mathé, 2005)。它还增加了收听和收藏的多样性,因为有些作品并不在销售目录上。根据法国一项调查,半数盗版者承认作者有权获得报酬(Rochelandet, Le Guel, 2005)。对立双方在实践中激烈交锋,最后立场均有改变,这正是公共空间的交流和争锋塑造公共问题的典型案例(Farchy, 2003)。音乐全免费的支持者也承认知识产权,尽管在他们看来这不利于思想和品味的自由流通,他们赞成某种形式的全球许可(让下载合法化,向著作者一次性付费)、向新技术征税、给艺人养老基金缴费。音乐产业发掘人才并向公众传播的功能并未被否定,他们降低CD价格、提供混合作品(带图片)以及合作建立付费下载平台,说明他们也认识到,下载的兴起恰逢CD这一被消费者认为过于昂贵的过时产品的生命已经终结。由于对欺诈行为的打击未能遏制下载(电子邮件交流使下载更加隐蔽),流媒体产品营销从上而下组织,找到折中方案,主要平台通过算法互动部分地引导收听,满足消费者对流量和试听的期望,曲目库、存档或收藏的功能更加趋于协作(Guibert,Rebillard,Rochelandet,2016)。

个人主义和社群问题

互联网是多媒体、万能媒体,但不是万媒归一,它之所以取得非凡突破,不仅因为有功能和经济上的优势,也因为它维持着社会主流价值观。卡斯特尔赞美的网络理念远未实现,其中的乌托邦梦想现在已被认为是"有限的"(Proulx,Massit-Folléa,Conein,2005),尽管改写人际关系的梦想依然令人神往,比如,有说法称,XML技术和RSS订阅的新浪潮将催生Web 2.0、3.0和4.0,新一代网络的聚合特性最终将使我们走向真正平等的文明[这种说法很快就被信息等级依然存在的证据泼了冷水(Rebillard,2007)]。对互联网的占有和使用带来了新的个人主义和社群逻辑,同时也强化了旧的逻辑。作为功利主义资本主义的强大工具,它刺激实现尽可能高效的生产和消费,并且免费,如果可能的话(Gensollen,1999;Brousseau,Currien,2007),同时还将消费者变成客户兼工人或共同生产者(Tillinac,2006;Dujarier,2008;Deuze,2012),鼓舞着人们对更平等交流的网状或网络化扁平社会的向往。

多名学者,特别是吕克·伯尔坦斯基和伊芙·恰佩罗(E. Chiapello)在《新资本主义精神》(*Le nouvel esprit du capitalisme*)一书中指出,自二十世纪七十年代起,经济领域采纳了新的话语和组织,推崇个体参与,围绕非重复性的项目、由临时的团队完成工作,也就是说,主张柔性和弹性,同时部分保留等级化架构[按照艺术活动的做法,麦克尔·斯托珀(M. Storper)和皮埃尔-米歇尔·门格曾先后描述]。在许多方面,以另类全球主义之名批评新自由主义的人在实践中复制了这种模型:他们的网络往往只是"理论上扁平"(哪怕没有命名,领导者仍然存在),几乎不透明,而且排斥他人,私人场域和斗争场域边界不清,就像在工作中私人场域和职业场域边界模糊一样(Datchary,Pagis,2005)。多种模型的有效混合也可以解释,面对 P2P 兴起,文化领域何以维持了工业架构:明星经济被网络交流部分破坏,同时也因"电子口碑"而受益——"电子口碑"有助于明星推广和声誉建立,正是卡茨和拉扎斯菲尔德所说的"二级传播流"的新的表现形式。

得益于电子邮件、博客和数字社交网络(Cardon et al.,2006; Cardon,2019),互联网成为人们倾诉观点和情感的私密媒介。想想免费广播和真人秀节目,就会明白,这既不是新趋势,也不与大众媒介相悖而行。不过,数字技术带来的民主化在规模上不同以往。基于泰勒关于当代社会显性转折、福柯关于自我技术以及乌尔里希·贝克关于反身性的论述,劳伦斯·阿拉尔(L. Allard,2005,2014)从"数字化小表达"的倍增(都是些名副其实的"身份修补兼美化")中看到了更全面的"表现型个人主义"。得益于内容聚合的潜力(博客聚合、P2P 网络等),互联网用户所做的不仅仅是暴露自己、向他人开放自我,他们也将自己纳入链条,汇入有意识自我外化(ExtréMité)的潮流①。这一趋势可以说是走向去大众化和真正的扁平化,或者,更有可能的是表明新的混合型实践正在到来。在"文化正义"或"复兴"(Granjon, Denouël,2010)的框架下,自我成为中心(见第九章),这样的新型实践一面与大众媒介相关联,一面与大众媒介相对立(尤其是对于受教育程度最高的少数群体而言)。这一趋势是在家庭教育发生变化的大背景下发生的:家庭教育更宽容、更鼓励自我表达,但是要在特别预留、有自主性的空间里,而且还要尊重别人的空间:这是一种有约束力的契约型个人主义(Singly,2003,2005)。

网络技术首先通过促进家庭和种族交流来加强已有的社区——例如,通过本尼迪克特·安德森所说的"电子邮件民族主义"(e-mail nationalism)来促进民族感情,也通过"连接起来的个人主义"(connected individualism)和选择性联网来组建利益团体和品味群体

---

① 这一概念最早由雅克·拉康提出。

(Wellman,1999,2001)。巴里·威尔曼(B. Wellman)的互联网使用研究强调了如下事实:互联网用户首先是与线下认识的人交流。匿名者组成的网络社群很少不经过滤,即选择社交特征可接受的人,以便和谐互动:交流的"框架"和"自我展示"(按照戈夫曼的定义)影响交流的选择,社会肌理并未被取消(Casilli,2012),包括在线约会服务中的社会归属系统(Bergström,2019)。这些基于共同经验或共同实践组建的相似者临时社群,在社交空间占据着独特位置。它们文化上高产,社交上短命。网络游戏玩家是一个好例子,体现了这些新网络的文化创造力:他们设计原创剧本,通过集体决策来操纵时间、空间和因果关系,扭转和丰富日程,在很大程度上消除了消费与接收之间的差异,可以说是沿袭了黑客的传统。然而,社交上,他们却显得疏远、克制(Auray,2003)。因互联网而壮大的粉丝群体,在虚拟和现实中拥有更丰富的动员史。亨利·詹金斯追溯了他们与工业的斗争、各方力量的博弈以及他们和对手(偶像化的作品本身)的共同点(见詹金斯所著《星球大战》中的案例,1998)。互联网让早就存在的现象(比如粉丝在原电视系列剧基础上改写版本,Fansfics)规模化并超出业余水准,成为真正的参与式创作,工业有时还从中借鉴。这里出现的跨媒介(TransméDia)(Bourdaa,2013;Derhy-Kurtz,Bourdaa,2016)又成了新的乌托邦:公众更积极,为了持续吸引受众,文化产业也渴望提供足够复杂且灵活的叙事,二者可以实现和解。詹金斯在《聚合文化》(La Culture de la Convergence)一书中是这样论述的:跨媒介是"一个将故事元素分散到多种媒介化平台的过程,目的是创造出协调统一的娱乐体验"。这种让媒介关联的新模式确实呼应了公众参与和市场跟踪的强烈要求,但也有其限制:行业内部的风险担忧(打通多个平台成本很高),创作与发行难以融合(是否为了营销而否定作者的认可?),而且大部分公众对此兴趣不大。

  因此,互联网与其说是与大众媒介对立,不如说是与大众媒介相辅相成,共同服务于个人和群体的表达。它赋予"业余主义"(amateurism)

(Flichy,2010)、结社运动、粉丝、极客(Peyron,2013)、反文化团体和社交网络用户[包括黑手党网络、反犹主义者、阴谋论者、极右翼分子(Gimenez,Voirol,2017)等]新的力量(这就提出了如何监管不能被视为简单自由空间的东西的问题:是否应该允许仇恨信息自我表达),让已有的公共空间更加多样化,而不是分崩离析。罗伯特·帕克建立的媒介社会学最初的发现之一,就是少数群体使用多种媒介来捍卫自己的身份,有助于他们融入集体。部分特殊利益耗尽了自己,就像无穷无尽的微小网络自行消亡一样。另一方面,少数派运动之所以打破沉默赢得重视,也得益于他们的数字传播策略,而这种策略必然与其他传播形式相结合。互联网可能不是一个实现了的乌托邦,但它也不会否定现代性的社会发展:毕竟,它只是一种媒介。

"电子民主"/"互联网民主"

上述推理可用于分析数字技术对当代社会的政治影响。每出现一次"新科技"浪潮,都会诞生完善民主的希望,应用强大工具、突破制度障碍、解除所谓大众媒介对信息的掌控、改变公民对城邦生活的不满和逃离,如此等等。在二十世纪七八十年代,这一神话唤作"远程民主"(télédémocratie),仿佛只要有了电视、远程信息处理和视频,就能从根本上革新政治实践。在地区主义和社群运动的推动下,地方机构采取行动推动传播技术,官方目标是提高政治参与度(当时政治参与度被认为是在下降),更普遍的非官方目标是帮助有进取精神的民选官员发展。在那之前,如果没有国家干预主义,这是不可想象的(在法国尤其明显)。这说明,国家把技术进步当成推动社会"现代化"的杠杆。自二十世纪九十年代以来,"电子民主""网络民主"的提法逐渐流行,数字化大发展让"无中介社会"梦想复燃,仿佛在那样的社会里,"已被启蒙"的公民会更知情、更积极,他们能在网上论坛自由表达、任命或罢免代表、决定政治优先项,整个框架是一种直接的、一致同意的

"大民主"——美国学者本杰明·巴伯(B. Barber)的愿望就是这样。

与对公众互联网使用的研究一样,对公民如何使用信息技术的研究驳倒了上述唯心主义愿景。克里斯托弗·阿特顿(C. Arterton, 1987)的研究表明,应谦虚对待第一次远程民主浪潮,因为当时民众对新型体验的参与大多数时候并不积极。关于"数字化城市"、新形式电子协商的调查证实,人们对直接民主的期待并不一致,信息和知识(二者不可混淆)未必更易获得,而且,大多数活动是广告性质,局限于简单的功能,或者与城市和文化背景有关,过于特殊,难以复制(参阅 Tsagarousianou, et al., 1998;Maigret, Monnoyer, 2000;Van Bastelaer, Hénin, Lobet Maris, 2000)。

技术并不能抹去地界,也不能抹去公民间关系的历史。只要政治系统还是基于公民和当选者之间的区隔,且后者以代议之名保留主要权力,技术在这个系统里发挥的作用就始终有限(Hagu, Loader, 1999;Hacker, Van Dijk, 2000;Axford, Huggins, 2000)。这样的结果令人失望,或者说让人失意,同时也包含明显的悖论:几乎没人对电子民主最精细的进程感兴趣,反全球化运动用着粗糙过时的工具(这些工具并不能改变这些团体的生存条件),有时却能实现大规模的动员(Dacheux, 2000;Granjon, 2001;Cardon, 2010;Blondeau, Allard, 2007)。

那么,是否可以不主张建立"电子民主"(整个建制对参与开放),主张多米尼克·卡登(2010)所说的"互联网民主"(个体大量自发参与)?卡登认为,互联网不仅是民主的机遇,而且正在发展出一种新的、特别的民主形式,因为互联网诞生和发展的基础是平等的:一款出自大学校园、有嬉皮士风格的乌托邦,打造出一个不分地位等级的世界,主体性彻底解放,"弱联系"和自我组织带来无数"小对话",最终可以影响"大对话",催生集体行动。大众媒介过于垂直,过于沉迷于受众研究,互联网则不同,它本质上是分散的,不依赖新闻和政治机构强加的过滤。如上文所言,卡登本人也已指出,这种观点忽视了贯穿数字空间与其他社会空间的一些矛盾:社会经济不平等在互联网上并未消失；互联网上的参与规模仍然有限，所谓的抵抗可能会成为工业通过收集个人数据强化自身目标的手段（Georges，2009）；青睐弱联系的企业让经济高度集中，而这将损害多样性，也会威胁个人自由（像脸书用户所担心的那样）；最后，很可能出现这样一种摇摆——民主国家谴责普遍监视（Andrejevic，2007；Loverluck，2015），却对独裁国家只字不提。简而言之，互联网增加了民主的可能性，但也还是逃不出经济、政治和社会行动固有的矛盾。又比如，工作"优步化"现象可以被解读为一种剥削机制，同时也代表着一系列职业机会，尤其是对南方国家远离劳动力市场的女性或无法从高薪就业中获益的劳动力而言。数字世界中使用的算法引发了一系列道德问题（我们的个人数据在我们不知情的情况下被使用）和政治问题（我们可能会被锁定在刻板选择中），同时也潜藏着有用实践（Cardon，2015），使用可以转移或偏离（Beuscart，Coavoux，Maillard，2019；Maisonneuve，2019）。健康测量和自我量化的互联工具具有控制论乌托邦的所有特征，带有用数据了解并控制生活的幻想（Ruckenstein，Pantzar，2017）。它们还带出了一系列政治和商业剥削的可能，但从本质上讲，它们主要是延展了福柯所说的自我技术的轨迹，即征服进程和个体构建进程，既使人客观化又使人主观化（Dagiral，Licoppe，Martin，Pharabod，2019）。数字社交网络垄断了注意力，尤其是年轻人的注意力，可能导致互动的孤独状态，除非当它们产生相反的结果，例如在新冠疫情导致的封城期间，它们帮很多人"撑下来"。

政治重组的启示

放在公民性和公共空间变革的大背景下，电子民主的问题并非毫无意义。对电子民主抱有幻想的乌托邦理论揭示出，在反身型社会（按照吉登斯的定义）中，个体期待社会制度和政治制度打破壁垒，虽然这种期待被乌托邦扭曲了。如乌尔里希·贝克所言（1994，1997），行动的全球化、后果之外部性的缺失，废除了传统的"理性"决策模型，打破了专家对知识的垄断。讨论和决策走出议会、政府的传统竞技场,超越了代议制民主的表现形式。个体获取信息的渠道越来越多,以前他们收到的信息要先经记者过滤,现在他们开始质疑记者的身份和职能。中间人并未消失,网络也没有消灭等级,正相反,一方面,中间人的权威相对化,另一方面,中间人自身的实践也在转变。詹姆斯·卡雷(1999)指出,我们有权对中间人提出更高要求,他们不应再按十九世纪的模式工作。个体介入的方式与过去的群众动员很不一样,但人们对多样化和媒介呈现的追求同样强烈(Melucci,1996)。民主的轮廓并无清晰边界,微观政治诉求、与大众传播媒介相连的身份建构及反身建构,都可被纳入民主更新的范畴,而不必将新旧媒介系统性地彼此对立,也不必让它们与议会实践对立。克劳斯·詹森和拉斯穆斯·埃莱(R. Helles,2010)明确指出,"好的传统媒介形式"和人际互动在很大程度上依然占主导。

正如我们在本书自始至终看到的,混合性才是现代传播的特征。数字技术虽然彻底改变了所有活动的媒介化(Livingstone, 2009, 2011),从而产生"质的飞跃"(Waisbord, 2019),但它本身并未脱离社会性(Lupton, 2015; Daniels, Gregory, M. Cottom, 2017; Rohlinger, Sobieraj, 2022),哪怕它体现了社会性的溢出,即过度传播。

技术主义乌托邦表达了人们对持续、协商型民主(不是巴伯意义上神话般的直接电子民主)的渴望,但是正如斯蒂芬·科尔曼(S. Coleman)和约翰·戈策(J. Gotze, 2001)所指出的那样,技术主义乌托邦没有提供有效应用数字工具的关键。"信息社会"之说可能是车轱辘话,"网络民主"的存在可能也是虚幻,但是,笨拙的网络思维带来的幻想正在部分地塑造世界。如果说"信息"和"传播"这两个词大行其道,那是因为,对许多人来说,它们代表的不是让资本主义社会得到控制或加以丰富的梦想,而是一种更深刻的民主在个体和集体层面充分绽放的应许,而这个更深刻的民主需要通过改善所有的代表和决策结构来一步步构建,而不是指望个别技术传播就能创造奇迹(Coleman, 2005)。

互联网的起源和发展

互联网诞生,不是因为新技术突然出现,奇迹般地将通信问题一举解决。它的创建需要技术发明,也需要社会进程(时间共享、计算机被用于娱乐而不仅仅是纯专业等)。它本可在二十世纪九十年代就取得飞跃,因为这些技术和进程当时大多已经存在,至少有存在的可能,结果却被推迟。这表明,互联网是应时代的呼唤而出,也是束缚当代实践的新工具(Flichy,2004)。经过最初的"军事"和"校园"阶段后,互联网日渐多元化,行政机构、企业、协会和个体等各类行动者对互联网的使用千差万别。购买、私密交流、无政府主义、自我放纵(Turner,2006)并行发生,在国家控制和商业平台的背景下,媒介功能的交织正在加速。图表信息取自帕特里斯·弗里希(1999,2001)和多米尼克·布里耶(2019)的著作及综合、专业报刊。

表16-1 互联网的起源与发展

1939—1945	计算机问世。当时的设计是一种超级计算器,一种用纸带打孔法编程的自动化工具(延迟响应)。
二十世纪五十年代末	交互式计算机使用出现:纸带打孔编程设计就是人机对话。共时系统出现:多用户可在同一台机器上同时工作。
二十世纪六十年代初	网络概念(合作工作、数据交换、电子邮件)诞生,被美国国防部高级研究计划署(ARPA)和美国多所大学应用。图形界面问世:图形符号让人机交流更快,从此不再总是需要信息操作员。
1964	设计出第一台微型计算机。
1966	ARPANET项目启动,旨在将不同地理位置的计算机联成网络。
1969	ARPANET建成(美国国防部与大学联网),可发送文件、数据和电子邮件。
1973	更多微型计算机问世。
1979	美国计算机专业的大学生建成USENET,只有两所大学联网,但是逐步面向所有计算机研究者。不限于专业讨论(也有娱乐),比ARPANET发展更快。
二十世纪八十年代初	USENET和ARPANET并网(1982)。THEORYNET、BITNET,特别是CSNET(1982)等多个大学网络建成,向美国以外扩展。TCP/IP(网络传输协议制度)设立,因其效率高且普遍适用,1982年被APRA选用。

续表

1983	将所有局域网并成同一个网络的概念问世。ARPANET 应用 TCP/IP 协议，使得大多数大学，进而是个人电脑用户均可入网。美国国家科学基金会（National Science Foundation）负责 ARPANET 架构的行政管理（MILNET 仍由军队控制，直至 1990 年）。
1985	美国国家科学基金会创建 NSFNET，使用 TCP/IP 协议，与互联网近似。
1990	欧洲核子研究中心（CERN）建成 Web，基于图形链接网的超文本数据系统。
1991	万维网（World Wide Web）建成，浏览器迅速被网民采用。
1992	欧洲核子研究中心免费提供浏览软件 Mosaic。
1992	国际互联网协会（ISOC）成立，是一个协调全球信息网络发展的机构。
1993	美国开始对互联网进行行政管理（法国是在 1998 至 1999 年间）。
1994	Netscape 问世。这种浏览器取代了 Mosaic。
1994	美国广告和商业大举进入网络，从 1995 年起，Web 成为互联网第一大服务。
1994	Linux 推出，基于 Unix（1991 年问世），开放源代码，修改和传播不受限制。
1995	Windows 95 操作系统推出，将微软基于 Mosaic 的 IE 图形化界面向公众开放，几年后取代 Netscape。
1996	即时信息取得发展。
1998	XML 语言取得发展，可以更便捷地连接数据和文本，博客（个人信息站点）由此出现。
1998	第一次网上政治投票。
1999	P2P 软件首次大规模应用，主要用于 Napster 音乐下载。
2001	免费、无政府/合作式的在线百科——维基百科问世。
2003	互联网电话从试验进入商业化。 通讯录/朋友圈功能的社交网站创建：Myspace、Cyworld、Friendster……
2004	博客在美国大选期间大规模使用。 播客（podcasting）问世，可在博客免费发布音视频内容。 RSS 技术发展。
2005	Youtube 问世：网络视频发展。
2006	Twitter 问世，大众微博发展。 Facebook（2004 年问世）、职业社交网络 LinkedIn、Viadeo、Xing 等向所有人开放，私人社交网络开始发展。
2007	维基规范（协作网站）成为标准。 iPhone 发售，拥有互联网功能的移动电话开始发展。

续表

2007 年以来	民众动员将社交媒体用于政治:2007 年,摩尔多瓦;2009 年,伊朗;2010 年至 2011 年,"阿拉伯之春"。 西方国家尝试管控非法下载:法国 2009 年设立互联网著作权保护和作品传播最高管理机构;美国司法部 2012 年关闭提供文件存储的 Megaupload。 网络监管和有组织泄密引发争议:2006 年创建的维基解密于 2010 年发布保密政治信息;2013 年斯诺登(E. Snowden)揭露美国安全机构在数字网络上监视公众。
2010 年	Google TV 创建,互联网与电视之间的相互依赖性增强,"互联电视"(2000 年问世)取得发展。节目的非线性传播同时出现。
2010 年以来	"物联网"大发展:移动终端与物相连,物与物直接相联(智能电网、移动健康……)。 新形式的物、新形式的传播:20 世纪 90 年代发明的 3D 打印取得发展。 区块链,即分布式记账、加密认证的技术,自二十世纪九十年代就已在开发,如今成为改写金融业格局(比特币及其他加密货币)及环境行业的重大挑战。
2016	政治竞选前夕,互联网上假新闻泛滥,如在英国(导致英国脱欧的公投)和美国(唐纳德·特朗普当选总统),表明社交媒体的影响很大。 剑桥分析丑闻:专门从事大数据的英国公司盗用 Facebook 个人数据。 大多数人是用手机而不是用电脑上网。
2016 年以来	美国的经济和技术领导地位及其管制模式遭遇公开挑战。中国在南北方国家发展基础设施,并在国家监管下成功推出强大的社交网络平台(2011 年创建的微信、2016 年推出的 TikTok)。 美国以华为涉嫌窃取和欺诈商业机密并对电信网络进行间谍活动为由,在 2018—2019 年对中国设备制造商华为实施禁运。 俄罗斯在政治和商业领域的黑客策略遭披露。 欧洲建立法律监管模式,2016 年通过了《通用数据保护条例》(GDPR),2022 年通过了《数字市场法》(DMA)和《数字服务法》(DSA)。
2020 年以来	新冠疫情导致的封城使得互联网使用增加。 服务更加"优步化",即取消中介过程、回归任务型工作,"优步化"的说法来自第一家应用这种模式的公司(UBER,创建于 2009 年)。 数字广告目前占所有媒体广告支出的一半以上。 互联网首次被一个处于战争状态的国家的总统用作现场通信手段[泽连斯基(V. Zelensky),2022 年俄乌冲突]。

结 论

本书试图将传播社会学作为一项累积性的事业来介绍,辨析它所经历的各个阶段。传播社会学的根源可以追溯到美国实证学派和法兰克福学派的穿插认可,然后是互动理论、结构主义、多种版本的**文化研究**、哈贝马斯和后哈贝马斯公共空间理论、反身社会学,以及美国实证主义。我们已经看到,美国实证主义率先考虑表达、统治、参与等现象在民主进程中并存,强调行动构成的不可还原性和不可预知性。本书旨在回到社会科学和研究发展的初期,找出大洋两岸的思想衔接,恢复欧美对话。欧洲社会学的重点是权力与文化的关系问题,这种思路先割裂行为和思想,再用因果机制把二者串起来;而美国实证主义对不同存在之间的相互依存更敏感,它是用不确定的进程把行动和思想连在一起。本书介绍的实证主义的贡献是它带有批判性的乐观主义,以及它对发现、可能性等经验的重视,而不是仅仅关注决定论和封闭性的经验。美国实证主义哲学/社会学的另一支流,如杜威、米德、帕克和实践生态学,则有自然主义色彩,本书没有提及。

介绍这一发展过程,是邀请大家免受"启蒙"思路纠缠的影响。对受众的研究表明,行动不只是被动服从,理性在社会中广泛存在,知识分子并不拥有绝对的外在性和优越性。启蒙运动的理想不会消失,批判的条件也不会消失,但批判必须摆脱精英主义的理性主义,摆脱文人理想,摆脱人文建制的文化定义霸权,也要摆脱在目的论框架下为每一场社会运动代言的感觉。对知识分子而言,批判是一种依赖其他批判的活动,包括他们自己可能经历的批判。在文化实践全球化、传播技术日益发达的时代,知识分子必须让自己与以往的系统性对立现象同时呈现。这就意味着,在当前这个反身社会,当制度机构继续存在,甚至被要求以更广泛的跨国形式出现,人们不再指望它们万无一失地提供指导,我们必须重新思考商界/非商界的关系、国家/公民的关系。这也意味着,必须理解并把握信息和娱乐手段在经济上的日益集中,理解并把握组织的庞大以及这些制度的脆弱性(虽然我们应该期待它们继续扩张):文化工业不应被限制,而应多样化,首先要在发展中国家取得发展。这还意味着,必须研究个体自主性的最大可能(司法层面的,想象层面的)、他们受到的束缚(尤其是在经济层面),提出兼顾实践的极端多变和非常多元的新的权力理论。信息行业近年来已经在变化,人们希望信息生产更民主,期待民主持续、渴望参与娱乐的创造。这些希望和期待,始于社会的重组(个体接受并承担起这样的重组),始于个体新的重大责任的问题(通过其节目,媒体见证着这一问题),始于条件的平等化,始于对千篇一律的恐惧。只要不放弃开放、多维的视角,传播就有可能不是一个空洞的词汇,而是标志着多元化环境下对新的和解理想的追寻。

传播问题及传播研究的主要思路

传播的层次	研究思路	研究者立场	实践观	信仰观	媒介的影响	冲突场所
"自然"	行为主义	社会工程学	对环境的行为回应	对环境的行为回应	社会控制	失序的社会应由国家重建
	控制论	无政府主义和理性主义	理性不足的人类行为	相信人类理性不足	社会的义肢	社会应由人工智能重建
	技术决定论	先知型民粹主义	媒介和社会的感应	媒介和社会的感应纠缠	构成社会联系的类型,构成社会的义肢	走向部落化的运动会抹去差别
"社会"	批判理论	悲惨主义、精英主义	理性或已启蒙的行动与技术化、神秘化的行动对立	意识形态作为不被反对的统治观念	解构社会联系,解构社会统治	知识分子独家扮演批判者的角色
	功能主义	社会进步工程学	行动与系统或功能障碍静态对应	价值观与制度或功能障碍静态对应	社会组织的框架,个体需求表达的框架	冲突在功能上是必要的,但是注定失败
	文化统治生成的结构主义	合法主义、精英主义	行动的动力与结构对应	占统治地位的意识形态应被合法化	复制文化不平等	冲突是生成的,但是精英统治无处不在
	文化研究	方法论民粹主义	行动非系统性一致	冲突性对话	统治的场所,文化的场所	冲突是生成的,统治被反抗
"创造性"	公共空间理论	民主行动者	叙事逻辑和理性逻辑冲突	冲突是复调的	身份表达和智性思考的空间	冲突构建民主,让共同经验以及和解得以发生
	反身现代性理论	反身性:介入的程度	社会行动作为经验	多变性和创造性	建构和质疑的空间	冲突让和解得以发生,但是不进行封闭

人名译名对照

A

Abercrombie N.尼古拉·阿伯克伦比

Abruzzese S.萨尔瓦多·阿布鲁泽塞

Adorno T.特奥多尔·阿多尔诺

Ahmed S. 萨拉·艾哈迈德

Akoun A.安德烈·阿孔

Akrich M.马德莱娜·阿克里什

Allard L.劳伦斯·阿拉尔

Allcott H.亨特·艾尔科特

Allport F.弗劳德·奥尔波特

Alter N.尼古拉·奥多

Altschull J. H. J. 赫伯特·阿特休尔

Ampère A.M.安德烈—玛丽·安培

Anderson B.本尼迪克特·安德森

Anderson P.佩里·安德森

Ang I.洪宜安

Appadurai A.阿琼·阿帕杜拉

Arendt H.汉娜·阿伦特
Ariès P.菲利普·阿里耶斯
Aristote 亚里士多德
Aron R.雷蒙·阿隆
Arterton C.克里斯托弗·阿特顿
Asimov I.艾萨克·阿西莫夫
Austin J.约翰·奥斯汀

B

Babbage C.查理·巴贝奇
Bakhtine M.米哈伊尔·巴赫金
Balladur E.爱德华·巴拉迪尔
Balzac H.巴尔扎克
Barber B.本杰明·巴伯
Bardini T.蒂埃里·巴尔迪尼
Baricco A.亚历山德罗·巴里科
Barker M.马丁·巴克
Barthes R.罗兰·巴特
Bateson G.格雷戈里·贝特森
Baudelot C.克里斯蒂安·博德洛
Baudrillard J.让·鲍德里亚
Baumol W.威廉·鲍莫尔
Beaud P.保罗·波德
Beck U.乌尔里希·贝克
Becker H.霍华德·贝克尔
Becker J.-J.让—雅克·贝克尔
Beck-Gernsheim E.伊丽莎白·贝克—盖恩斯海姆
Beethoven L.贝多芬

Bekhterev V.弗拉基米尔·别赫捷列夫
Benjamin W.瓦尔特·本雅明
Benson R.罗德尼·本森
Benzecry C.克劳迪奥·本泽克里
Bérégovoy P.皮埃尔·贝雷戈瓦
Berelson B.伯纳德·贝雷尔森
Berger P.彼得·伯格
Berlusconi S.西尔维奥·贝卢斯科尼
Bernstein B.巴西尔·伯恩斯坦
Bertalanffy L. von 路德维希·冯·贝塔朗菲
Besnier J.-M.让—米歇尔·贝尼耶
Bettetini G. 詹弗兰科·贝泰蒂尼
Beuscart J.-S.让—萨米埃尔·伯斯卡尔
Bhabha H.霍米·巴巴
Birdwhistell R.雷·博怀斯特尔
Blondiaux L.洛伊克·布隆迪奥
Bloor D.戴维·布卢尔
Blumer H.赫伯特·布卢默
Blumler J. 杰·布吕姆勒
Boczkowski P.巴勃罗·博奇科夫斯基
Boltanski L.吕克·伯尔坦斯基
Boulez P.皮埃尔·布列兹
Boullier D.多米尼克·布里耶
Bourcier M.-H./S.玛丽—埃莱娜/萨姆·布尔西耶
Bourdieu P.皮埃尔·布尔迪厄
Bourdon J.热罗姆·布尔东
Bové J.若泽·博韦
Bowen W.威廉·鲍恩

Boyd D. 达娜·博伊德
Braudel F. 费尔南德·布罗代尔
Brel J. 雅克·布雷尔
Brémond C. 克罗德·布雷蒙
Breton P. 菲利普·布雷东
Brown M. E. 玛丽·艾伦·布朗
Brunsdon C. 夏洛特·布伦斯登
Buckingham D. 戴维·白金汉
Bülher K. 卡尔·布勒
Burch N. 诺埃尔·伯奇
Bush G. W. 乔治·布什
Butler J. 朱迪丝·巴特勒

C

Caillé A. 阿兰·卡耶
Callon M. 米歇尔·卡隆
Cantril H. 霍华德·坎特里尔
Cardon D. 多米尼克·卡登
Carey J. 詹姆斯·卡雷
Carnap R. 鲁道夫·卡尔纳普
Carter J. 吉米·卡特
Casetti F. 弗朗西斯科·卡塞蒂
Casilli A. 安东尼奥·卡西利
Castells M. 曼努埃尔·卡斯特利斯
Cawelti J. 约翰·卡威尔蒂
Cefaï D. 达尼埃尔·塞法伊
Certeau M. de 米歇尔·德·塞尔托
Cesareo G. 乔万尼·切萨雷奥

Chadwick A.安德鲁·查德威克
Chalvon-Demersay S.萨比娜·沙尔翁—德梅尔赛
Chambat P.皮埃尔·尚巴
Champagne P.帕特里克·尚帕涅
Changeux J.-P.让—皮埃尔·尚热
Chaniac R.雷吉娜·沙尼亚克
Charaudeau P.帕特里克·沙罗多
Charon J.-M.让—玛丽·夏隆
Chartier R.罗热·沙尔捷
Chiapello E.伊芙·恰佩罗
Chirac J.雅克·希拉克
Chomsky N.诺姆·乔姆斯基
Chou R.罗萨琳德·周
Cicourel A.亚伦·西库雷
Clark T. N. 克拉克
Clinton B.比尔·克林顿
Clinton H.希拉里·克林顿
Cobb R.罗杰·科布
Cohen B.贝尔纳·科恩
Cohen S.斯坦利·科恩
Coleman S.斯蒂芬·科尔曼
Compagno D.达里奥·孔帕尼奥
Comte A.奥古斯特·孔德
Connell R.雷温·康奈尔
Converse P.菲利普·康维斯
Cooley C.查尔斯·库利
Coulangeon P. 菲利普·库朗容
Couldry N.尼克·库尔德里

Coulter J.杰夫·库尔特
Coutant A.亚历山大·库唐
Crawford K.凯特·克劳福德
Crenshaw K.金伯莱·克伦肖
Curran J.詹姆斯·柯伦

D

Dagiral É.埃里克·达吉拉尔
Dahlgren P.彼得·达尔格伦
Dayan D.达尼埃尔·达扬
Debray R.雷吉斯·德布雷
Deleuze G.吉勒·德勒兹
Derrida J.雅克·德里达
Descartes R.勒内·笛卡尔
Dewey J.约翰·杜威
Donnat O.奥利维耶·多纳
Dreyfus H.于贝尔·德雷弗斯
Ducrot O.奥斯瓦尔·杜克罗特
Dumazedier J.若弗尔·杜马泽迪耶
Dupont F.弗洛伦丝·杜邦
Durkheim É.埃米尔·涂尔干
Dyer R.理查德·戴尔

E

Easthope A.安东尼·伊斯特霍普
Eco U.翁贝托·艾柯
Ehrenberg A.阿兰·埃伦伯格
Einstein A.阿尔伯特·爱因斯坦

Eisenstein E.伊丽莎白·艾森斯坦
Elias N.诺贝特·伊莱亚斯
Eliot T. S. T. S.艾略特
Elliot P.菲利普·埃利奥特
Ellison N.妮科尔·埃利森
Entman R.罗伯特·恩特曼
Escarpit R.罗伯特·埃斯卡皮特
Establet R.罗歇·埃斯塔布莱

F

Fabbri P.保罗·法布里
Faludi S.苏珊·法鲁迪
Fenton N.娜塔莉·芬顿
Fishman J.杰克·菲什曼
Fiske J.约翰·菲斯克
Fiske M.玛乔丽·菲斯克
Flaubert G.居斯塔夫·福楼拜
Fleming I.伊恩·弗莱明
Flichy P.帕特里斯·弗里希
Fodor J.杰瑞·福多尔
Foucault M.米歇尔·福柯
Fourier C.傅立叶
Fraser N.南希·弗雷泽
Frege G.戈特洛布·弗雷格
Freud S.弗洛伊德
Friedmann G.乔治·弗里德曼
Frisby D.戴维·弗里斯比
Fromm E.艾里希·弗洛姆

Frow J.约翰·弗劳
Fuchs C.克里斯蒂安·富克斯

G

Gaines J.简·盖恩斯
Gallup G.乔治·盖洛普
Ganascia J.-G.让—加布里埃尔·加纳夏
Gans H.赫伯特·甘斯
Garfinkel H.哈罗德·加芬克尔
Garnham N.尼古拉·加纳姆
Gaudet H.黑兹尔·高德特
Gaulle C. de 戴高乐
Gauntlett D.戴维·冈特利特
Gautier C.克罗德·戈蒂埃
Gaxie D.达尼埃尔·加西
Genette G. 热拉尔·热内特
Gentzkow M.马修·根茨科
Gerbner G.乔治·格伯纳
Gibson J.约翰·吉布森
Giddens A.安东尼·吉登斯
Gilroy P.保罗·吉尔罗伊
Gitlin T.托德·吉特林
Glevarec H.埃尔韦·格莱瓦雷克
Goffman E.欧文·戈夫曼
Golding P.彼得·戈尔丁
Goody J.杰克·古迪
Gramsci A.安东尼奥·葛兰西
Granjon F.法比安·格朗容

Granovetter M.马克·格拉诺维特
Gregg M.梅莉莎·格雷格
Greimas A. J. 阿尔吉达斯·格雷马斯
Grignon C.克罗德·格里尼翁
Grossberg L.劳伦斯·格罗斯伯格
Grossberg L.拉里·格罗斯伯格
Guattari F.费利克斯·瓜塔里
Guibert G.热罗姆·吉贝尔

H

Habermas J.于尔根·哈贝马斯
Haddon L.莱斯利·哈顿
Halbwachs M.莫里斯·哈布瓦赫
Hall E.T.爱德华·T. 霍尔
Hall S.斯图亚特·霍尔
Hannerz U.乌尔夫·汉内斯
Haraway D.唐娜·哈拉维
Hardt H.汉诺·哈尔特
Hartley J.约翰·哈特利
Haythornthwaite C.卡罗琳·海索恩斯韦特
Hebdige D. 迪克·赫伯迪格
Helles R.拉斯穆斯·埃莱
Hennion A.安托万·埃尼翁
Hepp A.安德烈亚斯·赫普
Herman E.爱德华·赫尔曼
Herzog H.赫塔·赫尔佐克
Hesmondhalgh D.戴维·赫斯蒙德霍
Heurtin J.-P.让—菲利普·厄尔坦

Hindenburg P.保罗·兴登堡
Hirsch P.保罗·伊尔施
Hirschman A.阿尔伯特·赫希曼
Hitler A.希特勒
Hoggart R.理查德·霍加特
Hollande F.弗朗斯瓦·奥朗德
Homère 荷马
Honneth A.阿克塞尔·霍耐特
Hooks B. 贝尔·胡克斯
Horkheimer M.麦克斯·霍克海默
Hovland C.卡尔·霍夫兰
Hughes E.埃弗里特·休斯
Hutchins E.埃德温·哈钦斯

I

Innis H.哈罗德·伊尼斯
Iser W.沃尔夫冈·伊瑟尔
Ito M.伊藤瑞子

J

Jakobson R.罗曼·雅各布森
Jameson F. 弗雷德里克·詹姆森
Janowitz M.莫里斯·雅诺维茨
Jauss H. R. 汉斯·罗伯特·尧斯
Jefferson T.托尼·杰弗逊
Jenkins H.亨利·詹金斯
Jensen K. B. 克劳斯·布伦·詹森
Joas H.汉斯·约阿斯

Johnson B.鲍里斯·约翰逊
Joseph I.伊萨克·约瑟夫
Jospin L.利昂纳尔·若斯潘
Jouët J.约西亚娜·茹埃
Joyce J.詹姆斯·乔伊斯

K
Kafka F.弗朗茨·卡夫卡
Kant E.伊曼纽尔·康德
Katz E.伊莱休·卡茨
Katz R.露丝·卡茨
Keen A.安德鲁·基恩
Kendall P.帕特里西娅·肯德尔
Kennedy J. F.约翰·F.肯尼迪
Klapper J.约瑟夫·克拉帕尔
Knulst W.维姆·克纳尔斯特
Kohl H.赫尔穆特·科尔
Kosofsky E.伊芙·科索夫斯基
Kracauer S.西格弗里德·克拉考尔
Kubrick S.斯坦利·库布里克
Kurzweil R.雷蒙德·库茨魏尔

L
Lacan J.雅克·拉康
Lafrance J.-P.让—保罗·拉弗朗斯
Lahire B.贝尔纳·拉伊尔
Lasch C.克里斯托弗·拉什
Lasswell H.哈罗德·拉斯韦尔

Latour B.布鲁诺·拉图尔

Lauretis T.特雷莎·德·劳瑞蒂斯

Lave J.让·拉维

Lazarsfeld P.保罗·拉扎斯菲尔德

Le Bohec J.雅克·勒伯艾可

Le Bon G.古斯塔夫·勒庞

Le Pen J-M.让—玛丽·勒庞

Le Pen M.玛丽娜·勒庞

Lefort C.克罗德·勒夫尔

Leibniz G.莱布尼茨

Lelong B.伯努瓦·勒龙

Lemieux C.西里尔·勒米厄

Lester M.马利兰·莱斯特

Levine L.劳伦斯·莱文

Lévi-Strauss C.克洛德·列维—斯特劳斯

Lévy P.皮埃尔·列维

Lewin K.库尔特·卢因

Lewinsky M.莫妮卡·莱温斯基

Liebes T.塔马尔·利贝斯

Lippmann W.沃尔特·李普曼

Livingstone S.索尼娅·利文斯通

Lochard G.盖伊·洛沙尔

Longhurst B.布莱恩·朗赫斯特

Lotz A.阿曼达·洛兹

Luckmann T.托马斯·勒克曼

Lucrèce 卢克莱修

Lukács G.格奥尔格·卢卡奇

Lulle R.雷蒙·吕利

Lunt P.彼得·伦特
Lupton D.黛博拉·卢普顿
Lyotard J.-F.让—弗朗斯瓦·利奥塔

M

Macé É.埃里克·马塞
Mach E.恩斯特·马赫
Macron E.埃马纽埃尔·马克龙
M. Ciccone 麦当娜·西科尼
Maigret É.埃里克·麦格雷
Maisonneuve S.索菲·梅松诺夫
Maître Gims 大师吉姆斯
Malinowski B.勃洛尼斯拉夫·马林诺夫斯基
Mallarmé S.马拉美
Malraux A.安德烈·马尔罗
Manin B.贝尔纳·马南
Marchais G.乔治·马歇
Marcus G.格雷尔·马库斯
Marcuse H.赫伯特·马尔库塞
Martin-Barbero J.杰苏斯·马丁—巴贝罗
Martuccelli D.达尼洛·马尔图切利
Marwick A.爱丽丝·马威克
Marx K.卡尔·马克思
Matheson D.唐纳德·麦瑟森
Mattelart A.阿尔芒·马特拉
Mauss M.马塞尔·莫斯
Mayo E.埃尔顿·梅奥
Mbappé K.基利安·姆巴佩

McChesney R.罗伯特·麦克切斯尼
McCombs M.马克斯韦尔·麦库姆斯
McDonald D.德怀特·麦克唐纳
McLuhan M.马歇尔·麦克卢汉
McQuail D.丹尼斯·麦奎尔
McRobbie A.安吉拉·麦克罗比
Mead G.乔治·米德
Mehl D.多米尼克·梅尔
Mélenchon J.-L. 让—吕克·梅朗雄
Menger P.-M.皮埃尔—米歇尔·门格
Merkel A. D.安格拉·多罗特娅·默克尔
Merton R. 罗伯特·默顿
Mesangeau J.朱利安·梅桑若
Messiaen O.奥利弗·梅西安
Metz C.克里斯蒂安·梅兹
Meyrowitz J.乔舒亚·梅罗维茨
Michaels E.埃里克·麦克尔斯
Miège B.贝尔纳·米耶杰
Mignon P.帕特里克·米尼翁
Milgramm S.斯坦利·米尔格兰姆
Miller D.达尼埃尔·米勒
Mills C.W.查尔斯·赖特·米尔斯
Missika J.-L.让—路易·米西卡
Mitterrand F.弗朗斯瓦·密特朗
Moles A. 亚伯拉罕·莫勒斯
Molotch H.哈维·莫洛奇
Moreno J.雅各布·莫雷诺
Morin C.塞利娜·莫兰

Morin E.埃德加·莫兰
Morley D.戴维·莫利
Morris M.米根·莫里斯
Moscovici S.塞尔日·莫斯科维奇
Moulin R.雷蒙德·穆兰
Musk E.伊隆·马斯克

N

Napoli P. 菲利普·纳波利
Neumann J. Von 约翰·冯·诺依曼
Neveu E.埃里克·内韦
Newcomb H.霍勒斯·纽科姆
Nietzsche F.尼采
Nirvana"涅槃"乐队
Nixon R. M.理查德·米尔豪斯·尼克松
Noelle-Neumann E.伊丽莎白·诺埃尔—诺依曼
Norman D.唐纳德·诺曼
Norris P.皮帕·诺里斯

O

Obama B.巴拉克·奥巴马
Odin R.罗歇·奥丹
Offenbach J.雅克·奥芬巴赫
Okabe D.冈部大佐
Ortega y Gasset J.何塞·奥尔特加·加塞特

P

Parasie S.西尔万·帕拉西

Pariser E.伊莱·帕里泽

Park R.罗伯特·帕克

Parkin F.弗兰克·帕金

Parsons T.塔尔科特·帕森斯

Pasquier D.多米尼克·帕斯吉耶

Passeron J.-C.让—克洛德·帕斯隆

Pavlov I.伊万·巴甫洛夫

Pedler E.埃马纽埃尔·佩德勒

Peirce C.S.查尔斯·桑德斯·皮尔斯

Penley C.康斯坦斯·潘利

Péquignot B.布鲁诺·佩基尼奥

Perelman C.哈依姆·佩雷尔曼

Perriault J.雅克·佩里奥

Peterson R.理查德·彼得森

Piaget J.让·皮亚杰

Piaf E.伊迪丝·琵雅芙

Plato 柏拉图

Poe E. A.埃德加·爱伦·坡

Poincaré H.亨利·庞加莱

Postman N.尼尔·波斯特曼

Poutine V.弗拉基米尔·普京

Povéda A.阿诺·波韦达

Powdermaker H.霍腾斯·鲍德梅克

Preciado B.比特丽斯·普雷西亚多

Prévert J.雅克·普莱维尔

Propp V.弗拉基米尔·普罗普

Proulx S.塞尔日·普鲁

Proust M.马塞尔·普鲁斯特

Putnam H.希拉里·普特南

Q

Qiu J. L. 邱林川
Quéré L.路易·凯雷

R

Radcliffe-Brown A.阿尔弗雷德·拉德克利夫—布朗
Radway J.詹尼丝·拉德威
Rallet A.阿兰·拉莱
Reagan R.罗纳德·里根
Rebillard F.弗兰克·雷比亚尔
Relieu M.马克·勒利厄
Ricœur P.保罗·里科尔
Rieffel R.雷米·里费尔
Rieu A.安德烈·瑞欧
Robertson R.罗兰·罗伯逊
Robins K.凯文·罗宾斯
Rogers E.埃夫雷特·罗杰斯
Rosanvallon P.皮埃尔·罗桑瓦隆
Rosengren K. E. 卡尔·埃里克·罗森格伦
Roshco B.伯纳德·罗什科
Ross A.安德鲁·罗斯
Rosten L.莱奥·罗斯腾
Rouzé V.樊尚·鲁泽
Ruellan D.德尼·吕埃朗
Russel B.伯特兰·罗素

S

Sacks H.哈维·萨克斯

Said E.爱德华·萨义德

Sapir E.爱德华·萨皮尔

Saussure F. de 费迪南·德·索绪尔

Schaffer S.西蒙·沙弗

Schiller H.赫伯特·席勒

Schlesinger P.菲利普·施莱辛格

Schramm W.威尔伯·施拉姆

Schudson M.迈克尔·舒德森

Schumpeter J.熊彼特

Schütz A.阿尔弗雷德·舒茨

Schwartz O.奥利维尔·施瓦茨

Searle J.约翰·瑟尔

Seigworth G.格雷戈里·塞格沃思

Selwyn N.尼尔·塞尔温

Sennett R.理查德·桑内特

Shakespeare W. 威廉·莎士比亚

Shannon C.克罗德·香农

Shaw D.唐纳德·肖

Shils E.爱德华·希尔斯

Shusterman R.理查德·舒斯特曼

Silverstone R.罗杰·西尔维斯通

Simmel G.格奥尔格·齐美尔

Simmons D.丹·西蒙斯

Simondon G.吉尔伯特·西蒙东

Slater D.唐·斯莱特

Smythe D.达拉斯·史密斯

Snowden E.爱德华·斯诺登
Socrates 苏格拉底
Souchon M.米歇尔·苏雄
Soulages J.-C.让—克罗德·苏拉日
Soulez G.纪尧姆·苏莱兹
Spengler O.奥斯瓦尔德·斯宾格勒
Sperber D.丹·施佩贝尔
Spigel L.林恩·斯皮格尔
Spinoza B.斯宾诺莎
Spivak G. C. 加亚特丽·查克拉沃尔蒂·斯皮瓦克
Springsteen B.布鲁斯·斯普林斯廷
Stallone S.西尔维斯特·史泰龙
Stendhal 司汤达
Stenger T.托马斯·斯坦格尔
Stoetzel J.吉恩·斯托策尔
Stolz J.若埃勒·斯托尔茨
Stone O.奥立弗·斯通
Storper M.麦克尔·斯托珀
Straw W.威尔·斯特劳
Sue E.欧仁·苏
Sunstein C.卡斯·桑斯坦

T

Tapie B.贝尔纳·塔皮
Tarde G. 加布里埃尔·塔尔德
Taylor C. 查尔斯·泰勒
Tchakhotine S.谢尔盖·查霍金
Thévenot L.洛朗·特维诺

Thompson E.爱德华·汤普森
Thompson J.约翰·汤普森
Thorburn D.戴维·索伯恩
Tocqueville A.托克维尔
Todorov T.茨维坦·托多洛夫
Tönnies F.费迪南·滕尼斯
Touraine A.阿兰·图雷纳
Toussaint Y.伊夫·图桑
Trump D.唐纳德·特朗普
Tuchman G.盖伊·塔奇曼
Tunstall J.杰里米·滕斯托尔
Turing A.阿兰·图灵
Turkle S.雪莉·特克尔
Turner S. 斯蒂芬·特纳
Turner S.斯蒂芬·特纳

U
Umberto E.翁贝托·埃科

V
Valéry P.保罗·瓦莱里
Van Dijk J.扬·范·戴克
Van Eijck K.肯·范·埃杰克
Vandana S.万达娜·希瓦
Veblen T.索尔斯坦·维伯伦
Vedel T.蒂埃里·韦德尔
Velkovska J.朱莉亚·韦尔科夫斯卡
Verne J.儒勒·凡尔纳

Verón E. 埃利塞奥·韦龙
V. Giscard d'Estaing 吉斯卡尔·德斯坦
Viala A. 阿兰·维亚拉
Vignaux G. 乔治·维尼奥
Vitalis A. 安德烈·维塔利斯
Volosinov 沃洛西诺夫

W

Wallach L. 洛丽·沃勒奇
Wallon H. 亨利·瓦隆
Walter J. 雅克·瓦尔特
Walzer M. 迈克尔·沃尔泽
Watine T. 蒂埃里·瓦蒂纳
Watson J. 约翰·沃森
Watzlawick P. 保罗·瓦兹拉威克
Weaver W. 沃伦·韦弗
Weber M. 马克斯·韦伯
Welles O. 奥森·威尔斯
Wellman B. 巴里·威尔曼
White D. 戴维·怀特
Whorf B. 本杰明·沃夫
Wiener N. 诺伯特·维纳
Williams R. 雷蒙·威廉姆斯
Wilson D. 戴尔德丽·威尔逊
Winkin Y. 伊夫·温金
Winnicott D. 唐纳德·威尼科特
Wittgenstein L. 维特根斯坦
Wolf K. 凯瑟琳·沃尔夫

Wolton D. 多米尼克·沃尔顿
Woolgar S. 斯蒂芬·沃格
Wrong D. 丹尼斯·朗

Y
Young J. 乔克·扬

Z
Zaller J. 约翰·札勒
Zelensky V. 弗拉基米尔·泽连斯基
Zemmour É. 埃里克·泽穆尔
Znaniecki F. 弗洛里安·兹纳涅茨基

参考文献

图书在版编目(CIP)数据

传播理论史:一种社会学的视角:第四版/(法)埃里克·麦格雷著;刘芳译.--北京:中国传媒大学出版社,2024.11.
(欧洲新闻传播学名著译丛).
ISBN 978-7-5657-3878-4

Ⅰ.G206-09

中国国家版本馆 CIP 数据核字第 202570K9S2 号

Originally published in France as:
Sociologie de la communication et des médias by Eric Maigret
© 2022 for the fourth edition, Armand Colin, Malakoff ARMAND COLIN is a trademark of DUNOD Editeur-11, rue Paul Bert-92240 MALAKOFF
Current Simplified Chinese language translation rights arranged through Divas International, Paris
本书原版由法国杜诺出版社旗下出版品牌阿尔芒-科林出版,并经其授权翻译出版。版权所有,侵权必究。
简体中文版本通过巴黎迪法国际版权代理(www.divas-books.com)安排引进。
北京市版权局著作权合同登记图字:01-2023-4734 号

传播理论史:一种社会学的视角(第四版)
CHUANBO LILUNSHI:YIZHONG SHEHUIXUE DE SHIJIAO (DI-SI BAN)

著 者	〔法〕埃里克·麦格雷	
译 者	刘 芳	
责任编辑	杨小薇	
封面设计	拓美设计	
责任印制	李志鹏	

出版发行	中国传媒大学 出版社				
社 址	北京市朝阳区定福庄东街1号		邮 编	100024	
电 话	86-10-65450528 65450532		传 真	65779405	
网 址	http://cucp.cuc.edu.cn				
经 销	全国新华书店				
印 刷	艺堂印刷(天津)有限公司				
开 本	710mm×1000mm 1/16				
印 张	21				
字 数	358 千字				
版 次	2025 年 2 月第 1 版				
印 次	2025 年 2 月第 1 次印刷				
书 号	ISBN 978-7-5657-3878-4		定 价	99.00 元	

本社法律顾问:北京嘉润律师事务所 郭建平